華族の家庭教育に見る日本の近代

伊藤真希 著

芙蓉書房出版

まえがき

かつて、近代日本とともに誕生し、太平洋戦争の敗戦で消滅した華族という特権階級があった。華族制度はその始まりから終わりまで、ほとんど大日本帝国と運命を共にしたといってもいい。

本研究は、その華族の男性の家庭教育へのかかわりについて、日記などから明らかにしようとするものである。

華族のなかで「大正デモクラシー」といわれる時代に学齢期の子どもを持つ父親であった人々は、昭和戦前期に各界の指導者になっている。華族たちは、高等教育を受け官僚や将校になる者や、貴族院議員となり政治の中核を担う者、全国および地方の非営利団体や企業の役員職につく者など、近代の政治や社会に重要な役割を担っていた。華族がどのような家庭教育を目指したか知ることは、近代日本のエリート養成における家庭での取り組みがどのようなものであったか知ることである。そのなかでも、とくに華族の男性が、子どもを教育するにあたりどのような理想を掲げ、実際にどのような教育をおこなって、華族を再生産しようとしていたか明らかにしたい。

これまでも近代における家庭教育についての研究はあった。しかし、男性の家庭教育についての研究はそれほど多くない。また華族の家庭教育についての研究もそれほど多くない。近代における家庭教育の全容を明らかにするためには、華族の男性がおこなった家庭教育も明らかにする必要がある。

しかし、日本の歴史上、男性が自らの子どもに家庭教育をしてこなかったのではないかという声もあるだろう。実際に、子どもの頃に父親は仕事のために家庭におらず、身近にいて育児や教育をしていたのは母親であったという人も多いだろう。近年の男性は就労のために、子育てや家庭教育に積極的にかかわれなかったのである。

平成一六年版『少子化社会白書』*1には、六歳未満子供がいる家庭において就労している夫の平日の育児時間は、平均一六分であると示されている。そして、男性は平日平均九時間一七分の仕事をおこなっている。男性はほぼ仕事のみを担っている。一方で、妻は就労していても、平日は平均一時間五二分の育児をおこなっている。また男性は家事もほとんどおこなっていないため、女性は仕事と家事と育児を担っていた。平成一八年版『少子化社会白書』は日本の男性の生活時間を分析し「男性が子どもと向き合う時間が奪われている」と述べている。日本では、子育てに夫が参加せず、妻のみの負担になっていることが、少子化の一因と考えられている。

このように男性は、就労のために育児に参加しなかった。しかし、子育てをしない父親は、近代以前は多くなかった。なぜなら、近代以前において職業は世襲も多く、また職住一体の生活も多かった。よって、父親が子育てに全くかかわらないことはなかった。むしろ、跡継ぎたる息子の教育には、父親がかかわらねばならなかった。

二一世紀になると、イクメンという言葉が登場した。そこには父親も子育てに参加させようという思惑が動いている。

『日本大百科全書（ニッポニカ）』*2によると、イクメンは育 men とも表す。これは育児を楽しみ積極的に行おうとする男性のことを指す。イケメン（イケてるメン men、またはイケてる面（顔）の両説あり）をもじった造語である。つまり、子育てする男性はイケてる、かっこいいという印象を与える言葉だといえる。この語は、平成二〇年以降、育児に参加する父親を増やそうという社会の思惑から、世間に広く浸透することになる。イクメンを増やすことで、育児における母親の負担を軽減させようとした。それは、女性の産み控えを抑制したり、出産や育児による離職を阻止したりすることにもつながる。すなわち、育児に参加する父親を増やそうという取り組みは、社会問題である少子高齢化や労働力減少を解決するために、男性の生活のあり方への変化を求めているのである。

生活の変化に対応するためには、海外の事例を参考にするだけではなく、過去の事例、歴史を鑑みることによっても何らかの手がかりになることもある。

本研究は、これまで行われてこなかった華族の男性の家庭教育とのかかわり方を明らかにする研究である。それは、女性の家庭教育とのかかわりや、一般階層の家庭教育のあり方と同様に、近代日本に確かにあったものである。そのため、近代の日本社会の全容をあきらかにするためにも重要な材料となるはずだ。

そして、これまでの過去の男性における子育てがどのようなものであったか、さまざまな父親たちの行動を明らかにすることで、これからの男性の子育てに役立つ知見が得られる可能性もある。華族の男性がどのように家庭教育にかかわっていたかを見ることで、男性の家庭でのあり方について考える材料にもしてほしい。

註

＊1 内閣府『平成16年版少子化社会白書』、二〇〇四年。平成一五年九月に施行された少子化社会対策基本法により平成一六年から毎年発行される。

＊2 オンライン辞書・事典検索サイト『ジャパンナレッジ』より。https://japanknowledge.com/

華族の家庭教育に見る日本の近代　目次

序　章 ✺ 華族の家庭教育の研究意義と状況

第一節　華族の子育て・しつけ・家庭教育の研究意義

平成一八（二〇〇六）年に改訂された教育基本法には家庭教育に関する第十条が新設された。条文は以下のとおりである。「（家庭教育）第十条　一　父母その他の保護者は、子の教育について第一義的責任を有するものであって、生活のために必要な習慣を身に付けさせるとともに、自立心を育成し、心身の調和のとれた発達を図るよう努めるものとする。二　国及び地方公共団体は、家庭教育の自主性を尊重しつつ、保護者に対する学習の機会及び情報の提供その他の家庭教育を支援するために必要な施策を講ずるよう努めなければならない」戦後日本において公共政策のレベルで家庭教育が問題とされることは少なかったが、近年になり社会的に家庭教育の重要性について注目が集まっている。それと同時に男性の家庭における育児役割にも注目が集まっている。平成二二年、厚生労働省はイクメン＊1という言葉やライフスタイルを流行させるべくイクメンプロジェクトを立ち上げている。イクメンプロジェクトは少子化対策や女性の社会進出、ワークライフバランスにかかわる政策にも関連している。男性が積極的に家庭において育児に参加することが、現代の社会問題の解決につながると考えられるようになってきており、男性の子育てにも注目が集まっている。

これからの男性の子育てを考えるにあたって、これまでの男性の子育ては実際にどのようなものであったのだろうか。本研究は、過去の男性の子育てを対象とするものである。とくに太平洋戦争終結以前の家庭教育について知ることは、近代日本における家庭教育の理念の源流はどこにあるのかを知ることにもつながる。

現在は教育基本法により家庭教育は子どもの教育の第一段階であり、社会的ルールを学び自立心を養い、心身の健全な成長を促すことであると、理念について最低限の明確化と統一化が国家的に行われたといえる。しかしながら、明治期から大正期には家庭教育に関する法律は具体的には規定されていない。子どもの教育に関する法律は民法の「第八百七十九条　親権ヲ行ウ父又ハ母ハ未成年ノ子ノ者ハ子ノ監護及ヒ教育ヲスル権利ヲ有シ義務ヲ負ウ」ということであり、これは家庭教育というよりも、親権者が子供を保護養育し、学校での初等教育を受けさせる義務があることを指している。小学校令においては、幼稚園に家庭教育を補う機関としての側面を有させた。また文部省は高等女学校の建設において、家庭教育の担い手を養成するための女子教育の意義を述べているが、どのような家庭教育を目指すのかは法律上の明文はない。文部省は女性の役割として、家庭で母となり、子どもを家庭教育することを想定していた。しかし、家庭とは女性だけで成り立つものではなく、男性の存在も重要である。男性はどのような家庭教育を考えていたのか明らかにすることは、戦前の家庭教育を明らかにすることにつながると考える。

本研究は、すべての階層の男性ではなく、華族という階層の男性に着目する。華族男性が家庭をどのようにとらえ、自身の家庭とどのようなかかわりを持ち、家庭での子育てにかかわっていたのか明らかにしたい。

華族という特権階級が設置された当初は、旧来からの上層階級である公家や大名と、明治維新で大きな勲功をあげた人物が華族とされた。そして時代の経過とともに華族の数は増加していくのだが、それは政治家や高級官僚・軍人そして実業家の一部が「国家に勲功」があったとして華族に叙せられていった。こうして新たな日本のエリート層は次第に華族として特権階級に組み込まれていった。華族がどのような家庭教育を目指したか知ることは、近代日本のエリート養成における家庭での取り組みがどのようなものであったか。華族の男性が子どもを教育するにあたりどのような理想を掲げ、実際にどのような教育をおこなったか、いままでの研究では詳しく触れられていない部分を明らかにしたい。

また華族のなかで「大正デモクラシー」といわれる時代に青年期を過ごし人格を形成した人々は、昭和戦前期に各界の指導者になっている。華族たちは貴族院の中核を担い、全国および地方の非営利団体や企業の役員職につき、近代の政治や社会に重要な役割を担った。日本の近代家族の全容をあきらかにするために、新中間層と比べると欠けていると言わざるを得ない華族の家庭観を読み解くことは重要である。

また各家の子育ては、各家の文化や階級の再生産でもある。華族の子育てを明らかすることは、華族自体が華族とはどのような存在か、またどのようにあるべき存在か捉えていたのかを明らかにすることでもある。華族が子どもを教育するにあたりどのような理想を掲げ、実際にどのような教育をおこなったか、いままでの研究では詳しく触れられていない部分を明らかにすることは、国家を支えたエリート層の再生産や維持がどのように行われていたかを知る手がかかりにもなる。

これまでの家庭教育・子育ての歴史的研究のほとんどが、家庭教育に関する女性や専門家の言説の出版物あるいは家政科や修身の教科書などのメディア分析を中心に行われてきた。本研究は華族の男性の視点を中心に、また日記史料を活用することによってメディア分析とは異なる研究方法をとっている。また日記を研究の中心に据えていることが、これまでの研究とは異なっている。これまでの、子育てされた側の回想ではなく、子育てをする側である親の視点を中心に、子育てをしていた時の実際の感情をありありと再現しながら、華族の家庭教育を明らかにする。

現在、家庭教育は社会的に注目されている。過去の華族という文化的経済的にも恵まれたエリート層の親たちによる子育てを明らかにすることは、文化的にも経済的にも大変恵まれた現在の日本において現代的な意義を持つはずである。

華族についての資料は少なく、また発掘も非常に困難である。学習院において行われた華族の資料調査の結果が学習院大学史料館編・刊『旧華族家史料所在調査報告書』(総頁数二三〇二頁、一九九三年)にまとめられているが、明治以降の日記史料のように家庭生活に関わる資料の存在はほとんど認められない。本研究においても資料が限られており使用したものの多くは国会図書館憲政資料室に収蔵されているものである。一部華族の子孫から借り受けたものを使用しているが、資料不足が否めない。しかし、従来華族の家庭教育に関する研究はほとんど行われておらず、華族の日常の家庭教育は明らかにされることはなかった。本研究は、限られた資料ではあるが、それを読み解き、分析することによって華族の家庭教育、とくに男性がどのように家庭教育にかかわっていたか明らかにしたい。

第二節　家族史の先行研究

華族の家庭教育、子育ての研究にあたるに、まず家族史の先行研究について、近代家族史に限定して述べていく。明治から昭和戦前期の家族、いわゆる近代家族はしばしば国民国家と結びついて語られる。例えば、民法学者の川島武宜は次のように「明治民法の規定した家族制度は、当時の立法資料からも明らかであるように、旧武士層(主として明治の貴族・官僚を構成した)の家族秩序を政府公認の理想的家族の姿として定着したものである*2」という。この家族秩序のモデルは武家(大名)華族の家制度である。

この家族制度のモデルであった華族たちは、貴族院の中核を担い、また看板的ではあるが全国および地方の非営利団体や企業の役員職につくなど、近代の政治や社会に重要な役割を担っていた。家長のみでなくその家族の行動までもが、しばしばメディアに注目された。その華族たちの家族観を読み解くことは、近代家族を知る上でも重要なことである。しかし、大正デモクラシー期の華族の家庭観・家族観についての研究は決して多いとはいえない。

近代の家庭観・家族観についての研究は母性保護論争や良妻賢母教育とともに明らかにされてきた。近代の家族論研究の近年における代表的なものは、牟田和恵『戦略としての家族』*3である。第三章「「家庭」の登場とそのパラドックス」では、明治期の総合雑誌である『国民之友』『明六雑誌』『中央公論』『太陽』などの七誌に掲載された家族についての言説を分析している。明治二〇年前後をピークとして家族の団欒や家族構成員の心的交流を重視する新しい「家庭」的な家族を理想とする記事が多くなるが、明治二〇年代後半から三〇年代初頭にかけて家族や家庭は公論から女性のみが関わるものとして語られるようになった。この変化は雑誌において家族や家庭が「女性化」したと指摘している。また、この家庭の「女性化」と同時期に、女性の儒教的・封建的女性像からの脱皮を期待する論調から、夫や舅姑に従順な良妻賢母が「日本古来の伝統」的な女性美であると理想化されるようになったと指摘する。第四章「家族国家観再考」では家族制度イデオロギーの普及は教育政策と深く結びついており、修身教科書にそれが形象化しているとして、明治期修身教科書を分析している。明治一〇年代の親子の心情的関係は孝行という上下関係が書かれているが、明治二〇年代後半からしだいに合理的で親密な書かれかたに変化する。また明治一〇年代以降から親族と両親祖父母との明確な区別がみられ、家族と親族との疎遠化が行われ、家族の範囲が縮小し凝集する傾向にあったとする。そして、天皇に父性、皇后に母性というイメージを与えることで、国家の親としての天皇家と子どもとしての国民という愛情のある家族を再現していると指摘している。修身教科書上に、親子を基本とした小家族である「家庭」の姿があらわれることは、前近代的な家族理論を新しい家族意識が補完して家族国家観を支えていたのではないかと示唆している。

また女性教育政策や女性の教育家についての研究から、女子教育がどのような女性を作り上げ、そして家庭を作り上げようとしていたかをあきらかにしている芳賀登*4や小山静子*5などがいる。最近では海妻径子*6の父性論研究からの家庭観・家族観にふれた研究も行われている。既存の家庭観・家族観の研究は雑誌記事などの公的な発言からの考察を中心としており、個人の内面的な活動そのものからの考察は行われていない。当然、家庭についての外向きの発言と、家庭という内向きの場面での行動が一致しているとは限らない。また都市在住の新中間層ついての研究がほとんどである*7。

加藤千香子*8は「国民国家」と家族の関係を問うには、「近代」一般に共通する問題と「創られた伝統」の日本固有の問題の両方の視点が必要だという。また日本の近代家族のイデオロギーには、「天皇統治への同意を獲得するために喚起されたイデオロギーとしての面」と「国家が実在の生活共同体としての家族を管理・動因の基礎単位・戦略的拠点とする際に家族形態の実態に応じて鼓吹するイデオロギーとしての面」という二つの側面があるという。しかし、「創られた伝統」を受容した一般国民と、自らの伝統をそのまま持っていた華族社会では、近代家族のイデオロギーの持つ意味は異なっているのではないかと思う。

近代における日本の家族のモデルとなった華族は、その生活態度に注目が集められており、総合雑誌の記事では素朴な尊敬の対象でもあったが、同時に贅沢な生活は批判の対象にもなっていた*9。華族は皇室を支える存在であることを自覚し行動しつつも、当然自らの私利私欲のための活動も同時に行っていた。その間のせめぎあいの中で自らの家族をどのようなものにするのかが分かれるところであろう。華族の家族制度を見ることによって、「創られた伝統」の実態もさらに明確になるはずである。

落合恵美子による日本近代家族の八項目にわたる特徴、①家内領域と公共領域との分離、②家族構成員相互の強い情緒的絆、③子ども中心主義、④男は公共領域・女は家内領域という性別分業、⑤家族の集団性の強化、⑥社交の衰退とプライバシーの成立、⑦非親族の排除、⑧核家族*10は、近代家族のモデルとなった明治初期の大名華族の家庭では当てはまらない部分がいくつかある。

たとえば、大名華族であれば、家内領域と公共領域の分離はないといえる。大名華族の生活は、多くの使用人を抱えた大名華族家の邸内には公私の区別はない。また公共領域である「表」と家内領域の「奥」は区切られていたが、同じ邸内で営まれていた。そして、使用人の働きにより日常生活が成り立っていたため非親族の排除もなかった。また大人の生活が優先で、子どもは両親の手ではなく使用人に養育されていたので、大名華族の家庭は子ども中心主義ではなかった。しかし、時代が明治後期から末期、大正期に時間が経過することにより、華族の家庭生活の特徴にも変化があった。子どもと一緒に余暇を過ごすなどの心的交流を大切にするようになるなど変化も見られている。この日本近代家族の特徴は大変参考になるが、ひとつひとつの特徴については時間の経過とともに観察していく必要性があると考える。

華族はごく限られた人数の特権階級であり、また史料も少なく、史料調査も困難であるために家族史研究の研究課題として注目されてこなかった。しかし、華族の家庭でも近代化は家制度に緩やかな変化を起こしていた。近代化が武家華族の家庭にどのような変化を与えたか、江戸時代を知らない武家華族の二代目が活躍し始める大正期から昭和初期の華族の家庭に焦点をあて、子どもの教育から華族の抱えている家庭の理想のイメージと問題を明らかにしたい。この分野では新中間層とよばれる階層の研究が盛んであるが、たとえば華族の階層についてはほとんど欠落していると言ってもいい。その欠けた部分を補うためにも、いくつかの華族の日記を中心にして華族の家庭について明らかにしたい。それができて日本の家族・家庭の研究の全体像をはじめて明らかにしたと考えるからである。

第三節　家庭教育の先行研究

近代日本の家庭教育・子育て・しつけ・育児についての歴史的研究は民俗学や教育史学あるいは保育学の中で行われてきた。その研究において、対象とされているのは新中間層以下の家庭での家庭教育となっている。そして、家庭教育観についての分析は、実際の家庭での言説ではなく、育児についての書籍や雑誌・新聞に掲載された言説や、道徳・家政科教科書の検討からが多い＊11。

家庭教育・子育て・育児の言葉の定義と、それらの研究を総括した研究史については、太田素子「〈子育ての歴史〉研究の課題と展望」＊12が詳しい。太田により「育児」とは近代科学によって支えられる科学的な育児、「家庭教育」とは学校の学校教育との役割分担の中に想定される家庭での家庭教育、「保育」とは専門家による制度化された保育として、言葉の定義づけがなされている。そして「子育て」とは、家庭ないしそれにかわる生活の場において、親などが子どもを養護し社会化しようとする営みをさすと定義している。つまり、「子育て」とは「家庭教育」「育児」「保育」などの言葉を内包する、子どもに対する教育のすべてをいう言葉であるという定義である。しかしながら、「子育て」という用語を教育学のなかで肯定的に使用することに異議を唱えた斎藤正二の研究発表「「子育て」をめぐる記号学的諸考察―ジョージ・オーウェル『一九八四年』'Newspeak'と『生類憐みの令』（一六八五）との間」＊13もある。斎藤は「子育て」とは江戸時代の「子まびき」の対概念であり、「子まびき」の経済的な理由から嬰児を殺すことに対して、「子育て」はまびかずに育てるという意味のみで、そこには育児・養育・教育の意味が含まれておらず、教育学の用語としては不適当だという。

近代家庭教育に関する諸問題について研究は、広田照幸『日本人の〈しつけ〉は衰退したか』＊14にも詳しく、新中間層だけでなく貧民層についても焦点を当てている。また戦前の家庭教育と現代の家庭教育と比較して、広田は現代の親は子どもの教育において、非常に強い責任を有しているとしている。親は子どもに対して自分自身が教える代わりに塾やスポーツクラブというサービスやネットワークなどを駆使して子育てをするようになっており、子どもの「ジェネラル・マネージャーとしての親」だという*15。

また、家族史や教育史や家庭教育の研究分野と密接につながる子ども史の分野では、森山茂樹・中江和恵『日本子ども史』*16では古代から現代までの子ども史を網羅している。彼らは華族の家庭についても触れている。戦後旧華族の人々が書いた回想録を中心として検討されて、子どもに対してしつけ・子育てがどのように行われていたのか明らかになっている。しかし、それは子どもが受けたしつけ・子育ての回想であり、親として子どもに接した回想は乏しく、親の視点にたって子どもに対してどのように教育をしたかは明らかになっていない。そのため親たちがどのような理念を持って家庭でしつけ・子育てを行っていたかは明らかになっていない。

近代の家庭教育についての研究には沢山美果子『近代家族と子育て』*17がある。近代になり新しい家族像である家庭が西洋から伝播した。家庭という言葉は、愛情により結びついた一夫一婦制の夫婦関係や、家族相互の団欒の担い手としての主婦役割、休息の場としてのホームの理想を備え持つものとして、日本にも急速に普及していったという*18。このころの既婚男性の役割としては、稼ぎ手として公領域に出て働き、家の中では家長として権力を持ち家族を統率しながらも、妻と子どもには愛情を持つ夫であり父であらねばならなかったという*19。そして、実際の家庭の生活として、三宅恒方・やす子夫妻の家庭生活について書かれた第二章「近代家族の妻・母として」、第三章「近代家族の夫・父として」がある。家庭内における近代社会のジェンダー規範としての男女の性別役割分担について、三宅夫妻が残した夫婦関係に関する随筆や、教育論などの文章を参考に明らかにしようとしている。ここでは恒方は出張先から手紙などで子どもに気をつけるようにと妻に指示を出すものの、家庭内では仕事のためと書斎にこもり、幼児がうるさくてかなわないと妻を叱る人物であり、沢山からは自分本位の妻像を妻に押し付け、夫や父としての役割から逃避した人物としてとらえられている。また、恒方は四一歳で亡くなっており、子どももまだ九歳だった。そのため、父親として家庭教育にどのようにかかわったのか、父親として生きた時間も短いせいか、実像があまりにも乏しい。

そして、ジェンダー研究において、母性や父性とのかかわりから家庭教育について研究が行われるようになっている。多賀太は「「父親の家庭教育」言説と階層・ジェンダー構造の変化」*20や「「教育する父」の意識と行動—中学事件性の父親の事例分析から—」*21において、現代の父親の家庭教育について、父親へのインタビューや雑誌記事などによって分析を行っている。現代は男女平等主義から父親も育児や家庭教育に参加することが当然であるとされている。そして、とくに都会の中流階級の父親において、家庭教育において「チューターとしての父親」像を肯定し実践していこうという風潮が生まれているという。それは子どもの受験勉強や学校選択について支援することを中心とした家庭教育をする父親像である。チューターとしての父親になることで、家庭教育への参加の機会を確保し、親子のコミュニケーションをとりつつ、また子どもの受験の成功により世帯の社会的地位の向上と安定を図ろうとしているという。

第四節　華族の先行研究

華族について研究する上で、基礎研究ともいえる華族制度の成立について明らかにした大久保利謙『華族制の創出』*22がある。

大久保の研究によれば貴族はもともと律令官人の上層部のことをいい、三位以上を貴、四、五位を通貴といい、あわせて貴族とされた。古代豪族が本籍地を離れて京に集住する都市民となり、宮城にある官司へ出仕する官人となったものたちのことであり、七世紀の末から八世紀の初め、藤原京から平城京の時代にかけて出現したものである。明治政府は華族という新しい身分階層を設けたが、もともと華族は家柄の良いという意味の言葉で、明治以前は公卿の摂家に次ぐ家格である清華家の別称でもあった。

明治二（一八六九）年六月十七日に公卿諸侯の称を廃して改めて華族と称すようにという命令が出て日本の華族ははじまった。朝廷に使えた公家の上流である公卿（殿上人・堂上）と徳川幕府の諸侯（大名）は、士族（武家）や平民（農工商など）よりも上位の、貴族階級である同一集団を作ることとなった。これは、官武一途をあらわすものでもあった。華族は明治四（一八七一）年の戸籍法により、全階級の中の最上階級という地位が定義された。

この華族の中に、明治一七（一八八四）年の華族令で「公侯伯子男」の五爵の階級がつくられた。また国家に勲功のあるものも叙爵されて、華族に加わることとなった。

華族たちの多くは明治新政府の新しいポストにつけなかったが、こうした華族たちに政府は国会開設の際に民権派に対抗できる上院議員という役割を期待していた。このために、幕末に志士として活躍した優秀な士族にも爵位を与えることとなった。

華族は、家格などの規定のもとに分けられた五爵だけでなく、出身による公家華族、武家（大名）華族、勲功華族の大きく三つの区分に分けることもできる。公卿出身の公家華族、大名及び有力諸藩の家老を含む武家華族、そして維新の功及び明治以降の軍人・官僚の勲功華族である。

華族は皇室の藩屏であるといわれる。つまり、華族は天皇および皇族を取り巻き守る階級ということである。華族には西洋の貴族同様にノブレス・オブリージュという高貴な者の義務が期待され、自らも積極的にそれを果たそうとした。国家の指導者、国民の模範である姿が求められ、率先して海外に留学をして見識を広げるむねの勅諭が明治四（一八七一）年に出されている。成人した華族のための勉学施設としてはじまった華族会館や、イギリスの貴族学校を模範にした学習院を作って、華族は自らの知識を高め、子どもを教育し積極的に文明開化を担おうとした。また、天皇が大元帥であり軍の最高責任者であり、皇族はみな軍人にならなければならなかったことから、華族にも軍人になることが期待された。

華族は世襲制であるが、華族であり続けるには華族である品位を整えることが求められ、家政破綻や当主の犯罪行為が起これば爵位の返上をしなければならなかった。また男系による皇室継承の本義のために、男子の家督相続人がいなければ襲爵できず、男子のいない家では養子・婿養子などを確保することで、華族という階級を維持していかなければならなかった。

また華族の資産が日本の資本主義経済の成立や発展にかかわっていたことを経済史の視点でとらえた後藤靖*23の研究がある。地主制との関連から華族における最大の旧領地地主である侯爵細川家の経済活動に注目した千田稔*24の研究がある。

以上のように華族制度を法学や経済学や政治学などから捉える研究はいくつか認めることができるが*25、華族の家族史研究は非常に少ない*26。

タキエ・スギヤマ・リブラ『近代日本の上流社会――華族のエスノグラフィー』*27では、急速に消滅しつつある華族文化を救済するために、情報提供者から聞き取りをし、永遠に失われた華族社会の一部を再現している。華族制度は過去の事象ではなく、現代社会においても意味を持っており、法的にはその存在は消滅し、社会的にも忘れ去られてしまったが、今も文化現象として華族は残っているとしている。この研究の意義は、社会的エリートの研究に欠陥していた部分を埋めること、華族制度を天皇崇拝と先祖崇拝の複合体に関連づけること、世襲エリートを今日研究する意義を探求すること、失われた社会集団の民俗史的研究を行う意味がどこにあるか答えることである。リブラによれば文化人類学・社会学の分野では世界的にエリート研究は少なく、上流階級よりも中流・下流の民衆文化や農民文化に大きな関心が注がれてきたという。日本文化や社会を理解するには、庶民の文化だけでなく、エリート文化のことを理解する必要があるとして、庶民とエリートの境界を明らかにし、その相互作用の働きから世襲ヒエラルキーの三つの特徴をあきらかにしようとした。婚姻や養子縁組や娶妾あるいは学習院入学によって華族社会に平民が入るという身分の取引可能性、華族という地位を強化保護する使用人とその使用人によって支えられる華族の生活という垂直的共生関係、華族家の家長と家長の代行人として家政を取り仕切る使用人が相互補完している「非対称な二頭体制」をあきらかにしている。

リブラの研究は一九八〇年代に行われた聞き取り調査と伝記の分析から華族の生活様式について明らかにしているが、個人の体験の年代や家の背景についての記述がなく戦前の華族社会の生活様式などの変化についてあきらかにしているとはいえない。また、聞き取りという調査方法から、戦後大きく価値観が変わったこともあり、被調査者が事実と思って語る過去と真実の過去が異なっていることも大いに考えられる。そのため、当時の生活について、当時の実際の所感を明らかにしていない。

森岡清美『華族社会の「家」戦略』*28は、国民最高の身分階級であった華族の家をあきらかにすることが研究の第一の意義である。日本では「常民」の家の研究がほとんどであり、上流階級についての研究はあまりなされてこなかった。華族の研究が少ないのは、研究資料に接触しづらく利用可能なものも少なく、研究が困難だったからである。華族は皇室・皇族の家族制度を護持する立場にあり、その立場から士族の家を規定する影響力をもっていた。第二次世界大戦後、華族制は廃止された。しかしながら、リブラの研究のように実際は非公式な形で生き残り、「心の習慣」という面で今も根強く日本社会に残っているように思われる。それゆえに、華族の家の研究は「常民」の家の研究と同様に日本の家族制度の研究において重要な位置を占めるべきであったのに軽視されている。この研究で結婚・継承そして子弟教育と家政の運営から、家の価値の実現のための戦略である「家」戦略をあきらかにし、欠けている華族の家の研究を補っている。しかし、その研究は日記や法律という史料を使い、統計を使い理論的に行っているが、明治期の華族制度と家制度の創出期である明治初年からから三〇年代までの研究に限られている。

近時の先行研究に、小山彰子「[研究ノート]華族家の教育史——ある大名華族家四代の聞き取り調査から」*29がある。この研究は上流階級の教育や学歴および学校選択の価値観などの再生産について、大正期から現代にいたるまでの四世代にわたり検証している。小山の研究はある一族の時代を縦軸にオーラルヒストリーの手法で研究と分析しているが、聞き取り調査のインタビュー対象者は匿名であり、それらの各家の歴史的背景などにはほとんど触れるところではない。また四世代中の第三、第四世代はあきらかに旧大名華族家出身者ではなく、日本の上層階級の研究とはいえるだろうが、ある大名華族家四代の聞き取り調査とは言えない*30。

また『有馬頼寧日記』の編纂者の一人、山本一生の『恋と伯爵と大正デモクラシー：有馬頼寧日記１９１９』*31が日本経済新聞出版社より刊行された。この著作は、本論文の目的の一つである華族の私的部分を明らかにするという目的は同じであるが、大正八（一九一九）年の有馬の女性関係と、山本氏が行った恋人の素性調査の道程や、有馬と緑の恋愛の盛り上がった部分を小説仕立てに描いており、データベースとしては非常に有用であるが、いわゆる研究論文とは言い難い。しかし、華族有馬頼寧の人間としての面白さ、有馬頼寧日記の研究資料としての有用性があらためて注目されるきっかけになる作品であろう。

これまでの研究では、華族が実際に「家」をどのようにとらえていたか、華族制度と家制度の中で複雑な人間関係であるのに、「家」戦略の下に隠れている個人の内面的な葛藤を充分に検討しているとは言いがたい。伝記やインタビューを用いた研究では、旧華族の個人が子ども時代に親あるいは使用人によりどのように育てられたかを振り返ったものであり、なかなか自身が親となり子育てをする側になったときの経験が語られない。日記資料などを中心に使用することで、華族が日々のなかで親としての視点での率直な家族観や子育て観をその家ごとに明らかにしたい。

第五節　本論文の構成

本論文は序章と終章を含めて全九章から構成される。序章では華族の家庭教育に関する先行研究と本研究の意義を述べた。

第一章は明治から大正期の家庭教育とはどのようにとらえられていたかを明らかにし、本研究においての「家庭教育」を定義する。そのうえで華族の家庭教育がどのように行われていたのか、随筆や伝記を頼りに大名華族を中心に明らかにする。

第二章から第四章は日記資料の存在する有馬頼寧伯爵と岡部長景子爵の両大名華族家と、阪谷芳郎子爵の勲功華族の三つの華族家の父親の教育観を中心に研究を行った。第二章では有馬頼寧、第三章は岡部長景、第四章は阪谷芳郎を取り上げている。個別には取り上げているが、それぞれの家庭教育の違いや共通点を表出させることで、華族の家庭教育の普遍性が読み取れるのではないかと考える。有馬と岡部は同世代であり、ともに中央政府に役人として務め、昭和戦前期には貴族院議員として政治活動を行っていた。また有馬は農務大臣や大政翼賛会事務総長、岡部は文部大臣として閣僚にまで登ったこともある人物である。阪谷は有馬や岡部とは年齢が異なるが、同世代の子どもの父親という共通点はあった。さらに、阪谷家については現当主の阪谷綾子さんからの資料提供があり、阪谷芳郎の息子希一や、孫の芳直という二代にわたる家庭教育を分析することができた。それぞれの華族の教育において、共通する点などを比較することで、子どもを華族として育てるうえで、男性がどのような役割を果たしていたか明かにしたい。

第五章は学習院附属の幼稚園の幼児教育と家庭教育とのかかわりをみることで、華族の就学前の教育について研究を行った。華族の家庭教育を明らかにするためにも、家庭教育のみでなく、公教育についても視野を広げたいと考えた。そこから、育児のプロフェッショナルである保母を通してみた華族家の家庭教育について考えたいと思った。また華族が学習院の幼稚園での幼児教育をどうとらえたか明らかにしたい。

第六章は学習院論について検討する。社会事業家で学習院廃止論を展開した伯爵有馬頼寧と、学習院評議員を務めた貴族院議員の水野直が学習院をどうとらえていたか明らかにしたい。そのうえで華族が子どもの教育について学校に何を望んでいるかを、明らかにしたいと考えている。有馬と水野の家庭教育の思想を読み解き、また彼らが子どもの通う学校とどのようなかかわりを持ったか明らかにしたい。大正期の華族における学習院観を検討することによって、華族が華族の教育として学校教育における教育の長短をどのようにとらえていたか明らかにすることで、家庭教育の役割をどのようにとらえていたか明らかにしたいと考える。そして、有馬や水野ら華族の父親が将来の華族社会にどのような不安と期待を抱えていたかを明らかにすることで、子育てに父親としてどう向き合い、どのような次世代の育成をしようとしていたか明らかにしたい。

第七章は『家庭の模範』という女性向けの家政の指南書に登場した鍋島伯爵家、岡部子爵家、加納子爵家について比較を行うことで、三家の家庭教育から家族の家庭教育を読み取ろうとした。この鍋島家、岡部家、加納家の三つの子爵の家庭では、元からの家の規模が大きく異なるが、子育てについての共通する目標があった。また彼らの生活を書籍や雑誌を通して眺めていた新中間層の暮らしについても触れ、華族と新中間層との生活を比較することで、子育ての違いを明らかにしたいと考えた。

終章、華族の実際の家庭教育、子育ての様子を明らかにして、皇室の藩屏として国につかえ、貴族院で政治を担い、また公家・大名華族であれば伝統ある「家」を守っていた華族が、上流の社会階層としての華族のあり方をどのように華族自身がとらえていたか明らかにしたい。また華族のその存在意義や価値を子どもにどのように継承しようとしたか、華族の家庭教育の意義やあり方を、華族自身がどのようにとらえていたか明らかにしたい。

註

＊1　イクメンは「育児をするメンズ（男性）」の略語である。イクメンは、ただ育児をしている父親ではなく、積極的かつ能動的に育児に参加する父親のことである。

＊2　川島武宜「イデオロギーとしての「家族制度」」『川島武宜著作集　第十巻　家族および家族法1』岩波書店、一九八三年、二〇一頁。（初出『イデオロギーとしての家族制度』岩波書店、一九五七年）

＊3　牟田和恵『戦略としての家族　近代日本の国民国家形成と女性』新曜社、一九九六年。

＊4　芳賀登『良妻賢母論』雄山閣出版、一九九〇年。

＊5　小山静子「家族の近代―明治初期における華族の変容―」『日本家族史論集4　家族と社会』吉川弘文館、二〇〇二年。

＊6　海妻径子『近代日本の父性論とジェンダー・ポリティクス』作品社、二〇〇四年。

＊7　小林嘉宏「『家庭文庫』にみる大正期新中間層の家庭と家庭教育―教育中心家庭というミクロコスモスの構成と内実―」『福井県立大学論集』第二九号、福井県立大学、二〇〇七年。

＊8　加藤千香子「近代日本の国家と家族に関する一考察―大正期・内務官僚の思想に見る―」『横浜国立大学人文紀要　第一類　哲学・社会学科』第四二輯、横浜国立大学、一九九六年。

＊9　永谷　健「近代日本における上流階級イメージの変容―明治後期から大正期における雑誌メディアの分析」『思

想』八一二号、岩波書店、一九九二年。

＊10 落合恵美子「近代家族をめぐる言説」井上俊他編『岩波講座 現代社会 第一九巻〈家族〉の社会学』岩波書店、一九九六年。

＊11 小山静子『良妻賢母という規範』勁草書房、一九九一年。沢山美果子「教育家族の成立」編集委員会編纂『叢書 産む・育てる・教える―匿名の教育史1〈教育〉誕生と終焉』、藤原書店、一九九〇年。

＊12 太田素子「〈子育ての歴史〉研究の課題と展望」『日本教育史研究』一九、日本教育史研究会、二〇〇〇年。

＊13 斎藤 正二「「子育て」をめぐる記号学的諸考察―ジョージ・オーウェル『一九八四年』'Newspeak'と『生類憐みの令』（一六八五）との間」『日本教育学会大會研究発表要項』四三巻、一九八四年、六九頁。

＊14 広田照幸『日本人のしつけは衰退したか―「教育する家族」のゆくえ』講談社、一九九九年。

＊15 広田照幸監修『リーディングス 日本の教育と社会 第三巻 子育て・しつけ』日本図書センター、二〇〇六年、八七頁。

＊16 森山茂樹・中江和恵『日本子ども史』平凡社、二〇〇二年。

＊17 沢山美果子『近代家族と子育て』吉川弘文館、二〇一三年。

＊18 同上『近代家族と子育て』三八～三九頁

＊19 同上『近代家族と子育て』七一～七二頁。

＊20 多賀太「「父親の家庭教育」言説と階層・ジェンダー構造の変化」『教育科学セミナリー』四一、関西大学教育学科、二〇一〇年。

＊21 多賀太「「教育する父」の意識と行動―中学事件性の父親の事例分析から―」『教育科学セミナリー』四三、関西大学教育学科、二〇一二年。

＊22 大久保利謙『大久保利謙歴史著作集 三 華族制の創出』吉川弘文館、一九九三年。

＊23 後藤靖「日本資本主義形成期の華族の財産所有状況」『立命館経済学』第三四巻六号、立命館大学経済学会、一九八七年。同上「華族世襲財産の設定状況について」『立命館経済学』第三五巻四・五号、立命館大学経済学会、

一九八八年。

＊24 千田稔「華族資本としての侯爵細川家の成立・展開」『土地制度史学』第二九巻四号、政治経済学・経済史学会、一九八七年。

＊25 久保正明「明治十四年政変後の華族の立憲制への対応――華族制度形成に関する一考察」『九州史学』第一五七号、二〇一〇年。

＊26 千田稔『明治・大正・昭和華族事件録』人物往来社、二〇〇二年。小田部次雄『華族家の女性たち』講談社、二〇〇七年。以上の書籍は華族の家庭の情報について述べているが、華族の家庭の研究とまではいえない。

＊27 タキエ・スギヤマ・リブラ　竹内洋・海部優子・井上和義訳『近代日本の上流社会―華族のエスノグラフィ』世界思想社　二〇〇〇年。

＊28 森岡清美『華族社会の「家」戦略』吉川弘文館、二〇〇二年。

＊29 小山彰子「[研究ノート] 華族家の教育史―ある大名華族家四代の聞き取り調査から」『哲学』一二〇、慶應義塾大学、二〇〇八年。

＊30 小山の研究は一部有用な部分はあると考える。しかしインタビュー対象者が古い世代順にA、B、C、Dとプライバシー保護のため匿名で紹介されており、どの大名華族家の調査であるか正確な特定ができない。研究ノートの情報から『平成新修旧華族家大成』上下巻（霞会館、一九九六年）を参考にAとB親子を推測することができた。匿名の主旨を尊重して実名はあげないが、Aは大名華族家令嬢、Bは勲功華族家令嬢である。AはW家へ嫁すが、夫の父は大名華族家から勲功華族家へ養子に入った人物であった。すなわちW家は大名華族家の文化的要素を持つが、実際は勲功華族家である。この研究ではBの出身であるW家が大名華族家となっており正確性に欠ける。またBの子どもと孫であるCとDにいたっては、誕生時にはすでに華族令も廃止されており、またBもCも旧大名華族家の宗家ではなく一般家庭に嫁していることから、CやDは旧大名華族の流れをくんでいるが、旧大名華族家出身とはいえない。またA、B、Cは女性で他家に嫁しており同一の家の教育史を語ってはいない。以上のことからこの研究は実際には「ある大名華族家四代からの聞き取り調査」とはいえず、表題の表現が誇大であると考える。そ

のためこの研究の中心である聞き取り調査の部分の真偽を見抜くことは困難である。

＊31　山本一生『恋と伯爵と大正デモクラシー　有馬頼寧日記一九一九』日本経済新聞社、二〇〇七年。

第一章 ✺ 華族の家庭教育と近代

第一節　家庭教育の定義

「家庭教育」という言葉が、どのような言葉であるか、家庭で行われる教育というだけで曖昧なものである。家庭が私的領域であり、国家が介入することも不可能であり、また家庭は世の中に無数に存在し、その形態も様相も様々なものであることから、そこで行われる教育も多種多様で普遍性を求めることが難しいからである。

「家庭教育」に近接する言葉に「子育て」「育児」「保育」などがあるが、「子育て」という言葉を「家庭ないしそれにかわる生活の場において親ないしそれに代わる大人が子供を養護し社会化しようとする営みをさす」と定義づけを行った太田素子によれば、「家庭教育」は学校教育との役割分担の上に想定される言葉だという*1。

「家庭教育」が本論文の研究対象である明治から大正期にかけてはどのようにとらえられていたか明らかにしたい。

「家庭教育」という言葉が文部省により公に意味づけられたのは、明治一五年のことであり、家庭教育は学校教育の代替として普通教育を授ける教育のことをいう*2。明治一七年発行の『学事示諭』*3には、家庭教育とは一家の団欒の間に行う教育だけでなく、学齢の子どもを学校に入れずに普通教育を行うことを家庭教育というとある。つまり普通教育を授ける場所が、学校であれば学校教育、家庭であれば家庭教育という、場所の対比から始まった言葉であった。しかし、「学校教育の家庭教育に勝ることすでに斯の如し」ともあり、家庭教育は小学教則に従って行い、また家庭教育を受けている子どもは小学校で試験を受けて、試験の結果が悪ければ学校教育に移行すべきだといっている*4。家庭教育と学校教育については、学校教育に優位性があるものととらえられていた。

家庭生活の中での両親の教育について、明治二〇（一八八七）年に発行された『家庭教育』*5という最も初期の家庭教育の啓蒙本には、「家庭の教育は小学校の教育と大切なる関係あることにて若し家庭教育あしければ小学校の教育も十分に効能をあらはす事が出来ぬ*6」ということから、学校教育の効率を上げるには家庭教育を正しくしなければならないとしている。しかし、『家庭教育』には就学年齢前後の家庭教育の注意点しか書かれていない。

また、女学校において良妻賢母の教育を行った家政学の書籍では家庭教育をどのようにとらえているのか見たい。明治二三（一八九〇）年に発行された『家政学』*7において、親は子どもの教育を学校に依存してはいけないとしているが、「小児帰り来れば速やかにその日の課業を復讐せしめ、忘れたる所は教へ、学校の足らざるところを補ひ、学校と両々相助けて以って児童を教育すべきなり。斯くすれば児童は家にあるも学校にあるが如く、常に教師の傍らにあると同然」といい、母親は家庭で小学校の補助を行い、教員のように接することを説いている。明治二七（一八九四）年刊『新編家政学　下巻』*8や明治三九（一九〇六）年刊『実践家政学講義』*9は、教育の外部委託先である学校選択の重要性も説き始め、母親は積極的に学校参観をして教員との連携をはかり家庭教育を行っていくものとしている。また幼児期に比べ学齢期の具体的な子どもの育て方などの記載が少なくなっていく。そのそのため、子どもの教育についての優位性は家庭教育よりも学校教育にあるように感じられる。

家庭教育は公教育とのかかわりでは、常に公教育に優位性があったわけではない。帆狩猛によれば幼児教育との関係において、家庭教育について明治四〇年代にフレーベル会発行の幼児教育雑誌で重要な議論がなされていた。明治期には幼稚園という西洋の幼児教育の現場の導入がなされた。しかし、旧来幼い子供の教育というものは家庭で行われており、幼稚園の導入以降も幼児の教育には家族の特に母子の密接なかかわりが重要だと考えられていた。そのため、幼稚園は不要なものであるという議論も絶えなかったという。そういった議論に対して、幼稚園擁護の姿勢をとる者たちは、個々の家庭で系統立てて行われていない家庭教育では、教育が不十分となってしまう部分を補完するのが幼稚園であるとした*10。就学前の家庭教育と公教育では、家庭教育の方が優位な立場にあったということである。

明治から大正期にかけて家庭教育がつねに公教育に寄り添うことを求められていたのではなかった。しかし、家庭教育は、子供が学齢期に入ると学校教育という公教育に寄り添う教育を求められていた。

大正から昭和に活躍した幼児教育の権威である倉橋惣三によれば、家庭教育には三つの意義があるという。①家庭の生活性によって行われる教育（生活的）、②家庭が備え持つ文化性によって行われる教育（環境的）、③親の教育意識によって行われる教育である（方法的）である*11。家庭教育の有する生活的・環境的・方法的教育という三つの側面は「いづれも家庭生活の本質が根底となつてゐるところに家庭教育の特性があるのであつて、生活的の場合はもとより、環境的・方法的の場合に於ても、決して単なる環境、単なる方法として効果を生ずるものではなく、どこまでも家庭生活の特質裡に行はれてゆくところに、家庭教育の本義がある*12」といい、家庭教育は「純乎たる生活そのままの中に行はれるものである*13」という。すなわち、倉橋は子どものいる家庭において家庭生活のすべてが家庭教育であると考えている。

そして、家庭教育というものは教育的な思想がなくても、自然に日常生活の中で行われているものであり、日常生活の中で個々の家族の中に出てくる家の雰囲気、家風というものが子ども性格につながるとしている*14。また家庭教育の範囲であるが、「小さい子供の時から自分が独立の家庭生活を作りますまで家庭教育の範囲内*15」としている。倉橋は社会において家庭教育は就学前の幼児期までという考え方や、長くても少年期までと考えられている場合が多いととらえている。公教育との連携についても、家庭教育を充実させるように幼稚園などをうまく選択し、そして学校教育との連携は受け身ではなく、学校を利用していくようになるべきであるとしている*16。また学校にも家庭教育の重要性を理解する必要があり、現実生活の教育のため、学校は宿題ばかりさせるのではなく、家庭で家業や家事の手伝いをすることを推奨するべきと考えている*17。また親は学校の保護者会などに積極的に参加し、学校とのかかわりを持っていくことで家庭生活も充実するとしている。

そして、家庭教育は、家庭教育、学校教育、社会教育の三段階の一層目だともいう*18。ここで倉橋の考えていることは、家庭教育は学校教育の準備段階という意味ではなく、一層目である家庭教育はどの教育段階に向かってもその重要性や存在は変わらず、つねに教育の基礎となるものであるということである。これは、家庭教育の延長上に学校教育が存在すると、とらえることもできる。日常生活の基礎である家庭が充実していなければ、子どもは学校で充実した生活を送れない。また、親は子どもの公教育の選択や学校に対して、受動的ではなく能動的になるように倉橋は訴えている。

本稿でいう家庭教育はどのようなものであるか、定義をしておきたい。一般的に家庭教育は、家庭での幼児教育や、子どもへの生活態度のしつけというような、だいたい児童期までの子どもの教育だと受け止められていることが多い。しかしながら、教育学においては、倉橋惣三などにより、家庭教育とは家庭での生活の営みそのものであるといわれてきたという流れがある。生活そのものの中から、さまざまなことを家族が学び合う、学習しあうことこそが、家庭教育であるといえる。

家庭教育とは家族の構成員がどのような年代になっても、生活そのものの中から相互に学習していく営みだと考える。つまり、家庭教育の中での学習は当然、親子の相互学習、また祖父母と孫の相互学習、そして兄弟姉妹間での相互学習が行われている。現代の教育観では家庭教育は、学校教育や社会教育の領域ともすべて相互に関わっている。とくに子どもの学校教育や社会教育に関する選択は、子どもが自由に行えるものではなく、親、祖父母という保護者などの教育についての考え方に大きく影響を受けている。各家庭での教育についての考え方、子どもの成長への願いから営まれる家庭生活、家庭教育そのものが、公教育をも囲い込んでしまう非常に重要な教育であるといえる。

女学校の家政学の教科書には育児における学校選択の重要性が説かれている。家庭では教育の方針によって学校選択を行うこともできる。学校選択は子どもの能力や意思だけでなく、親の意思も大きくかかわっており、それは幼少期であればなおさらである。また親は子どもにとって学校がふさわしくないと考えれば、退学や転校させることも可能である。そこで家庭教育と学校教育ではつねに家庭教育に優位性が与えられていると考える。よって学校教育は、家庭教育における「親の教育の意識によって行われる教育」の延長上にあると考える。

第二節　華族の家庭教育

華族の家庭教育を述べる前に、江戸時代の大名家の教育について少しふれておきたい。

江戸時代の武家の学問教育の基本は儒学である。幕政中期のころ尾張徳川家では、大名の子どもたちは儒学者を教師として四書の素読から教育が始まり、相手役の小姓らとともにこれを学んだようである。大名や大名の子どもを中心とした儒学の講義が定期的に行われ、その講義には城内及び邸内の者の参加が許されていた*19。

幕政後期の大名家の教育も、儒学が行われていた。徳川慶喜は水戸藩主徳川斉昭の第七子として生まれ、養育の経費削減のため藩地で成長し、斉昭の方針により将来は養子に出る身の上であるため文武両道を実現すべく厳しく藩校弘道館で教育された*20。佐賀藩の鍋島直正は、幼少期は乳母によって放任主義に養育され、遊び相手とともに泥遊びや相撲などをする活発な子どもで、七歳になると儒学者によって教育が行われた*21。

大名の子どもの教育の実態を把握することは難しいが、男子は学齢期になれば、屋敷の中において儒学者によって読み書きなどの教育が始まったことがわかる。

次に、身分が大名から華族へと変化していった後のことを詳しく明らかにしていきたい。多くの華族の子どもたちが、どのような家庭教育・子育てを受けていたのかを明らかにし、華族の家の教育にどのような共通点があったのかあきらかにしたい。しかし、華族の子ども時代の日記資料がないために、伝記やインタビューや随筆などを抽出したものである。

華族の家庭生活の様子をあきらかにするため、一九六〇年代に華族の生活を聞き取り調査する目的でおこなわれた座談会を収録した金沢誠・川北洋太郎・湯浅泰雄『華族――明治百年の側面史』などを利用して幼少期を中心に年代ごとにまとめた*22。

明治一九(一八八六)年生まれの徳川義親は、旧福井藩主家侯爵家に生まれ、明治四一年(一九〇八)に旧尾張藩主家の徳川侯爵家に養子へ入った。父松平春嶽は幕末期に井伊直弼の政敵であったため失脚して隠棲していた。しかし、当時子どもがいなかったため福井松平家の家督は糸川松平家からの養子が継いでいた。側室であった実母は一〇人も子どもを産み、義親は末子であった。生まれてすぐに乳母とともにしばらく農家に預けられ、家に戻ると使用人である実母から厳しい躾を受けた。子どもたちが一緒に食事をするとき、実母はマナーなどを教えるが、一緒に食事をすることはなかった。また他の使用人たちも子どもたちを厳しく教育した。学習院初等科に入ったが、一年生のときに落第し、早くから家を出されて学習院の教師の家での下宿生活に入る。貧しい長屋が下宿先の近所にあり、そこの子どもたちと遊び、庶民の生活を体験した。下宿生活に入っても現金を所持したことはなかった。その後、学習院中等科四年のときに毛利家の時習舎という下宿に入り、同年代の若者と生活をするようになる。このときから月二円の小遣いを使うことが許された。

明治二三（一八九〇）年に生まれた旧新庄藩主家子爵家の戸沢冨寿の幼少期は、父正実を早くに亡くし、母も中学生の時に亡くした。彼の兄は早世したが、すでに兄には息子がいたため、家督相続人ではなかった。「奥」という当主とその家族の生活の場におかれた使用人は一八人ほどで、お付きの女中が家族のそれぞれに一人ずつについていた。食事は食堂がなかったため小さなころは親たちの部屋で一緒にとっていた。中学に入るころになると「表」に出されることとなり、その後は応接間で食事をするようになった。中学一年で学習院の寮で寄宿生活をすることとなった。

明治二八（一八九五）年生まれの旧広島藩主家公爵家の浅野長武は最後の大名といわれる祖父長勲とヨーロッパ帰りの父長之を持つ。家に使用人は一五〇名ほどおり、二〇名いた女中以外は旧藩出身者であった。「表」と「奥」の区別があり、女性は「奥」から外へ出ることはできなかった。父は妾腹であり、長武は実の祖母のことを幼少期は使用人だと思って接していた。家では長男と次男の扱いが全く異なっており、長男は特に厳しく躾けられた。また妹などはひとりで家の庭へ出ることもなかった。食事は両親や祖父母と一緒にとり、食事マナーにはとてもうるさかった。また金銭の使用は卑しいことと教えられており、買い物に行っても使用人が支払いをした。中学二年のときに学習院の寮ができたため、入寮し家を出た。

明治二九（一八九六）年に生まれた旧徳島藩主家侯爵家の蜂須賀年子の幼少期である。年子が一〇歳のころに、病弱であった母は亡くなっている。年子の母筆子は徳川慶喜の娘であったが、妾腹であり、ときどき屋敷に訪れる実母に対して使用人のように接していた。兄弟姉妹は三人いた。三〇人から四〇人の女中がおり、その中の七人ほどが老女として奥を取り仕切っていた。女中には二円の月給が支払われていたが、これでは女中たちは生活費や衣服費や化粧品代が賄えなかったため、親元の援助やみずからの貯金を取り崩し奉公に来ていた。「奥」では女中は老女に厳しく躾をされており、家内の生活全般を取り仕切る老女たちの発言は主人の家族の生活にも大きな影響力を持っていた。年子の父正韶は、イギリス留学から帰朝後は宮内省式部官として皇室の行事を取り仕切っていたこと、また性格が神経質神経質だったこともあり、子どもの様々な生活態度や作法に対して非常に厳しかった。手紙にも父の検閲があった。年子ははじめ華族女学校に入学したが、父が運動会でのダンスの入場料をとり一般公開するのは皇族への不敬だと学校側ともめ、ミッションスクールの聖心女学院へ移り、フランス語や西洋の作法を学んだ。

明治三四（一九〇一）年生まれである戸沢和子は戸沢冨寿の夫人であり、旧平戸藩主家松浦伯爵家の出身である。その幼少期、浅草にあった屋敷は部屋数が六〇から七〇あり、「奥」で働く女中は一五人、その他に台所に五人いた。家族それぞれに付くお付きの女中はいなかった。「表」は男性のみで女性は基本的に行くことはできなかった。男性は七歳になると、「奥」では生活できなくなり「表」で年若い男性使用人が世話をするが、食事のときは「奥」で家族と一緒に食事をした。主人が就寝するころに「奥」と「表」の間に鍵がかけられ往来できなくしていた。外へ買い物に行ったことがあるが、主に家に出入りの業者が商品を持ってくるものを買った。買い物は、業者の商品を「奥」に運び、家族が楽しんでそれを見るというレクリエーション機能を持っていた。買い物などの支払いについては、学校を出るまで現金を持ったことがなかった。洋行を経験した父厚はハイカラで、子どもたちには西洋のテーブルマナーを精養軒などのレストランで食事をしながら教えていた。学習院女子部には女中の付き添いで人力車を使って通っていた。同様に通学する生徒ため、学校には供待ち部屋という女中が待機する部屋があったという。結婚をするまで自由がなく、ほとんど外食もしたことがなく、手紙なども母親の検閲を受けていた。

明治四三（一九一〇）年生まれの旧彦根藩主家伯爵家出身の井伊正弘は、父道忠は正妻を持たなかったため、妾の立場である内縁関係の母から生まれた。生まれると同時に乳母に預けられ、その後はお付きの女中の世話を受けた。「表」には一〇人ほどの使用人がおり、「奥」には一三人ほどの女性使用人がいた。朝挨拶をするだけで、両親と一緒に食事をすることはなかった。学習院初等科に入るころに学習のみでなく生活全般について指導する家庭教師がつけられた。父は子どもたちを直接叱ることはせず、家庭教師に注意をして子どもたちを叱らせた。父は人前に出ることが嫌いで、親戚づきあいなどは子どもたちがある程度の年齢になるとすべて任せるようになった。

大正一五（一九二六）年に旧金沢藩主家侯爵家に生まれた酒井美意子は、父前田利為がロンドン大使館付き陸軍武官だったため二歳から四歳まではロンドンで過ごした。主人の身の回りを世話する日本人の使用人と、掃除や炊事をおこなう現地雇いの使用人がいた。子どもたちはお付きの女中に連れられてハイドパークへ散歩に出ていた。またイギリス人家庭教師にマナーと英語の教育を受けたり、バレーを習ったりしていた。日本に帰国後は駒場の洋館で生活した。このころすでに「奥」と「表」の区別はほとんどなくなっており、女中の生活する一角に男性は立ち入らないようになっているのみであった。前田家の生活様式はほぼ西洋化していた。女子学習院への通学は一人一人お付きの女中が付き添っており、通学手段は人力車から自動車が多くなっていたが、太平洋戦争開戦からは自動車通学が禁止され電車通学となった。戦中、買い物などには付き添いがいればどこへでも自由に行くことができた。親から受けた教育は、使用人は家の宝であり、使用人に接するときには礼儀正しく命令しなければならないということくらいであった。

しかし、兄弟は中学生から大学生の間は、教師ならびに同年代の男性三人ほどで塾に入ってスパルタ式の教育を受けるという、他の華族と同様の形態の教育をしていた。

以上の人々が幼少期に体験したことをみていく。

まず、華族の家庭生活がどのように営まれていたかである。多くの人は、家に「表」と「奥」があったと述べている。華族の家には「表」という家の運営のため外部と接触し事務処理をする公的な領域と、「奥」という主人とその家族の私的な領域があった。家庭が一家団欒や家族構成員の心的な交流の場であるとすれば、それは私的領域のことであり、華族の家庭とは「奥」のことである。武家華族の家ではその家ごとに多少の差はあったが、旧来の生活からの習慣が根強く残っており厳格であった。「表」は家の運営を行うのは男性使用人の領域であった。「奥」は主人とその家族の生活の世話をするのは女性使用人の領域であり、そのトップは老女であった。「奥」と「表」は夜間になるとその間の扉に鍵をかけて行き来が禁止された。また主人の息子は一〇歳前後に生活の場が「表」に移されるため、「奥」は女性の世界であった。

次に、共通する特徴は子どもにはみなお付きの使用人が付いていたことである。女性には女性の使用人がつく。男性には幼少期には女性使用人がつき、生活空間が「奥」から「表」に移されると男性使用人が付くようになる。あるいは男性は寄宿生活に入ることで男性社会へ入って行くのである。両親は「奥」の使用人のトップである老女に育児の大まかな方針などを相談し、老女がすべてを取り仕切り、それぞれの使用人が子どもの細かな面倒をみた。また子供たちは使用人に対しては基本的に礼儀正しく接しなければならなかった。使用人を雇っているのは子どもではなく、その家の大人たちであるという理由である。イギリスでも同様で、大人は執事や庭師などの特別な使用人に対して名字で呼び、ミスターの敬称を省いて呼ぶが、子どもが親と同じように敬称を省いて呼ぶことは許されない。使用人に対しても礼儀正しく接しないと、身分をわきまえぬ態度だと叱られるという*23。

明治維新以降の生活に旧慣が色濃く残るかは、主人の方針だけではなく、老女の方針と権力の強さが影響したようである。蜂須賀年子の思い出でも老女の強い権力を伝えている。小麦粉でせんべいを焼く遊びをしていたが、老女と父からも「はしたない」と禁止されてしまった。母の実家である徳川公爵家に遊びに行くとせんべいを作って遊ぶことができた。そのことを、「年子は、いい子だからご自分でおせんべいを焼いたことを、老女などにはいわないでね」と母にいわれている*24。蜂須賀家では若い女主人が老女を恐れていたことがうかがえる。

前時代である江戸時代には、大名家夫人としてなすべきしきたりや嫁ぎ先の家風は婚礼後に教えられ、夫人の教育を担っていたのは嫁ぎ先の老女であった。福井藩では幕末間近に老女の大名夫人への教育が一因となり、大名夫婦の離婚騒動が起こったという*25。老女は主家の重要な地位にある妻の立場を脅かすことのできる存在であったということがわかる。

大名家の日常生活において、使用人の存在は非常に大きなものだった。「奥」の使用人である女中の多くは、華族の家で働くことで上流階級の作法を学び、退職後に社会的地位の高く裕福な家の男性と結婚するための足がかりとした。使用人は老女などの格上の使用人から、華族家の元使用人としてどこへ出ても恥ずかしくないように訓練される。そして使用人は子どもに礼儀作法を躾けることで、家の格式を根底から支えていたのである。

これは、日本だけでなく、イギリスでも同様であった。イギリスの裕福な家には日本の老女にあたるハウスキーパー（家政婦）がおり、ハウスキーパーが女性の使用人であるメイドを管理していた。大きな屋敷のハウスキーパーは、経験だけでなく優れた能力を要求されていて、主人の家を自分の家のように管理しなければならなかった。女主人に代わって家政の権限のほとんどが与えられていた*26。しかし、日本の女中とイギリスのメイドには明確に異なっている部分がある。日本の大名家などに女中に入った女性には上流の行儀作法を学び結婚市場で優位に立つための学習や資格取得という側面もあったが、イギリスのメイドは労働者階級出身で生活のために使用人として働く純粋な労働者であった。また、イギリスの女性使用人の頂点であったハウスキーパーは、主人とその家族の個人付きの使用人を管理する権限はなかった。

また華族家の女性にたいして常に監視役がいたこともわかってくる。男性の寮生活には、同じ寮で生活する仲間がおり、監視役の教師が一日中一人の子どもについていることはない。しかし、女性に対しては一日中お付きの女中が付いており、通学などどこへでも付き添った。その交友関係についても、母親による手紙の検閲などで規制をされていた。

そして、華族の子どもは、男性も女性も基本的に現金を自分で使うことはなかった。これは上流の武家社会が貨幣を卑しいものだととらえていることを色濃く残しているのではないかと考えられる。江戸時代には、たとえ同額でも扶持を米で受領する者と貨幣で受領する者では、その地位は米で受領するもののほうが高いとされていた。男性は寄宿生活に入ることで、小遣いとして現金を持つことになり、華族社会以外の社会を垣間見る経験を積むのである。

さらに、衣食が質素であったことを思い返している者も多い。非常に広く大きな家の維持と管理、使用人も多く、また華族同士の付き合いや親戚づきあいに見栄を張らなくてはならないことが多かったために、日常の生活については節約をしなければならなかったようである。また、江戸時代に藩の財政が疲弊していたために、倹約が日常から行われている家もあった。

江戸時代と明治時代の大きな変化は、一代目の華族には妾腹の者がしばしば見受けられるのに対して、明治以降に生まれた華族についてはあまり妾腹のものが見受けられないことである。上記の七名中二名しか妾腹のものはおらず、一人は妾腹といえども父に妻はいなかったので実際には内縁の妻という役割を果たした女性から生まれたのであった。

また少なくとも食事は時代が進むことで、家族で一緒に食事をする家が増えるようである。そして、父が洋行を体験しているほど、子どもに外国語や西洋のマナーを教えるという傾向が強くなる。

以上は武家華族の家庭についてあげたが、武家華族と同様に伝統ある華族である公家華族の家庭も実例を挙げて示したい。

甘露寺受長は明治一三（一八八〇）年に公卿の名家の甘露寺伯爵家に生まれた。明治天皇から新宿御苑の一角に屋敷を与えられており、父は神奈川県の寒川神社の宮司として、大宮御所に勤めていた。旧皇族の多くは、禄高が少なく質素な暮らしで地味だったが、明治四五年の堂上華族保護資金令により中流の生活を始められることとなった。甘露寺家は、両親が京都出身であり、家庭内は京都言葉を使用していた。また、幼い頃から御所に上がっており、そこの女官は京都言葉であり、学習院でも同じような出身の者も多いため、東京にいても京都言葉には違和感がなかった。家のしつけは厳しく、行儀や形式を大切にしていた。初めは新宿の花園小学校に入ったが、明治二三（一八九〇）年に学習院初等科に移り大正天皇の学友となった。学校が終わると学友が交代で一日おきに御所へ通い、そこで武道、乗馬、詩歌などをスパルタ式に教育された。御所の食事は質素であり、夜は部屋が与えられて宿直として泊まった。皇太子の学友となっていたため、学習院などの寄宿舎に入ることはなかった。しかし、同じく学友をしていた旧薩摩藩の勲功華族である海江田子爵家の海江田幸吉は親戚の東郷平八郎伯爵の家に寄宿していたという。

明治二四（一八九一）年生まれである近衛文麿は、五摂家の筆頭である近衛公爵家に生まれた。父は貴族院議長を勤めた近衛篤麿であり、母は旧金沢藩主家前田侯爵家の五女衍子であったが出産後すぐ亡くなった。その後、篤麿の妻に前田家から六女貞子が入り、四人の異母弟妹が生まれている。ある程度の年齢になるまで、実母の死を知らずにいたという。文麿の幼少期、使用人は男性使用人が家令から下男まで一五人おり、女性使用人は老女四人、老女隠居二人、そのほかに一四人いた。格式ばった生活であり、子どもの教育も老女によって旧式に行われ、両親の意向が反映される事は少なかった。そこで、明治二九（一八九六）年に両親は日本赤十字社の高山盈子の紹介によって、文麿の教育掛りとして小川すみを雇い入れた。旧来の教育を実行しようとする古い使用人と、新しい教育を実行しようとする新しい使用人の間にはしばしば対立が起こっていた。篤麿は洋行経験から、外国の貴族を見ており、まだ爵位を持たない子どもの間はできるだけ平民的に育てようとしていたのだった。文麿は学習院初等科から中等科に入る、明治三七（一九〇四）年には父が亡くなり一三歳で爵位を継いだ。明治四一（一九〇八）年には学習院寮が出来て寮での寄宿生活に入るが、それまでは自宅から徒歩、人力車、汽車で通学していた。

公家華族も武家華族と同様に、子どもを厳しく育て、老女という使用人のトップの意見が重要視されたようである。また、男の子がそれなりの年齢となれば、寄宿生活などにより、実家以外での生活の体験を行わせていることが窺える。

学習院寮やその他の塾・寮などで、共に学び生活を一とすることで、華族の横の繋がりが拡充され、同族同士の婚姻関係を結び、閨閥を形成していくことにも重要な役割をしていたのだろう。

以上のような、華族の生活を支えた財政基盤はなんであったのだろうか。

武家華族の資産は伝来の不動産の他に明治九（一八七六）年に発行された金禄公債があった。その資産については『帝室統計書』*27で一部が明らかにされている。帝室統計書には華族世襲財産の項目がある。華族世襲財産とは家の保持する目的から必要な財産を第三者の抵当権主張などからの保護のために設定することが義務付けられていた。財産が保護される華族の特権の一つであった。一つ一つの華族家の記録ではないが、公侯伯子男と公卿（公家）・武家（大名）・新列と区分されている。

武家華族は明治九（一八七六）年に発行された金録公債を銀行などに投資して収益を得ていた。表1・

表1・1　武家華族世襲財産設定人員同財産額及同収益額

■財産額

	設定人員	土　地（反畝 歩）	現資金 公債証書（円）	銀行株券（円）	会社株券（円）	合　計（円）
公爵	2	466,63,08	—	682,500	—	682,500
侯爵	12	1,107,34,02	1,705,000	4,034,500	167,200	5,906,700
伯爵	25	1,120,76,11	698,900	3,197,600	60,000	3,956,500
子爵	125	5,306,96,24	1,095,850	3,347,600	82,500	4,525,950
男爵	—	—	—	—	—	—
総計	164		3,499,750	11,262,200	309,700	15,071,650

■収益額

	設定人員	土　地（円）	公債証書（円）	銀行株券（円）	会社株券（円）	合　計（円）
公 爵	2	17,604,9	—	62,166,2	—	62,166,2
侯 爵	12	100,454,3	85,250,0	330,751,8	16,414,8	532,870,9
伯 爵	25	77,775,8	34,795,0	247,218,8	5,782,5	365,752,1
子 爵	125	121,930,8	53,464,0	243,759,1	8,384,2	427,538,1
男 爵	—	—	—	—	—	—
総計	164	317,765,8	173,509,0	883,895,9	30,581,5	1,388,327,3

出典:「大正五年帝室統計書」宮内省編纂『帝室統計書』九　柏書房　1993年
383～384頁　※大正5年は西暦1916年

1による収益の総計からみても銀行株券の収益が約五七パーセントであり最も多い。明治一〇年に第十五国立銀行*28は武家華族を中心とした華族の出資により設立されたものであった。十五銀行は日本鉄道会社にも積極的に参加し、明治三九（一九〇六）年の鉄道国有化の際には有利に株を売却し巨額の利益を上げた。大正年間には資本金一億円、預金総額三億二〇〇〇万円、本支店数が三〇という大銀行であった。しかし、第一次世界大戦後の不況と関東大震災による本店と本支店の焼失から経営が傾き、十五銀行は昭和二（一九二七）

年に休業した。株券を保有していた華族は財産を失ったのであった。また、未払い株を抱えていた華族は莫大な借金を持つことになった。

しかし、武家華族は先祖伝来の家宝などの美術品を多く保有しており、経済的に困窮すると美術品の売立（競売）を行って、経済的な破綻を防いでいた。また家政改革を行い、財産の整理をして華やかな生活を改める必要もあった。大名や公卿などの伝統的な華族家といえども、各家において経済格差があった。

このように、伝統的な上流階級から発生した華族であるといえども、公家華族家、武家華族家には文化に相違があった。それには、明治以前の各家の家格や文化、さらに経済力の相違という要因もあった。さらに明治維新での朝廷に対する功績にも、各家の状況は影響を受けている。同じ華族でも、当然、家ごとに子育ての事情も異なってくるが、同じ時代に子育てをしているため、同様の様相を持っていることもわかる。つづく二章から五章では、父親たちの日記を参考に華族の子育てを詳しくみていく。

註

＊1 前掲「〈子育ての歴史〉研究の課題と展望」七二～七三頁。
＊2 山崎信子「近代日本における〈家庭教育〉―明治期に見られる「主婦」の位置づけの変遷―」一七五頁。
＊3 小林二郎『学事示論』小林二郎、一八八四年。
＊4 同上『学事示論』九～一〇頁。
＊5 小池民次、高橋秀太『家庭教育』金港堂、一八八七年。
＊6 同上『家庭教育』五頁。
＊7 清水文之輔『家政学』金港堂、一八九〇年。
＊8 山崎彦八『新編家政学 下巻』長島文昌堂、一八九四年。
＊9 塚本はま子『実践家政学講義』参文舎、一九〇六年。

＊10　帆苅猛「『婦人と子ども』に見る明治期日本の幼児教育の基礎づけ―家庭教育と学校教育のはざまで―」『関東学院大学人間環境学会紀要』一、関東学院大学人間環境学会、二〇一四年。
＊11　倉橋惣三「家庭教育〔意義〕」『教育学辞典』岩波書店、一九三六年、三二一〜三二二頁。
＊12　同上『教育学辞典』三二一頁。
＊13　倉橋惣三「家庭教育」『大百科辞典』五巻、平凡社、一九三五年、二七七頁。
＊14　倉橋惣三「家庭教育総説」社会教育局編『現代家庭教育の要諦』宝文館、一九三一年、三〇三〜三〇八、三三二〜三三五頁。
＊15　「家庭教育総説」三二七頁。
＊16　「家庭教育総説」三五五〜三五六頁。
＊17　「家庭教育総説」三五一〜三五四頁。
＊18　「家庭教育総説」三二六頁。
＊19　高木靖文「尾張徳川家における城中教育の展開」『名古屋大学医療技術短期大学部紀要』一〇、名古屋大学、一九九八年、四九〜五一頁。
＊20　雄山閣編『類聚伝記大日本史　第二巻』雄山閣、一九三五年、三七四〜三七五頁。
＊21　雄山閣編『類聚伝記大日本史　第三巻』雄山閣、一九三五年、三一六〜三一八頁。教師となった儒学者は古賀穀堂であった。
＊22　戸沢冨寿、浅野長武、戸沢和子、酒井美意子、甘露寺受長については金沢誠・川北洋太郎・湯浅泰雄『華族―明治百年の側面史』講談社、一九六八年から事例を抽出した。自伝からの抽出は徳川義親『最後の殿様』講談社、一九七三年。蜂須賀年子『大名華族』三笠書房、一九五七年。酒井美意子『ある華族の昭和史』主婦と生活社、一九八二年を利用した。近衛文麿については御厨貴監修『歴代総理大臣伝記叢書二五　近衛文麿』ゆまに書房二〇〇六年(近衛文麿伝記編纂刊行会『近衛文麿』上下刊、一九五一・一九五二年を一冊にまとめたもの)から抽出した。井伊正弘については井伊正弘×宇野茂樹「対談　大名華族の生活」『大阪商業大学商業史博物館紀要』一、二〇〇

一年から抽出した。
＊23 ダグラス・サザランド著、小池滋訳『英国紳士の子供』秀文インターナショナル、一九八一年、五五頁。
＊24 前掲、蜂須賀年子『大名華族』二六頁。
＊25 高橋みゆき「近世大名家の婚姻―熊本藩と福井藩の婚姻・勇姫の事例を中心に―」『熊本史学』八五・八六、熊本大学、二〇〇六年、三八頁。
＊26 新井潤美『執事とメイドの表裏 イギリス文化における使用人のイメージ』白水社、二〇一一年、七一頁。
＊27 宮内省編纂『帝室統計書』は柏書房により一九九三年に刊行されたものを利用した。
＊28 明治三〇年に第十五国立銀行は国立銀行の満期にともない、普通銀行の十五銀行となった。以下は十五銀行という名称で統一する。

第二章 ✺ 有馬頼寧の家庭教育

第一節　有馬頼寧の経歴

家庭教育について、親としての日々の実感や感情を中心に研究をしたいと考えている。その点でいえば、有馬頼寧《よりやす》ほど最良な人物はいない。断続的ではあるが、日記資料がまとまって残っており、かつその日記には日々の生活の感情が赤裸々につづられている。また有馬は昭和戦前期には貴族院議員として閣僚を務めるなど政治の中心にもかかわっていた人物である。有馬の家庭教育を読み解いていくことは、彼がどのような次世代を担う人物を育てようとしていたことを明らかにすることであり、それは時代を牽引した政治家の一人であったが有馬が社会の変革や政治についてどのように考えていたかを知る手掛かりにもつながる。

有馬頼寧は明治一七（一八八四）年一二月一七日に旧久留米藩主家の有馬家に生まれた。旧久留米藩主家の有馬家は明治一七年の華族令で設定された「公侯伯子男」の五爵の階級のうち伯爵を授与された大名華族*1である。

父は伯爵有馬頼萬《よりつむ》、母は岩倉具視五女恆子*2であった。母の恆子は

有馬頼寧

（国立国会図書館WEB「近代日本人の肖像」より）

頼寧誕生後に別離される。その後、父は戸田忠友長女豊子と再婚している。四歳の頃日本橋区蛎殻町の本宅が火事により焼失し、浅草区橋場の別邸に転居することとなる。明治二三（一八九〇）年秋学習院初等科に入学する。明治二九（一八九六）年学習院中等科に進級後は、教師の家に下宿して教育を受けた。

明治三六（一九〇三）年二月六日、中等科在学中に北白川宮能久親王二女貞子《さだこ》と結婚をし、それを機に橋場の本邸に戻る。中等科を卒業すると、同年一二月一〇日長男頼秋《よりとき》が生まれる。明治三八年四月には長女静《しず》が誕生する。翌年には学習院高等科を卒業し、東京帝国大学農科大学 に入学する。明治四〇年二月四日に次男頼春《よりはる》、翌年に次女澄子《すみこ》が誕生する。この頃、渋谷町に家を購入し移り住む。明治四三年に大学を卒業すると、一年二か月間の欧米外遊を行う。

帰国後、明治四四（一九一一）年から農商務省農務局農政課で、主に地方の産業組合の視察・調査に携わった。大正六（一九一七）年に辞職後は東京帝国大学農科大学付属農業教員養成所で講師となる。

大正元（一九一二）年には三女愛子が生まれるが、大正二年七月には愛子は亡くなる。その二年後の大正四年に四女正子《まさこ》が生まれる。

大正元年頃に、偶然浅草の同情園を知り支援を始める。またそこのつながりから、東京市の特殊小学校玉姫小学校との交流を始める。この出会いが、労働者のために高等教育を行う信愛中等夜学校*3を始めるきっかけの一つとなっている。大正六（一九一七）年に友人とともに社会問題を勉強する信愛会をつくる。その会員から資金を募り信愛中学は大正八年にはじまるが、昭和六（一九三一）年に信愛学院が左翼的であるという非難を受けて、有馬は学校を廃校した。

さて大正八年ごろ、有馬は社会事業に熱心に取り組んだ。信愛中学のみでなく、同愛会という組織で被差別部落を特殊視する心の改善を訴える部落解放運動や、日本農民組合を組織し小作人の生活向上を図った。地元の浅草周辺の貧民を助けるだけでなく、全国的に注目される活動を開始した。この活動はトルストイや河上肇の著作、そして友人である賀川豊彦に大いに影響を受けている。

有馬が熱心に社会事業に取り組んだのは、有馬は大学卒業後の明治三九（一九〇六）年の欧米遊学の際に、イギリスにてポルトガル国王亡命の写真を見て、日本において天皇制が労働者階級による革命で崩された際に自身が属する華族界の人々が血祭りにあげられることを恐れていたためである。天皇制護持のためには何をすべきかと考えた有馬は社会事業に活路を見出した。下層階級者の不満を和らげるために社会事業を行い、そして親交を深めることで華族の存在を認めてもらおうという考えもあった。しかし、彼が期待していたような結果は簡単に出ないので、次第に熱意を失っていった。

大正七（一九一八）年一二月二四日に有馬家を継ぐことになった末子の頼義《よりちか》が誕生する。

大正一二（一九二三）年の関東大震災に際し、被災者の救護活動を行う＊4。一〇月には渋谷町から青山六丁目＊5に転居する。

大正一三年五月には最後の男子の制限選挙となる第一五回衆議院議員選挙にかつての久留米藩の旧領地であった福岡県第一二区＊6から出馬し当選する。当選後は政友会と行動を共にすることとなる。昭和二（一九二七）年三月一一日に父・有馬頼萬が逝去する。華族廃止や貴族院改革を訴えていたため迷いがあったが、襲爵をすることにし衆議院議員を辞任している。父親の死後、一時橋場に住んだ後、青山の家を荻窪に移築して転居している。

大正一三年九月に長男頼秋が赤痢＊7のために亡くなった。昭和二一（一九四六）年六月には喘息のために病弱であった次男頼春も亡くなっている。

政界を退いた後は、産業組合中央金庫の監事となり産業組合運動をしていた。昭和四（一九二九）年には貴族院議員として政界復帰した。昭和七（一九三二）年には斉藤実内閣の農林政務次官になっている。斎藤実は長女静の夫である斎藤斉＊8の養父である。昭和一二（一九三七）年第一次近衛文麿内閣農相を勤めている。経歴から見てもわかるとおり農政が専門であった。

昭和一五（一九四〇）年、軍部の行動を抑制することが出来なくなっていた政党に、再び政治的支配力を持たせるために政界の再編成を目指す「新体制運動」に参画し、大政翼賛会の初代事務総長となる。同時に貴族院議員を辞職する。しかし、大政翼賛会が左傾しているとの批難を受け、また当初の理想から離れて行くために、わずか半年で有馬は近衛文麿により事務総長の辞任を迫られる。辞任後は帝国水産統制株式会社社長ならびに南日本漁業社長を務める。

昭和二〇（一九四五）年末、A級戦犯容疑者として巣鴨拘置所に入所、八ヶ月後に不起訴となり出所する。政界復帰の誘いも断り、荻窪で花を育てたり執筆活動をしたり静かに生活する。昭和三〇（一九五五）年、日本中央競馬会理事となる。競馬の重賞レース有馬記念は有馬にちなんで命名されている。昭和三二（一九五七）年一月一〇日に逝去している。

第二節　有馬頼寧が育った家庭

有馬頼寧が育った家庭はどのようなものだったのだろうか。

明治一七（一八八四）年生まれの有馬頼寧の幼少期の家族構成は、曾祖母、祖母、伯父、両親、姉・弟・妹六人という一一人家族であった。有馬の実母は岩倉具視の五女恆子であったが離縁により不在であった。恆子と離婚した父親頼萬は再婚相手である豊子に遠慮があったのか、有馬は父親とは同じ屋敷で生活していたが、頼寧は祖母韶子《つなこ》のまわりで母親が同母姉の禎子《よしこ》とともに女中任せに養育された。頼萬と豊子の子どもである弟信昭＊9は両親とともに生活していた。しかし、有馬は幼少期において継母である豊子を実母だと思っており、実母恆子の存在を知らなかった。

家には男女合わせて五〇人前後の使用人がおり、幼少期は「奥」で女中に囲まれて生活をしていた。「奥」とは当主とその家族の生活の場であり、使用人は女性のみである。また家政の運営を行うのは「表」であり、その使用人は男性である。「奥」と「表」で大名家の家の運営は行われている。華族の生活一般を担った女中の月給は八円ほどで、彼女たちは主人とその家族の世話で忙しかった。そのため自身の食事などの家事ができないため、それを引き受ける女中を合同で雇っていた。主人一家の世話をした女中たちは、主人たちがほとんど手のつけなかった残り物の料理は部屋へ持って帰って食べることもできた。有馬頼寧は使用人について後年次のように語っている。

夫人は直接家政を見ませんでしたから、実権は殆ど老女が握っており、（引用者略）日常のことは、老女なしには何事も実現出来なかったのです。（引用者略）私の家がいつまでも行燈を用いていたのも、こうした頑固な婆さんが、強固に反対したためなのです＊10。

有馬家でも「奥」の使用人の長である老女の権力は絶大であったことがわかる。

住居は五〇部屋もある非常に大きなものであったが、家族の生活は、食事は一汁二菜、衣服は旧領地の特産品であるかすりの着物＊11など質素であった。生活はすべて老女に仕切られて、子どもたちは決まった女中に直接世話をされていた。両親は子どもの養育をせず女中任せで、寝食はともにせず、朝と晩に挨拶をするときのみ顔をあわせた。家庭教育も老女や女中によって行われ、小学校の入学前後から習字や漢文の素読という学習をしたり、行儀作法について食事作法はとくに厳しくしつけられたりしたが、とくに精神に働きかけるような教育は行われなかったという＊12。学習については覚えが悪いとぶたれたり、お灸をすえられたりしたが、お付きの女中からこっそり答えを教えてもらい罰から逃れられることもあった。習い事としては、剣術と乗馬と水泳を行っていた。

有馬は小さなころは姉禎子とともに、使用人の子どもを「お相手」として遊んでいた。お相手たちと一緒にお神楽の真似*13や独楽回しなどをして、姉とは、ままごとをして、一人では絵本などを読んで遊んだ。冬には自作の凧を揚げ、羽子板、かるたなどの遊びもした。年中行事のひな祭りには、姉のひな祭りの会によばれて、ひなあられや白酒を楽しんでいた。

有馬はやがて学習院初等学科に入学すると、家の近所に住む、すなわち浅草の下町の子どもたちとも遊ぶようになった。しかし、外で遊ぶようになっても現金を持ったことがなかった。有馬は九歳で「表」へ移り男の手で育てられることになり、学習院中等学科に入ると様々な教師の家で寄宿生活をすることとなった。

健康管理は旧領地出身の医者がかかりつけ医であり、数日おきに家に往診に訪れることになっていた。また急病であれば近所の医者に連絡をしてすぐに診察してもらえた。

行楽は、別荘で猟をしたり、大人たちが季節の花を見学に行くことに同伴したり、夏には蛍をとったり、また釣りをしたりと自然に親しむことをしていた。相撲などの伝統文化にも触れた。また父親と家族の誕生会として年に二回料理屋へ行きご馳走を食べながら落語などの余興を見たという。

有馬は親に愛されたという実感がなく、親を愛するという気持ちが生まれなかったという。しかし、旧大名家の嫡男として生まれ、子どものころから使用人などから、無条件で尊敬され愛されたことや大切に育てられたことは実感していたようである*14。

第三節　有馬頼寧が築いた家庭

次に有馬が築いた家庭を見ていきたい。

有馬家には家の運営規則を定めた家範*15があり、明治一三（一八八〇）年に制定され、明治一八年と明治三五（一九〇二）年に改正されて頼寧の代に至っている。

明治三五年に改正された家範の第一章は戸主及び家族のことが次のように規定されている。

第一条　戸主は法令及び此家範の定むる所に依り一家を統督す
第二条　戸主は家則を定む
第三条　戸主は家政相談人及び家職を嘱託又は解任す
第四条　家族は親睦を旨として各其分限に従い家政を助くべし
第五条　戸主及び推定家督相続人の配偶者は成るべく同族以上より之を選むべし
第六条　推定家督相続人又は推定家督相続人たる男子なき為め養子を為す場合に於ては成るべく宗族一門又は血族中より之を選むべし　女戸主の入夫婚姻を為す場合もまた同じ

となっているが、第三章の家政相談の規定で、

第二十二条　左に記載したる事項に関しては家政相談会の同意を経べし
一　家則の創定改正
二　戸主華族の婚姻または縁組

三　隠居
四　分家
五　推定家督相続人の廃除の請求
六　戸主華族の離婚離縁又は離婚離縁の訴訟
七　世襲財産の増加更換又は補充
八　不動産又は重要なる動産の売買交換贈与又は貸与
九　戸主家族の借財及び借財其他重要の事に関する保証
十　収入収支の予算
十一　家令家扶及び老女の嘱託又は解任
十二　前各号の外戸主に於て重要と認めたる事項

となっている。家政相談会を組織するのは家政相談人である。その任務は旧久留米藩の出身者やその子孫があてられた。この家政相談人の一人には、宮内官僚として活躍しのちに枢密院議長になった倉富勇三郎*16もいた。このように少なくとも大名華族では、爵位を与えられた戸主といえども、家政を独裁で行うことは不可能であった。

家政について有馬が述べた文がある。

我々華族の家のやり方には現在に於て三通りある。一つは全然相談人家職等の勢力の下にあるのと、一つは主人と家来との談合になるのと、も一つは全然主人の独裁に依るのとある。第一の時代が已に過ぎ去つた事は事実だ。唯第二がよいか第三がよいかゝ問題なのだ。而して新華族の家は主として第三に依り、大名華族の家は主として第二に依ると思ふ。第三が最も合理的な事はいふ迄もないが私等としては寧ろ第二を採る。私達の様な境遇のものはとかく判断を誤り易い。況んや数人の合議は最も理想的だと思ふ＊17。

有馬は家政相談人の制度を受け入れている。大名時代から当主がすべてを決断するわけではなく、家臣団の働きで「家」は運営されてきた。華族は世襲制であるが、華族であり続けるには華族である品位を整えることが求められ、家政破綻や当主の犯罪行為が起これば爵位の返上をしなければならなかった。また男系による皇室継承の本義のために、男子の家督相続人がいなければ襲爵できず、男子のいない家では養子・婿養子などを確保することで、華族という階級を維持していかなければならなかった。「家」の規模からしても、東京にある資産と旧領地にある資産があり、当主のみの裁量で「家」を動かすことは不可能であったはずである。また、華族家にあたいする家格を維持するためにも当主の行動の監視や制限をすることも場合によっては必要であったはずであり、家政相談人を設置して「家」を運営することは戦前期まではよく見られた。

このような家の制約の中で、有馬は自分自身の家庭を築くことになった。

明治三六（一九〇三）年二月六日、一八歳で有馬頼寧は北白川宮親王二女貞子と結婚をした。貞子の父であり軍人であった北白川宮能久親王は明治二八（一八九五）年の台湾接収でマラリアに感染し戦病死した。そのあと、能久親王の実兄小松宮彰仁親王が北白川宮家の子どもたちをかわいがっていた。小松宮は貞子の伯父であるとともに、有馬頼寧の伯母頼子の夫であり、小松宮家と有馬家は姻戚関係にあった。小松宮は体調が優れなくなると北白川宮の子どもたちの未来を心配した。そのために有馬と貞子は結婚をすることになった。この政略結婚は家範にあるように、「推定家督相続人の配偶者は成るべく同族以上」を選ぶという条項にも当てはまっている。有馬はこの縁談に対して、家が決めてしまったことと拒否権は発動せずに結婚している。

明治三六年の結婚当初は有馬と貞子は橋場の有馬邸の中で生活した。貞子は結婚後、華族女学校高等科を中退したため、最終学歴が初等中学第一級別科卒業となっている＊18。邸内には親である頼萬夫妻の生活する母屋、先々代で頼萬の父である頼咸《よりしげ》夫人である韶子の別棟、頼萬の生母である美代の別棟、そして頼寧と貞子の家があった。

旧来の生活への反発から、妻のことを「さん」付けで呼んでおり、初めは父から咎められたが、基本的に結婚生活に何らかの干渉を加えられることはなかった。一方で子どもが生まれても世話は女中任せで、一緒に食事をするということもなく、学生であった有馬はあまり子どもと顔をあわせる暇もないという旧来方式の生活であった。

明治四一（一九〇八）年、まだ大学生であった有馬は駒場の東京帝国大学農科大学へ通学するため青山北町に別邸をかまえた。このとき有馬はすでに三人の子どもの父親になっていた。「有馬家給料付証（青山）」＊19によれば、入れ替わりがあるもののつねに女中を一〇人前後使用していたことがわかる。当初は、女中が七人と男性使用人が四人と有馬の家族という一六人で、一四部屋ほどの家に住んでいた。この青山北町の家の老女格は貞子の生母であり北白川宮能久親王の妾であった岩浪稲子である。岩浪は下町の大きな薬問屋の出であった。貞子の結婚とともに有馬家へ移り、孫である子供たちの教育にもかかわっていた。有馬や貞子は岩浪を母ではなく使用人として接していた。

青山へ移ることで旧来の生活を変え、子どもたちと食事を共にするようになった。また子どもたちは女中に連れられて、近所の善光寺などへ遊びに行っていた。実家を出ることにより、それまでの家風からの改善を試み、家族での食事を始めたことがうかがえる。

大正九（一九二〇）年一二月三一日の日記には「青山の方は南町の風が入ったゝめにそれは私が入れたのだけれど有馬家の風がだいぶぬけて居る。来年からは又橋場の風を守って有馬家としての家風を失はぬ様にし様と思う」という記述があり、稲子を老女にすえたことで高輪南町にあった北白川宮家の伝統が入ってきていたことがわかる。正月の雑煮を二種類作って祝うなど、両家の文化を併用していた*20。有馬は実家から離れ、青山の家では家長として自分の考えを生活に反映させていた様子がうかがえる。また、橋場の有馬家の家政も改革しようとしていた。この有馬家家政改革で父頼萬と対立するが、このことにより有馬自身が理想像とする親が明らかになっている。

ところで、有馬は父頼萬と親密な親子関係を築いていたわけではない。子ども時代の教育は使用人によって行われたために、親子間での心情的交流がなく親近感がなかったことが回想録などから感じられる。また、有馬の実母恆子は離縁されており、継母の子どもである弟は両親と過ごす機会も多かったが、恆子の生んだ有馬と姉禎子は祖母韶子と過ごすことが多かった。また中学生で橋場の家を出て寄宿生活に入ったため、さらに父と過ごす時間が減少した。

有馬は父親に大きな反発心を持っていたことを日記で次のように語っている。

親子は生んだ生んでもらつたの関係でなくて育てた育てられた、否愛した愛せられたの関係だといふ点は全く同感だ。私も沖野氏*21と同じ様に父上の死など父なるが故に悲しいなどゝは到底思ひそうにもない。又毎日一々会いたいなどいふ考も毛頭ない。親が子を愛するといふ事は親自身の慾を充すことで決して子の為でも何でもない。それを恩などゝは持っての外だ。私など父上がなかつたらもつと立派な人となつて居たと思ふ*22。

このころ有馬が家令橋爪と家政改革を行っていたことで、頼萬の不興を買ったために、父子関係はさらに悪化していた。父との関係の中で有馬は、自分自身の理想とする親子関係の姿を構築し、大正八（一八一九）年ごろの日記に書き残している。そこで特に述べられるのは愛情についてであり、自分の幼少期において両親の愛情が欠落していたことを訴え、その愛情不足を理由に、道徳上尊敬しなければならない父親を尊敬できないことを有馬の心中で正当化していた。

そのため有馬の理想とする親子関係は、親が自らの手で愛情を持って子どもを育てることにより、相互に芽生えた信頼関係で結ばれたものである。また絶対的な権力を持つ父親のもとにいるためか、子どもを信じた自由な放任主義の教育を行いたいという様子もうかがえる。

さて、有馬は子どものために、どれほどの時間を割いていたかを、日記を使用して見ていきたい。

大正八年と大正九年には家族で余暇を過ごしたと明確に分かるものは一六回しか認められなかった。

表2・1　大正8(1919)年・大正9(1920)年における有馬頼寧の家族との行動

大正8年における有馬頼寧の家族との行動回数			
	妻のみ	子のみ	妻と子
行　楽	3	14	13
行　事	6	2	1
福祉関係	0	2	1
合　計	9	18	15

大正9年における有馬頼寧の家族との行動回数			
	妻のみ	子のみ	妻と子
行　楽	2	4	3
行　事	1	0	0
福祉関係	1	2	1
合　計	4	6	4

※外泊旅行などは日数1日ずつを1回としている。
1泊2日ならば2回。

ちなみに、大正八年には有馬は松信緑という元有馬家女中の愛人がおり、緑とは七八回の行楽のため外出している。大正八年の年末に有馬と緑の関係は終わるが、これは有馬が新しくのめりこんだ社会事業の信愛夜間学校を成功させるためであった。有馬は愛人がいることが判明すれば、社会的に窮地に陥り、事業も失敗するとして、愛人と別れた*23。有馬は愛人をつくっていることについて家族に罪悪感はあったようだが、愛人との別れは家族への愛情ではなく、自分自身の社会的な成功のためだった。愛人と別れた後の、大正九年には有馬は夜間学校の運営にのめりこんだために、家族との時間を持てなかったことが行動回数からもわかる。

少ない中での、子どもをともなっての余暇は、ドライブ、家畜と畜産加工物の展示された畜産博覧会、上野動物園、大学対抗のボートレース観戦、二科展などであった。見学活動が中心であり、比較的子ども主体というよりも有馬が主体であったように考えられる。有馬は大学で農業経済を学び、農商務省に勤め、農学校で教鞭をとった。畜産博覧会のテーマである畜産は農業の一部と考えられてきた。また大学対抗のボートレースは、有馬が学習院時代に夢中になったスポーツである。

このように、有馬頼寧は同じ邸内に子どもたちと生活をしてはいた。しかし、愛人を作ったり、社会事業に没頭したりと、決して子ども優先の家庭的な生活をしていたわけでもなかった。

第四節　有馬頼寧の子育て・家庭教育

有馬は実際に子どもの教育について、どのように考えて取り組んでいたか見ていきたい。有馬は自らの幼少期と同じように、長男頼秋を家の外に出して教育を行った。長男頼秋は父と同様に一〇歳程度で有馬家の設けた塾で英語教師の監督のもと年長の学生や書生と一緒に生活をするため家から出される。そのことについて、有馬は長男頼秋についての回想文で次のように触れている。

十歳足らずの子どもが、両親とはなれて、男ばかりの生活をして、寂しくもなければ、悲しくも無いということが、どうして自然だといへるでせう。＊24

塾に出ることは自分の小遣い＊25を持つことが出来るということであり、頼秋にとっては好きなものを買えることが楽しく、家から出た寂しさを父親である有馬に対してもらすことはなかったと有馬自身が回顧している。

有馬は頼秋との関係が悪化していたころの日記に二人の関係を記したものがある。

頼秋と私の間は将来私と父上様の様になると思ふ。私は子供達に愛されては居らぬ。又私も此頃はあまりそれを思はない。私に対して何等の愛を持つてくれなくてもよい。孝行などしてくれずともよい。唯世の人に対して深い愛を持つてくれればそれで満足だ。秋さんも平凡な軍人とならない様にありたい。私は秋さんを愛するけれど軍人はきらいだし又御互に頼るといふ様な心持ちは毛頭ない。此後は唯名義上の親子であるに過ぎまい。私の死んだ時も心から泣いてくれる人は家人になくして恐らくは他にあるだろふ。私もそれを望む。＊26。

このことが日記に書かれた大正八（一九一九）年には頼秋は一五歳であったが、日記を読むと有馬はすでに関係の修復を諦めてしまっているように思われる。ちなみに有馬は有馬家の男子は頼○という名なので、○の部分を愛称のように使っていた。有馬は頼秋について次のように述べている。

私の話などあまり注意して聞かぬ。私は子供でも親が圧迫する事はよくない故決してせぬけれど少しは耳を傾けてくれぬとこまる。幼年学校の教師を最良のものなどゝ思はれてはこまる。＊27

親である自分自身よりも陸軍幼年学校の教師を尊敬している態度を見せる長男にいらだちを覚えていた。有馬は軍人が嫌いだとも言っているが、このころ華族が軍人になることは一般的な進路であった。陸軍幼年学校への進学も頼秋からの希望であったという＊29。しかし、有馬は頼秋が陸軍式教育を受けるだけでは、華族の当主として社会化が不足すると考え将来を心配しているのである。「ノブレス・オブリージュ」という西洋の貴族にある高貴なものの義務という考え方があるが、これには華族が軍人となり国のために戦うことや社会事業により下層階級を救済することなどの役割が考えられた。この当時、教師であった有馬にとってのノブレス・オブリージュは日記の「世の人に対して深い愛」という言葉のように、社会事業に重点がおかれていた。息子にたいしてもただの軍人ではなく、息子に社会の底辺にも目を向けられる華族になってほしいと期待していた。

しかし、この関係は頼秋が大正一〇（一九二二）年病気のために陸軍幼年学校を休学し、別荘のあった酒匂で療養することをきっかけに修復されていったことが日記からわかる。

頼秋から長い長い手紙が来た。今まで少しも話した事が無いのでどんな事を考へて居るのか分らぬので心配していたが手紙を読んで私が想像して居たよりも非常に進んで居て又確かりして居るのに安心した。これからはこの様にして御互に意見を述べて又親である子であるといふ事でなしに真の人間と人間として理解もし親しくもし助けもして行き度と思ふ。＊30

翌年、頼秋は陸軍幼年学校から士官学校予科へ進んだが、病気のために軍人の道を断念して一年足らずで退学した。大正一二(一九二三)年に上智大学に入り小説家を志す。そして、頼秋は有馬の社会事業に興味を示し、大正一三年の有馬が立候補した衆議院選挙を手伝った。しかし、頼秋は赤痢で急死する。有馬は長男頼秋の病死を追悼するための文集『追想』を編み、そこに収めた随想「亡き令に呼びかける言葉」において、親子の確執があったことを認めて後悔している。その原因のひとつに自分の愛情不足を有馬自身があげている。「親子の関係と、夫婦の関係が殆ど其人の一生の運命を定めるものといふて、差し支えない」として、両親ともが若すぎてよい親になれなかったこと、子育てを使用人まかせにしたことや、家から大学までが遠く子どもの顔を日曜日以外は見なかったことなど、そのため自分に懐かない息子を疎ましく思うことがあり、あまり幸せにできなかったと彼は懺悔している。

有馬は部落の人々をよく知れば、差別もなくなると「総ての人の握手」*31の中で訴えるが、その根拠として家庭生活には様々な問題があるが、なぜそれなりに平和でいられるかといえば、共同生活の中で互いの長所と短所をよく知り許しあうことができるからであるとしている。一緒に生活をすることで愛情が生れることを彼は確信していたようである。

さて、有馬の理想の家庭教育の方針は、親が子どもの助言者や指導者であることであった。有馬の考えでは親として子どもを育てるのは、自然な感情からの行為であり、親はそれらの行為から、子どもに対して何らかの義務(孝など)を求めるのは間違っている。親は子どもを所有物のように思い通りにしようとしてはいけない。親が子どもの個性を尊重できる助言者や指導者になることが子どもにとって幸せなことである。しかし、子どもの個性を尊重しながらの助言や指導は難しく、親の発言は強制になる恐れがある。また、理想の親の像と実際の自分とのギャップにも悩むとしている*32。

この方針について書いたころ、頼秋は華族の子どもに求められた軍人としての道へ進むことを断念した。次男頼春は華族子弟が集まった私立の寄宿学校である暁星学園へ進んでいた。大正一三（一九二四）年春に三男頼義は学習院初等科に入学した。有馬自身は頼義を他の学校へ入れたかったが貞子の希望で学習院に入れることになったが、中学からは別の学校に入れる心積もりであることを、頼義の学習院入試のあった大正一三年二月二日の日記に書いている。昭和七（一九三二）年に頼義は有馬の一存で中高一貫の成蹊学園＊33へと進む。その入学試験があったため、頼義は初等科六年の三学期は休学させられ、家庭教師のもとで受験勉強をさせられた＊34。

有馬は大正一〇年に『太陽』で発表した「学習院論」＊35で、宮内省が多額の費用を出して学習院を運営することは経費の無駄であること、華族の特別待遇は一般の人々に反感を買うこと、優秀な人間を育てるために一般の子どもと同じ環境で教育をすることなどの理由から、華族の子どもが学習院で特別に教育を受けることを否定していた。そのため息子たちの学習院中等科への進学は選択肢になかったようである。

頼義を成蹊に進学させたことについて以下の回顧をしている。

Tが学習院の初等科を卒業した時、私は中等科に上げずに他の学校の入学試験を受けさせました。先生が「あれは父親の理想の犠牲になるのだ」といはれたそうです。全くその通りでした、七年生高等学校の入学試験に、どうやら通るには通りましたが、結局中途で続かなくなり、他の学校に転じました。（引用者略）私の理想の犠牲にならなかったら、今頃は学習院の高等科に居て、それから大学に進んで、やがては学士にもなれるのでせう。＊36

引用部のTは頼義を指す。昭和一〇（一九三五）年になると有馬は頼義が学校を休むようになったために悩み始める。有馬は上層の子が不良になるのは子育てが他人任せであるという人がいるが、子どもが不良になるのは家や親のせいである。何故なら学校で教える理想と実際の家に相異があるからである。例えば、親に感謝するようにいわれるが、親が働いて収入を得ているわけではなく、昔からの財産で生活しているために、子どもは親に感謝する気持ちが乏しい。上層の子が家から出て、他の家で質素な生活をするのはいい社会勉強になるという*37。しかし、有馬は頼義を学生たちが共同生活をする塾などに入れなかった。その後、頼義は教師と対立し成蹊学園を放校処分になり、次に早稲田第一高等学院に入学した。しかしまじめに学校に通わなかった。それについて、有馬は「子供の時からの教育を誤つたと思ふ。他人に頼むべきであった*38」と頼義を私塾での寄宿生活をさせるべきであったと書いている。

また次男頼春は暁星学園から東京外国語学校イタリア語科に進み、横浜正金銀行に就職した。しかし、持病の喘息の悪化から熱海で療養することになり、家督相続人になることは不可能と判断されていた*39。

昭和一四(一九三九)年三月四日の日記では、「頼義と頼春についてはつくづく閉口する。自分の子だから自分に責任はあるには相異ないが、必ずしも親の責任ばかりではない。将来の事は自分の責任である。どうしたらよいのかわからぬ。有馬家は一度つぶして新たにたて直したほうがいい」とまで考えている。

しかし、頼義の放校処分も頼春の詳しい病状も貞子には何も知らせずに処理していた。有馬は貞子を女性問題で苦労をかけたために、子どもたちの問題で余計な気苦労を妻にかけないという配慮をし、家族についてのさまざまな情報を与えずにいた。先にも述べたが、武家の男子の教育方法は父親によって行われていたことも大きな理由の一つであることが考えられる。貞子は晩年に頼義の学校問題の事実を知り、頼義と一緒に苦しみたかったと嘆いたことが、頼義の『母その生涯の悲しみ』に書かれている*40。

華族の家では「奥」・「家庭」は女性の領域であるが、決して家族構成員の主体的な「家庭」ではなく、使用人により運営されている「家庭」であった。女主人は近代の性別役割分業で誕生した主婦のように生活の大半は家の中であるが、家事や育児を担う存在ではなかった。また前近代の武家では「家」を相続する男子の教育は重要事項だった。文武の修養や礼儀作法などは職業訓練であり、父親がおこなうことが合理的であった。儒教では女性は愚かな存在であり、大切な男子の教育を任せることはできないと考えられ、幼児期を過ぎれば男子の教育は男性に委ねられることとなっていた。子どものことが貞子に伝えられなかったのは、決して心労をかけないためだけでなく、習慣でもあったと思われる。

有馬の息子たちへの教育についてみると、旧来のやり方を刷新しつつ、新しい思想を入れようと考えていたことが感じられる。華族の伝統的な育児方法である使用人任せをやめ、少しは子どもとの心的交流をおこなおうと考えていた。「貞子など今迄の子供にはあれ程でなかつたけれど正ちやんや義ちやんには気をつけ過ぎる*41」と、三歳であった末息子の頼義に対する貞子の育児について具体的ではないとはいえ、不干渉にも過干渉にもならない愛情のかけ方を要求している。

この頃、新中間層といわれる都会のサラリーマンの家庭が増加していた。新中間層では子どもの誕生が少産少死のパターンへと変化し、家庭における母の育児に対する責任が大きくなっていた。そのなかで母親たちは雑誌や本などを参考にして、食事や衣服などに西洋風の文化を取り入れながら合理的に育児を行おうとしていた*42。当時の、代表的な主婦のための雑誌のひとつが『主婦之友』であり、そこに掲載される家庭経営についての記事には、家庭経済、衣食住、産児制限、育児の四種類に分類でき、育児については子どもを健康に育てるための知識や、学校での成績よりも人格を優先して育てることをすすめている*43。

有馬は大正一〇（一九二一）年の結婚記念日に貞子について「教育とか家事とかそのほか世間の夫人のもつて居るものも持たず又母としても妻としても勿論不足な点はすくなくない*44」と述べており、貞子にたいして自らが家庭を切り盛りし、育児する良妻賢母像を求めていることが読み取れる。しかし、有馬家では日常的に家庭の采配をするのは使用人である老女の役割であり、貞子にはそのような技術を習得し実践する機会はなかっただろう。

また、有馬は父頼萬との不和から理解のある父親を自分にとっての理想像として設定している。しかし、有馬は新旧の教育方法を中途半端にかけあわせた教育方針をとり、子どもに愛情をかけるという理想を抱きながら、息子を早くから塾へ入れて心の交流の機会を自ら減らしている。また子どものためを思うとはいいながらも、学習院批判を繰り返した自らの思想のために子どもの進路を自身の理想のもとに決定していた。結果として、息子たちは有馬の理想とする人物像までには達しなかったようである。

一方で、具体的になってほしい息子の理想像については乏しい。軍人になろうとした頼秋には軍人は嫌いだと否定しているのみである。少なくとも華族制度が続けば生活の心配などはなく、教育によって立身出世をさせる必要性もなく、就職なども華族あるいは旧藩のネットワークなどの縁故で行えたからである。しかし、将来的に華族の嗣子として貴族院で活躍できるように、頼義には一般の優秀な学生たちと競い合って学ばせ学士の資格を取らせたいという希望はあったと推測できる。あいまいではあるが、社会に有用な人物になってほしいという理想像であったのだろう。

小説家志望であった頼義は学校を休みがちになり、昭和一一（一九三六）年春には成蹊高等学校から早稲田高等第一学院へ転学した。有馬は息子の小説家という職業については、頼義の参加した同人誌『雑木林』創刊号に原稿を書くなど否定的とはいえなかったが、作家に学歴はいらないと学校をやめようとしていた頼義に大学を出てから小説家になるように説得にあたったり、実際に学校に通わせるために手を尽くしたりしていたことがわかる日記がある。

私の子供が文藝に志すといふ、そして高等の教育など必要がないようにいふから、それは間違ひであることを説いた、（引用者略）小説によつて世の中に出る者は二つの道がある、一つは高等教育を受け学問による智識によつて社会を見ることである菊池寛とか、夏目漱石とか、大佛次郎とか久米正雄とか数へればいくらもある。（引用者略）私たちの家庭に育つたものは体験によつて社会を見るといふことは絶対に不可能だ、だから、やはり学問により智識によつて社会を見る外にない、だから高等教育を受け得る者はそれによつて基礎を作つた上で文藝の方面に進むべきだと思ふ。＊45

朝は女中任せにせずに自ら起こしており、「毎朝頼義を学校にやりたいばかりに六時半に起きる＊46」、「私が起こしに行かぬと義ちやんが学校を休むので困る＊47」という記述などが数年にわたってみられる。しかし、最終的に息子たちとはよい親子関係を築くことが出来なかったようである。

一方、娘たちへの教育方針はどのようなものだったのだろうか。次のように語ったことがある。

男親が女の子を愛し女親が男の子を愛するといふ事は親子といふ事よりも異性といふ事のほうが強い力を以つて居るのだろふか。けがれた意味でなしに男女の愛といふものは親子の愛より強いものらしい。＊48

息子たちよりも娘たちに対してより愛情を感じていたことがわかる。娘たちは女子学習院に通って家に残っていたこともあり有馬と一緒に旅行や芝居へなどへ出かけることを楽しんでいる。

少し時代がさかのぼるが、宮地嚴夫＊49が受けたインタビュー「教育に対する父兄の注意」＊50では、外国では休日は子供を行楽地に連れて行き、行くときには交通について、行楽地ではそこの歴史などを遊びながら教える。子供は苦労しないで楽しく遊びながら学習する。家庭教育の至極の要点であると述べている。

有馬にとっても行楽が大切な家庭教育の一環であった。

「見学になる様な旅行を多くする事にしたい。女達は先ざき旅が出来るもの許かりもない*51」というように、特に娘たちは結婚してしまえば自由に旅行にいけなくなるという配慮から、結婚前に見聞を広げるために見学になる旅行に連れて行くこと考えていたようである。

大正八年秋の信愛中学設立以前の父親としての有馬について、頼義は次のように言う。

家庭では良い父であり、暇をみては、妻や子を連れて旅行したり、芝居を見に行ったりしていた。私の姉たちにとって父の印象が極めていいのは、そういう時代で、父も若かったからだろうと思う。*52

それだけではなく、有馬が支援して行われる同情園の遊宴会や夜間中学の運動会などの社会活動に関する行事にも娘たちは参加している。頼義は大正七年生れだったために、衆議員生活に入る前で少し時間のゆとりがあっただろう大正八年、九年ごろにも有馬に行楽へ連れて行ってもらうことはなかったようである。

また昭和二年には澄子と正子と東北旅行した際に、子どもたちに芸妓を見せている。それを貞子に知られて怒られているが、次に述べるように有馬なりの考えがあったようである。

総ての人に同情し総ての人を平等に見、あらゆる人に接し、あらゆる物事を知ることという事は必要だ」と考えてゐる。芸者がいやしい職業だといふても、それは其人の罪ではない。（引用者略）芸者遊びをすることがよいといふのではない。女はそんなことはせぬ。せぬから猶見てをく必要があると

思ふ。＊53

有馬にはできるだけ娘たちに身分差という偏見を持って欲しくないという思いがあった様子が日記にも書かれている。同情園や信愛中学の行事に連れて行くことも、身分の違う人々と交流する家庭教育の一場面であったといえる。また芸者を見せたことも、娘たちの将来の結婚相手が芸者遊びをする事も考えてのことで、芸者に対する偏見を緩和させるためだとも考えられる。このころ有馬の愛人は芸者の福田次恵という女性であった。後に有馬は自分の死後に妻に愛人の面倒を見てもらいたいと考えるようになるが、それは妻が愛人や妾の面倒を見る事が華族社会および武家社会の習慣であったためである。結婚すれば娘たちにもそのような妻の役割が期待されるようになるために、芸者を見せるというのも有馬なりの教育であったのだろう。

長女静の結婚を考え始めた頃、大正六（一九一七）年には勲功華族の芳川伯爵家で跡取り娘である鎌子がお抱え運転手と不倫のすえ駆け落ち、そして心中未遂＊54を起こしたり、大正九（一九二〇）年には旧肥前小城藩藩主家の鍋島子爵家の令嬢好子が使用人と駆け落ちしたりする事件が起こって新聞に取り上げられていた。平民と子どもたちとの恋愛について、有馬はどのようにとらえていたのであろうか。日記に興味深い記述がある。

今日は岡部君＊55の弟か朝日新聞社長の村山家に養子に行かれた披露があつたが、やはり病気で断つた。岡部さんの家ではこの様な普通の処を縁組される様で誠によい事と思ふが、私の心にはどこかに自分の家は大名であるといふ考がどうしても失せぬので、親類としては皇族、華族又は士族といふ様に、財産よりは先づ家系、家格といふ様なものを重んじたいような気がしてならぬ。それは極めてよくない考の様だけれど、どれを選んでもよいとすれば、自分の好むのを選むのを選むといふ事は差し支へないと思ふ。私は平民とか新平民とかを、いやしむとか交わらぬとかいふのではない。しかし自分としては自分の自尊心、大名の家の子といふ事を傷つけられる様な事は、どうしてもいやな気がする。＊56

ここでいう岡部君とは岡部長景のことであり、岡部の弟の長擧は朝日新聞社社長の村山龍平の娘と結婚し婿養子に入った。有馬は大手新聞社である朝日新聞社の社長という爵位こそないが非常に高い社会的ステータスを有する家ですら、華族子弟が養子に入ることに違和感を抱いているのである。この有馬の記述には華族として旧大名家としての強い矜持があったことが読みとれる。岡部長景の弟が養子に行った少し前には、有馬は「私はなぜ平民になることが出来ないのだろふ。私は華族がいやなのだ＊57」というように平民になりたいという願望をもっていた。それにもかかわらず、子どもと平民の養子縁組あるいは姻戚による身分の取引ということは、有馬にとって非常に忌避したいことであったと伝わってくる。昭和一八（一九四三）年に頼義は芸妓千代子と結婚することになるが、それは頼義が推定家督相続人だから、また相手が芸妓であったからという理由からではなく、どの子どもも平民との結婚は心情的によいとは思えなかったのだと推測できる。

有馬が華族廃止をいっていたのも「華族廃止などいふ事を華族以外の人によつて唱へられ遂行せらるゝにいたつては我々の恥辱だ＊58」という理由もあり、死に水は自分で取るというような武家風のプライドからであり、ただ階級社会を否定しての主張ではなかった。

有馬は子どもたちが身分違いの恋愛や結婚をする事態を教育により回避しようと考えた。

男にしても女にしても今日の教育は学校にしろ家庭にしろ男女の愛、いひ換えれば恋といふものに対する明確な観念を与ふる何等の教育もないといふ事が此禍をかもすに与つて力あるのではあるまいかと思ふ。外国では年頃の子供殊に女子に対しては母親が男女の過ちといふものが女子にとつては殊に非常に不幸な結果を持ち来すものである、従つて霊は宗教により肉体は親によつて其尊むべく大切にせねばならぬものなる事を教へられるとふ事である。然るに日本ではそれがない。私は親として子供達其明確な観念を与へてをく事が極めて必要だと思ふ。＊59

恋愛についての教育をすれば、恋愛問題が起こる可能性が低くなると考えている。
また実際には、華族の娘たちには女中という監視役がついており、異性との親密な交流には親によるきびしい規制が入っていたと考えられる。

戸沢和子は学習院女子部には女中の付き添いで人力車を使って通い、学校には供待ち部屋という女中が待機する部屋があったという。結婚をするまで自由がなく、手紙なども母親の検閲を受けていたという。
また大正一五（一九二六）年に旧金沢藩主家侯爵家に生まれた酒井美意子は、女子学習院への通学は一人一人お付きの女中が付き添ったという＊60。女中という監視役は、学校へ通うことなどどこへでも付き添った。その交友関係についても、母親などからの手紙の検閲により規制をされていたのである。

一方、有馬の娘の行動にはある程度の自由が認められていたとみられる日記がある。

静さんか伊集院さんに誘はれて青年会館へ活動を見に行き夜十二時に帰つた。子供の希望をなるべく押さへぬ様にし度いし又あまり自由に過ぐるのもよくないと思ふので、その間の調和が中々六しい。親の子供に対する心配は到底口に出していへるものではない。自分本位なら少しの苦しみも無いが、

子供の為めといふ事を考へれば考へる程総ては六かしくなる。＊61

有馬には長女の静の深夜に帰宅についても、自由な行動に対しての尊重がみられる。これは、華族の娘にはお付の女中という監視役がいたからこその自由であると考えられる。当然、有馬は身分を越えての自由な恋愛を娘たちには認めなかった。

有馬にとって女性にとって幸せな結婚とはどのようなものであったのだろうか。

有馬にとって異母妹久米の結婚式であった大正八（一九一九）年七月一一日の日記に、「女の幸福なときといふのは結婚の日一日だけの様な気がする」と書いている。また女性全般についての次のような記述もある。

結婚すれば夫のために苦しみ独身で立とうとすれば種々な迫害や困難に遭はねばならぬ。日本の女といふものはほんとに気の毒なものだ。女の教育を進めて女自身自覚し或点まで権利を主張する事も必要だけど男子がも少し女を弱いものとしていたはつてやる様にしたいものだ。女をいたはり過ぎて米国の女のようになつてもこまるが。日本の婦人問題婦人自身の覚醒を必要とすると同時に男子の婦人に対する感念《（ママ）》を改めさせねばならぬ。＊62

有馬は女性の人生とは結婚をして家庭に入っても、あるいは独身で生きるために職業婦人になっても、どちらの道もつらいものだと感じている。それは男性と同様に相続権や選挙権などの権利が女性に与えられていないからだと考えている。また同時に社会が女性の役割についての固定的な見方しかしていないと感じ取っていることがわかる。しかし、ここには「米国のおんなのようになつてもこまる」という、日本女性は家庭が本分であり良妻賢母になるべきだという考えも読み取れる。その後の昭和六（一九三一）年には女性の選挙権を認める発言をしている*63。

しかし、有馬は女性にとって結婚が苦難の道だとわかっていながらも、娘たちを結婚させずに家に置いておくことはしなかった。そのために、娘たちができるだけ苦労しないように、よい縁談を求めていた。

有馬は静の結婚相手として、華族よりも上流の皇族関係者を考えはじめる。大正一一（一九二二）年七月二〇日の倉富勇三郎の日記には、有馬が長女静を山階宮の次男で、すでに臣籍降下していた山階芳麿侯爵と結婚させたいと倉富に話したことが書かれている。また、次女澄子は秩父宮雍仁親王の妃候補となっていたが、落選したことが昭和三（一九二八）年一月九日の『有馬頼寧日記』に書かれている。有馬は大正八（一九一九）年の一時期自身が華族であることへの不満と、爵位を捨てて平民として生きたいという願望を日記に残していたが、その翌年には一変して華族も悪いものではないと考えはじめていたのである。

以前は平民にならねばほんとに生きては行かれぬ様に思ふて居たが近頃は別に支障はない様に思ふ様になつた。爵があつても財産があつても自分が人として正しい生活をして居れば別にそれを気にするには当たらぬからである。だから必ずしもさけ様とは思わぬ。しかし強いて襲爵しやうなどゝは勿論思はない。唯其時期が来た時運命に従ふ許りである。*64

人間として正しく生きられるならば、財産もステータスもあったほうがいいと考えるのは当然であり、有馬自身も昭和三年の父の死後は襲爵している。婚姻という身分取引により、平民となる可能性のあった娘たちもみな華族嗣子と結婚しており、夫と死別や離婚をしないかぎり華族の夫人となることが約束されていた。長女は斎藤子爵家の斉へ、次女は足利子爵家の惇氏へ、三女正子は亀井伯爵家の茲建のもとへそれぞれ嫁いでいる。特に病弱でもあった次女澄子の結婚については、昭和一〇（一九三五）年に三女の正子が澄子より先に結婚したため、この頃の有馬の懸案事項であった。かわいそうであるから良い縁談をと日記にも何度も記述している。

『有馬頼寧日記』に娘と有馬の親密な関係を思わせる記述があり、貞子が「女の子許りかわゆがるといふ*65」という。また、頼義の『母その生涯の悲しみ』では澄子が有馬の女性関係について、母は美しいが冷たく誇り高い人で父が福田に走ったことを理解できると語ったという*66。愛人問題について娘は父に同情し歩み寄る面がある。

しかし、芸妓に偏見を持たないように芸妓を鑑賞したことのある娘たちは、大人になってから芸妓に偏見を持っていたようである。頼義の妻である千代子は芸妓であった。二人が結婚するにあたり、「頼ちか千代子結婚条件覚書」*67が作られており、跡継ぎたる男子が生れなかったときは、頼義の姉達から養子を迎えることになっていた。しかし、なかなか子供が出来ないにもかかわらず養子を迎えることはなかった。大事な子どもを芸妓のもとに預けてはならないという姉達の偏見が原因だと頼義は述べている。

有馬と娘たちには親子の心的交流がしっかり出来ていたようである。しかし、有馬の日記には娘との外出などの記述は数多くみられるが、娘に対する心の葛藤などは、関係が円満であったためか、とくに記述がなされていない。有馬が娘の教育にどれだけ関心があったかについて、日記や随筆にはそれに関することが記されていないため明らかにすることができない。

華族の家庭では、子供たちは男女ともに幼少期は老女の監督のもと女中たちの手で教育され行儀作法のしつけが行われる。親と老女のパワーバランスによっては、親は子どもを自らが理想とする新しい教育や家庭を築くことは難しかった。とくに家長ではない若い親は老女と対抗し理想を実現することは難しかった。

また、男性と女性では教育のあり方に大きな違いがあることがわかる。男性はある程度の年齢になれば、親あるいは家の選んだ私塾の寮や寄宿学校などに教育をすべて委ねることになる。女性は女子学習院などの学校に通いながら、家庭でも家庭教師などにより教養の教育を受けることになる。また、男の子がそれなりの年齢となれば、寄宿生活などにより、実家以外での生活の体験を行わせていることがうかがえる。学習院寮やその他の塾・寮などで、共に学び生活を一とすることで、華族の横の繋がりが拡充され、同族同士の婚姻関係を結び、閨閥を形成していくことにも重要な役割をはたしていたのだろう。

華族の家庭教育とは親が直接に教育をする場面がほとんどないため、親はどのような乳母や女中を子どもに付けるか、また学校はどこにするか、家庭教師を雇い外国語や芸術を教育するかなどのことがらを、選択し実行させるという教育のマネージャーであるといえる。これは現代の親が子どものために学校や学習塾やスポーツクラブを選んで参加させるという家庭教育の形態に非常によく似ている。親は子どもの成長をよりよいものにするために、親は子どもの成長段階に応じてさまざまな機会を与えて成長をコントロールしようとする。

有馬が子育てをした大正期には新中間層という「教育家族」が出現していた。新中間層は農村の中農や士族の二男、三男であり、職業は官吏やサラリーマンや専門職につき、妻は専業主婦として家事と育児を担うという性別役割分業を実践した家族でもあった。また子どもをよい学校へ行かせ、よい職業に就かせることで、家族の地位や生活レベルの向上を目指していた。新中間層の教育観は親との密接な関係の中で発見された子どもの無垢な心やその個性を尊重する童心主義と、学力競争に打ち勝つために子どもに厳格に接し勉強をさせる学歴主義との二つの矛盾した教育観が共存したものであった。親たちはその矛盾に悩みながらも、子どもの学校での遅れを取り戻すべく家庭での教育を行った＊68。

大正期は受験戦争が過酷であり、都会では中学浪人が社会問題化して夜間中学の開設がうたわれはじめた時期でもある＊69。

有馬の教育理念も新中間層と同様に一貫したものとはいえなかった。とくに息子については自らの気まぐれや当時の自身の理想の教育観を子どもに押し付けて教育をしていたともいえる。娘たちは華族の娘らしい過程を経て華族嗣子の妻となったが、最終的に一人息子となってしまった頼義の成長過程はかなり破天荒なものであっただろう。少なくとも有馬の思い描いたレールを走らなかったので、理想とした息子像ではなかっただろうと予測できる。

しかしながら、有馬は子どもに幸福を願っていた。「義ちゃんのこと、自分はさして心配せぬが、貞子の心配しているのが気の毒でならぬ。何とか天分を充分を《〔ママ〕》伸ばすことの出来る道に進ませたいものと思ふ＊70」としている。また自身が理想の父親像に程遠いことや、有馬が選択した条件に子どもに適合せずによい結果を出せなかったことに悩みながら、自宅での自由放任の教育と寄宿舎での厳しく管理された教育での間で常に左右していた。それは使用人まかせの家庭教育ではなく、有馬は常に子どものことを考え、また子どもの個性を尊重した教育を行おうとしていたのではないかと思われる。

また華族である有馬家には家産と社会的ステータスはすでにあったため、必ずしも子どもたちをしかるべき大学を卒業させサラリーマンにさせる努力をする必要がなかった。しかし、学習院から帝国大学へ入ることが比較的容易であった華族子弟にとって＊71、学士の学歴は華族社会では当然有すべき資格であった。有馬の教育観には同時期の新中間層とは異なり子どもの学歴を生活や地位の向上のための手段ととらえるようすはなく、ほかの華族子弟と見劣りしないために必要な資格であった。

有馬は娘たちを学習院以外の女学校へは行かせなかった。娘たちの結婚後のことを考えて華族の娘としての教育はしても、社会に出て自立して生きる職業婦人になる可能性を考慮しての教育はしなかったと思われる。一方で息子たちは積極的に学習院以外の学校へ進めて、一般の学生とともに学ぶことで、競争心や社会性を身につけさせ、社会で活躍するような人物に育てようとしていた。

有馬は頼義の教育について、厳格か放任かで悩むが、頼義の雑誌への寄稿などを行って、頼義の小説家になりたいという夢を完全に否定したわけではなかった。息子の頼義は昭和二九（一九五四）年『終身未決囚』で直木賞を受賞するなど当時は松本清張とならぶ推理作家であった。有馬にとって予期せぬかたちではあっただろうが、社会で活躍する人物を育てたといえる。

註

＊1 華族は、家格などの規定のもとに分けられた五爵だけでなく、出身による公家華族・武家（大名）華族、国家のために活躍した勲功華族の大きく三つの区分に分けることもできる。

＊2 のちに寛子と改名している。有馬家を離れた後、男爵森有礼と再婚する。

＊3 一九二四年に信愛学院に改称。

＊4 邸内に被災者を収容し、のちに移り住む荻窪で行っていた農園の収穫物などで炊き出した。（有馬頼義『山の手暮色』講談社、一九七一年、二三頁）

＊5 有馬頼義には、青山北町の家と呼ばれている。

＊6 当時の福岡県の旧三井郡・旧浮羽郡にあたる

＊7 佐野眞一『枢密院議長の日記』によれば、頼秋は大腸カタルで死んだとされるが、実際には赤痢であったことが有馬頼義『母その悲しみの生涯』にて述べられている。伝染病の赤痢であれば家や家人が隔離されるため、死因を大腸カタルにしたと推測できる。

＊8 斎藤実の死後子爵。実父は三菱財閥の豊川良平。

＊9 旧陸奥盤城平藩藩主家の子爵安藤信篤の養嗣子となっている。

＊10 有馬頼寧『七十年の回想』創元社、一九五三年、一七～一八頁。有馬家では電燈がつくようになっても、しば

らく行燈を用いていた。

＊11　かすりは本来夏用の生地であるが、有馬家では冬でもかすりを用いた。当然、これには単なる節約だけでなく、旧領地の特産品である「久留米絣」を大切にしたという理由もあると考えられる。

＊12　精神に働きかける教育がどのようなものかは不明である。

＊13　有馬は有馬家が所有した東京の水天宮で行われる神楽の見物によく行った。そしてその神楽の真似をして遊んだ。

＊14　前掲『七十年の回想』一一、一九、二五頁。

＊15　「有馬家家範」国会図書館憲政資料室所蔵『有馬頼寧関係文書』所収。

＊16　倉富勇三郎（一八五三～一九四八年）、久留米藩に仕えた儒学者倉富胤厚の子。司法・宮内官僚、法学博士、貴族院勅撰議員。

＊17　尚友倶楽部・伊藤隆編『有馬頼寧日記』一～五巻、山川出版社、一九九六～二〇〇三年、大正八年七月五日条。

＊18　有馬頼義『母その生涯の悲しみ』文藝春秋、一九六七年。

＊19　「有馬家給料付証（青山）」（明治四五年一〇月～大正五年一二月）前掲『有馬頼寧関係文書』所収

＊20　前掲『七十年の回想』一一〇頁。

＊21　沖野岩三郎（一八七六～一九五六年）牧師、大逆事件を小説化した作家。有馬は一九一九年三月に、雑誌『黒潮』（一九一八年二月発行号）に発表された小説「煉瓦の雨」を読んでいる。

＊22　前掲『有馬頼寧日記』大正八年七月二九日条。

＊23　同上『有馬頼寧日記』大正八年一二月一日条、同年一二月二六日条。

＊24　有馬頼寧『追想』自費出版、一九〇三年、二七〇頁。頼秋の追悼文集。

＊25　貨幣は不浄のものだとされており、華族の男性も女性も家にいる間は基本的に貨幣を自分で使うことはなかった。男性は寄宿生活に入ることで小遣いを得てそこから金銭感覚を覚えていった。

＊26　前掲『有馬頼寧日記』大正八年九月七日条。

＊27 同上『有馬頼寧日記』大正八年六月二二日条。
＊28 同上『有馬頼寧日記』大正八年九月七日条。
＊29 有馬頼義は『山の手暮色』講談社、一九七一年、五五頁において、父（頼寧）が兄（頼秋）を軍人にしたかったと述べている。
＊30 前掲『有馬頼寧日記』大正一〇年一月二六日条。
＊31 有馬頼寧「総ての人の握手」『同愛』同愛会、一九二二年。
＊32 有馬頼寧「親として」『蛙の声』、日本教育者協会、一九二三年。
＊33 成蹊学園はイギリスの教育を参考に、三菱財閥の岩崎小彌太男爵の支援によってできたエリート養成学校である。高等科編入については昭和一二年の資料では尋常科からそのまま高等科へと進む者で定員が満たされるため、合格倍率は、文科は八倍で理科は一〇〜一二倍であったという。編入試験はなく、それまでの学校からの成績および推薦と、成蹊の行う人物・健康考査の結果で選抜された。（旧制高等学校資料保存会『旧制高等学校全書 第四巻 校風編』丸善株式会社、一九八一年）
＊34 有馬頼義『母その生涯の悲しみ』文藝春秋、一九六七年、九八〜九九頁。
＊35 有馬頼寧「学習院論」『太陽』博文館、二七巻一号、一九二一年。
＊36 有馬頼寧『無頼庵雑記』改造社、一九四九年、二二五〜二二六頁。
＊37 有馬頼寧「所感日記」内「我子のために　昭和一一年一月六日」前掲『有馬頼寧関係文書』所収
＊38 前掲『有馬頼寧日記』昭和一四年五月二七日条。
＊39 前掲『母その生涯の悲しみ』九七、一二二頁。
＊40 同上『母その生涯の悲しみ』四頁。
＊41 前掲『有馬頼寧日記』大正一一年二月八日条。貞子の心情は不明だが、大正二年に娘の愛子が亡くなっている。貞子が愛子以降に出産した子ども二人のことを注意深く養育している可能性もある。
＊42 森山茂樹・中江和恵『日本子ども史』平凡社、二〇〇二年。

＊43　金子幸子『近代女性論の系譜』不二出版、一九九九年、一五四〜一五六頁。
＊44　前掲『有馬頼寧日記』大正一〇年二月六日条。
＊45　前掲、有馬頼寧「所感日記」内「我子のために　昭和一一年一月六日」
＊46　前掲『有馬頼寧日記』昭和一〇年九月一九日条。
＊47　同上『有馬頼寧日記』昭和一〇年一一月一一日条。
＊48　同上『有馬頼寧日記』大正八年七月二六日条。
＊49　宮地嚴夫（一八四七〜一九一八年）国学者、宮内省官吏。
＊50　宮地嚴夫「教育に対する父兄の注意」『太陽』第二巻二三号、博文館、一八九六年。宮地の執筆ではなく、インタビュー記事。
＊51　前掲『有馬頼寧日記』大正八年一〇月一九日条。
＊52　前掲『母その生涯の悲しみ』三六頁。
＊53『有馬頼寧日記』昭和二年八月一九日条。
＊54　鎌子は助かったが、駆け落ち相手は死亡した。
＊55　岡部長景（一八八四〜一九七〇年）子爵、旧和泉岸和田藩藩主家。外務官僚、文部大臣。
＊56　前掲『有馬頼寧日記』大正八年一〇月三日条。
＊57　同上『有馬頼寧日記』大正八年一月八日条。
＊58　同上『有馬頼寧日記』大正八年八月二二日条。
＊59　同上『有馬頼寧日記』大正九年一月九日条。
＊60　酒井美意子『ある華族の昭和史』主婦と生活社、一九八二年。
＊61　前掲『有馬頼寧日記』大正九年六月十二日条。
＊62　同上『有馬頼寧日記』大正八年九月四日条。
＊63　岩本美砂子「女性をめぐる政治的言説」『「性」と政治　日本政治学会年報』五四、日本政治学会、二〇〇三年。

＊64　前掲『有馬頼寧日記』大正九年一月二〇日条。
＊65　同上『有馬頼寧日記』昭和一一年四月二七日条。
＊66　ただ頼義にとって姉の澄子は少し変わった人物という認識がある。
＊67　「頼ちか千代子結婚条件覚書」国会図書館憲政資料室『有馬頼寧関係文書』所収
＊68　沢山美果子「教育家族の成立」『〈教育〉――誕生と終焉』藤原出版、一九九〇年
＊69　三上敦史『近代日本の夜間中学』北海道大学図書刊行会、二〇〇五年。
＊70　前掲『有馬頼寧日記』昭和一一年一月一六日条。
＊71　小田部雄次『華族』中公新書、二〇〇六年。

第三章 ✺ 岡部長景の家庭教育

第一節　岡部長景の経歴

昭和戦前期に貴族院議員として活躍した子爵岡部長景《ながかげ》家の家庭教育について考察する。岡部長景は旧岸和田藩藩主家出身の大名華族である。また同時に外務官僚、貴族院議員、戦時中は東条英機内閣文相にもなり、昭和戦前期にリーダーシップを発揮した革新的華族の一人である。

岡部長景の資料としては、国会図書館憲政資料室に「岡部長景関係文書」がある。残念ながら日記は昭和三（一九二八）年の一〇月下旬〜一一月中旬、四年、五年、六年一月〜二月上旬および一一月しか残っていない。しかし、昭和四年、五年の日記はそれぞれ一年間の記載日が大幅に漏れることなく、岡部の行動が詳細に書かれている。また『岡部長景日記』*1として翻刻されており、日記資料としては比較的利用しやすい資料だと言える。

岡部長景本人に関する先行研究はないといっても過言ではない。伝記の編纂もなされていない。岡部長景を主題にしたものは『岡部長景日記』「解説」*2と「岡部長景の戦前・戦中・戦後」*3のみである。そして岡部長景の父長職の伝記として『評伝　岡部長職—明治を生きた最後の藩主』*4があり、一部長景について触れる部分がある。

岡部長景は明治一七（一八八四）年八月二八日に旧岸和田藩藩主家岡部子爵家に生まれた。父親は旧岸和田藩藩主岡部長職《ながもと》である。母親は旧郡上八幡藩主青山幸哉の四女錫子《ようこ》である。すでに上には清子《すがこ》、錘子《まさこ》の二人の姉がいた。母錫子は長景が三歳になった明治二〇年一〇月二九日に亡くなる。

その後の明治二三年には父長職が旧加賀藩藩主前田齊泰の四女であり、前田侯爵家令嬢の坻子《おかこ》と再婚する。そして長景は、長剛《ながたけ》、長擧《ながたか》、榮子《さきこ》、豊子《とよこ》、長世《ながよ》、盈子《みつこ》、長量《ながかず》、久子《ひさこ》、長建《ながたつ》、長伸《ながのぶ》、長章《ながあきら》という一一人の異母弟妹の兄となった。長景と長職末子の長章とは二五歳の差があり、二人が並ぶと親子に間違えられた*5。

長景は学習院初等学科、中等学科、高等学科を経て、東京帝国大学法科大学に進む。明治四二（一九〇九）年に卒業して、外交官補として外務省に入る。明治四三年より駐米国大使館員となる。明治四五年四月には加藤高明子爵の娘悦子と結婚し、大正二（一九一三）年八月一〇日長男長衡《ながひら》が生まれる。大正五年長景は帰国して、外務省本省での勤務となる。大正一四（一九二五）年父長職が亡くなり、襲爵することとなる。昭和二（一九二七）年には外務省文化事業局の局長となる。

昭和四年長景は外務省から宮内省へ移り、内大臣書記官長兼式部次官となる。昭和五年には貴族院議員となる。宮内省への奉職はわずか一年半という短いものであった。

昭和四年息子の長衡は東京高等学校*6尋常科から東京高等学校理科へ進む。その後、東京帝国大学工学部を出て、陸軍の技術将校となった。昭和一四（一九三九）年に長衡は旧調布藩藩主家毛利元雄子爵の次女綾子と結婚した。昭和一六年に長衡の息子の長忠、昭和一八年には長義が生まれ、長景は二人の孫の祖父となった。

昭和一八年長景は東条英機内閣にて文部大臣となった。終戦後はB級戦犯容疑で巣鴨拘置所に抑留され、その最中の昭和二一（一九四六）年三月二〇日に妻悦子が亡くなる。その後、長景は公職追放となり、昭和二七年公職追放が解かれて国立近代美術館館長となる。他に国際文化振興会の会長も務めた。その後昭和四五（一九七〇）年に亡くなる。

岡部家の親戚関係、とくに長景の兄弟の世代では旧大名家との姻戚関係がほとんどなく*7、財界との姻戚関係が形成されていた。長景は岩崎彌太郎の孫である悦子と結婚し、榮子は三井弁蔵と結婚し、岡部家では三菱財閥と三井財閥とのつながりを持った。長擧は朝日新聞社社長の村山龍平の娘と結婚し養子に入り、豊子は渋沢栄一の孫である尾高豊作と結婚し、久子は川崎造船所創業家の川崎芳熊と結婚、盈子はアメリカにて生糸の貿易で成功を収めた新井領一郎の息子米男と結婚している。これだけ子どもがありながら、一貫して大名華族との姻戚関係がない。

第二節　岡部長景の家庭行動

明治四五（一九一二）年に岡部は結婚して自らの家庭を作ることとなる。妻悦子は明治二一（一八八八）年生まれで、父は外務大臣を幾度も務める加藤高明、母は岩崎彌太郎の長女春路*8である。また悦子は父加藤高明が英国公使して駐在したロンドンで幼少期を過ごしており、外国暮らしに問題はない女性だった。その後長景は駐英国大使館員となり、大正五（一九一六）年には長男長衡が誕生し、長景一家はその家庭生活の初期を米国と英国で過ごす。

昭和四（一九二九）年二月に長景は外務省から宮内省に転じ、内大臣秘書官長兼宮内省式部次長となる。式部職は宮中儀礼をつかさどる部署であり、式部次長としての長景の仕事は宮中行事の執行事務やそれへの出席、および外国の要人や駐日公大使の接待である。内大臣秘書官長としての仕事は、牧野伸顕内大臣のために多方面から情報収集を行い、また元老西園寺公望との連絡役となることであった。このポストは職務上の拘束は少ない「優雅」なものであったが、同時に政治的には閑職であったという*9。

昭和三〜五年の日記に出てくる長景の行動からみて、忙しく仕事をしている様子はあまりない。毎日朝から夕方まで役所に詰めていることはなく、午前中の遅くに職場に顔を出して昼ごろには帰るという生活である。また仕事がないかわりに、私的な活動が精力的に行われている。

表3・1　昭和4年(1929)〜5年(1930)における岡部長景の家族との行動回数

■昭和4年(1929)

	妻同伴	子ども同伴	家族同伴
私的行事	39	5	53
公的行事	21	0	2
社交行事	23	0	1
合計	83	5	56

■昭和5年(1930)

	妻同伴	子ども同伴	家族同伴
私的行事	41	7	45
公的行事	31	0	0
社交行事	33	1	1
合計	105	8	46

※私的行事は家族(妻・子ども)とのプライベートな集まり、公的行事は冠婚葬祭や歓送迎会に準ずるもの(見送り、見舞い)まで含めた。社交行事には仕事上あるいは華族としての集まりなどとした。

長景は学習院の同窓会「桜友会」の会合や華族の政治研究グループ「十一会」などに積極的に参加している。十一会とは、毎月一一日を会合の日とする華族会合であり、当初は岡部や木戸幸一などのメンバーが政治経済について学習をする会であった。のちに近衛文麿が参加するようになり、十一会は政治色が強くなっていき、貴族院改革などが話し合われるようになっていった。いわゆる革新華族とよばれるものたちが参加していた*10。

またゴルフを通じての交際も多い。親類では三井弁蔵夫妻が多く*11、その他には織田、黒木、溝口、西尾、伊東の姓がよく出てきており、おそらく織田信恒、黒木三次、西尾忠方など十一会にもかかわりがある貴族院議員の友人たちであると推測できる。日記からは午前中には悦子と外出、午後は友人たちと外出、さらに家族でも外出といった忙しい私生活ぶりが見受けられる。

さて、岡部長景日記より岡部の家族での外出行動を分析した。

昭和四年と昭和五年では家族での外出行動には数字の大きな違いは見受けられない。昭和五年八月には貴族院議員の子爵互選選挙に出て、九月には議員となるがすぐに多忙になるというわけではなかったようである。

表からわかるとおり、もっとも多い外出行動は家族での私的行事である。家族での外出が多いのは、夏の間は伊豆三津*12の別荘で暮らしていたことが理由の一つにある。この三津の別荘は家族三人で下見にいき、昭和四年五月中旬に購入を決めている。日記から昭和四年と昭和五年について悦子と長衡は夏休み期間中この三津の別荘で暮らしていたことがわかる。長景は仕事でしばしば東京に戻りながらも、家族とボート遊びをしたり釣をしたりと海ならではの遊びをしている。また三津に滞在するあいだ、長景は長衡のために家庭教師を同伴させている。

家族での余暇活動はそれだけではない。少なくとも月に一度は家族で外出し、芝居やコンサートあるいは活動写真を見たり、ただ銀座界隈で外食や買い物を楽しんだりすることもあった。住居は赤坂にあり銀座などには外出しやすい立地だったともいえる。

また妻の悦子との二人での外出も非常に多い。もっとも多いのは芸術鑑賞で、観劇や美術展へ出かけている。とくに戦後は国立近代美術館館長となり美術方面で活躍した長景である。西洋から東洋までさまざまな展覧会やコレクションの売立に足を運んでいた。そこでは美術品や工芸品を購入することもあった*13。

公的行事としては葬儀や法事が多い。昭和三年には長建、翌年には長量と続けて、二人の異母弟が亡くなっており、彼らの法事が多くなっている。また外務官僚としてのつきあいから、海外へ向かう友人などの送別会や見送りなども非常に多く、それには夫人同伴で出席していることも多い。この公的行事となると夫婦のみで、子どもを連れての外出がなくなる。

社交行事は、長景の仕事上の関係からの社交活動などが中心となっている。長景の業務の代表的なものは宮中に外国公大使を招いての晩餐会や午餐会に出席することであり、そこには妻の悦子も接待要員として出席する。また外交団を招いて御猟場での狩りに参加したり、長良川の鵜飼を見学したりということもある。また出張には悦子や長衡を伴って、出張と家族旅行を同時に楽しんでいる場合もある。

また外出するばかりではなく、家で過ごす一家団欒もある。宮内省の御猟場で狩りをして下賜された鴨をすき焼きにして一家団欒する記述が時折登場する。また自邸には親戚や、親しい外国の大使館員などを招いて食事をしている。食事後の余興には活動写真の上映会をおこなう場合もあった。また悦子が自邸で開くティーパーティには長景は参加しないながらも、前日に美術品を出して飾り付けを手伝うなどの協力も惜しまない。

長景は子どものころから旅行と写真が好きだったようで、学習院時代には写真機を持って日本海側を一人で旅行したという*14。食事会の余興として上映する活動写真も自分で撮影したものである。三津の別荘でも長衡がボート遊びをする様子を活動写真で撮ったり*15、また長衡の馬術練習の様子を撮影しに出かけたりしている*16。

これらの行動からわかることは、家族で過ごす団欒の時間を非常に大切にしていたことである。妻との仲も非常によく、また息子との関係も親密である。

とくに家族の団欒として、頻繁に行われるのが舞台芸術の鑑賞である。歌舞伎などの日本の伝統的なものから、西洋のオペラなどその種類は幅広い。芸術の鑑賞は長景夫妻の趣味であると考えられる。しかし、長景には「衡には著名有益なるものだけを見せたい＊17」との考えもある。飛行船ツェッペリン伯号が日本に来た際には、仕事で長景自身が行けなかったため、わざわざ知人に頼んで長衡を見学に連れて行ってもらっている。こういった外出行動がただの家族サービスではなく、家庭での教育という側面も大きかったことがわかる。

第三節　岡部家の家庭教育

長景の幼少期における家庭状況は資料を欠いていてわからないが、長景の青年期において父長職は一家団欒を大切にしていたことがわかっている。長職の第二夫人である坻子が、家族仲のいいことがすべての幸福の基礎であり、長職も長い海外生活から家族の団欒は大切であると考えており、岡部一家は一家団欒を味わって生活しているとしている＊18。長職の一家団欒という考えかたは、長景の家庭にも伝わっていることは、前述の家族での遊興の多さからもわかる。

また坻子は乳母を雇わずに、出来るだけ育児は自分の手で当たっており、それまでの大名の伝統的な子育てとは異なる方針をとっていたようである＊19。

長職は写真が趣味であり、またアメリカ留学中や志摩の別荘でボート遊びをしている＊20。高田千登世町＊21に邸を構えることになった際には、庭造りのために庭木を取り寄せるなど、邸の景観にはこだわりがあるようである＊22。長景も趣味の一つには写真および活動写真の撮影があり、また三津の別荘ではボートや庭づくりを楽しんでおり、長景は長職の趣味を継承しているといえる。またボート遊びの楽しみについては孫の長衡も三津の別荘では楽しんでおり、祖父と父から趣味を継承したといえる。

また長景は父のキャリアに沿うようなキャリア形成をしている。長職はイエール大学とケンブリッジ大学へ留学後、外交官となり、その後貴族院議員となり、司法大臣まで昇っている。長職は外交官としては条約改正の折衝に当たるなどの活躍をみせた。一方、長景は東大卒業後外交官となり、その後貴族院議員となり、文部大臣まで昇る。長景は外交官としては日本国内で対アジア政策に当たっていた。外交官としての仕事の華々しさについて長景は父親に比べるとやや劣るが、父と同じく国務大臣となっている。長景のキャリア形成のモデルとして長職の存在があったことがうかがえる。

さて、長景の家庭教育についてである。長景は一一人兄弟であるが、息子の長衡は一人っ子である。長景一家の家族での遊興の多さからも、また長衡について心配する文章はあっても、長衡に対して怒っているような文章は登場しない。このことからも、長景が非常に長衡のことを可愛がっている様子がわかる。長景は長衡だけがスキー旅行に出かけ、一緒に宮内省の御猟場の猟に参加できなかったときには「鴨と雉の鋤焼を鱈腹食べたが、悦子は（引用者略）余り食べず、長衡が居たらばと思った＊23」、長衡が散髪から帰ると「衡は頭が寅ブチだとて笑ふ＊24」などの日記の記述から、親子関係が親密であり、仲がよいことがうかがえる。

長衡への幼少期の教育についてては資料を欠いていてわからない部分が多い。長景の仕事の関係上、大正二（一九一三）年生まれの長衡は乳幼児期を英国で過ごし、大正五年に日本に帰国した。長衡に対する教育は幼少期に英国で過ごしていることから、欧米流をとりいれていたことは間違いがないだろう。しかし、日記の残る昭和四年においては長衡はすでに一五歳であり、そのためか生活上についての躾などについては記すところがなく、不明である。しかし、坻子が自らの手で子育てをしていたことから、長景夫妻も自らの手で子育てをすることについてはある程度の自由があったのではないかと考えられる。

悦子が長衡の小学校低学年のころの子育て方法について戦時中の昭和一八（一九四三）年に次のように

述べている。

積極的にまづ身體を丈夫に鍛へることに頭を向けました、魚や肉を特にご馳走などとは思はないやう野菜や穀類を主とした農家風の食事をそれから寒中でも足袋をはかせずよその方が見てびつくりなさる位の薄着で通させるなど、生活を簡素々々ときびしく心掛けました。＊25

このように、ぜいたくが子供の成長を妨げるために質素に育てたということを読売新聞に語っている。当時は太平洋戦争中の戦時体制であり、昭和一七年には「ほしがりません勝つまでは」というスローガンが流行している。また取材を受けた昭和一八年に岡部は文部大臣を務めており、悦子は文部大臣夫人として取材に答えている。そのため、この記事が実際にすべて事実なのかは疑わしい。長景の日記において、岡部夫妻が一五歳の長衡とすき焼や洋食の肉料理を食べている様子が何度も登場しており、少なくとも青年期に差し掛かった長衡には贅沢な食生活を許している。

長景の日記によると、長衡は昭和五（一九三〇）年の春に東京高等学校尋常科から東京高等学校高等理科に進んでいる。長衡は『学習院一覧 昭和五年一二月纂』＊26に大正一五（一九二六）年三月の卒業と卒業生名簿に書かれており、学習院には初等科のみ通っていたことがわかる。

日記の中から、長衡の性格などが伝わってくる記述はほとんどないが、長景が東京高等学校で教職に就いていた山口察常＊27と長衡のことについて話したところ「先生はいつも衡の鈍重な性格は将来頼母敷と評して居られる＊28」とある。このことから、長衡はのんびりとした性格だったことがうかがえる。またそれについて長景が心配しているのではないかということも感じられ、そしてわざわざそれを日記に書き留めていることから大器晩成型だと教師に評価されてまんざらでもないという長景の親馬鹿ぶりも推測することができる。

長衡の高等科理科への進学については、長景は非常に心配しているようである。昭和四年の秋に、高等科の科の選択を考えるときには、学校関係者に話を聞き、「今迄の様な勉強振にては文科を選ぶ方無難なるべく京大にでも入る位ならんと稍心細き話なり*29」と非常に心配していることがわかる。しかし、長衡の決心は固く、「衡の高等科の科選定の最後の決定をなすべく、悦子、衡の三人で相談をなし、大いに決心を要し努力の必要を力説し、当人も大いにやる考えとなり、馬もやめてもよいといふ位の意気込ゆへ遂に希望通理科を選ぶことに定め願出に記入して渡してやった*30」と長景は長衡の希望をかなえることにする。

そのすぐ翌日には「夕食は衡の決心につき愈々目的の大方針を定めて門出をなすことになったゆへ、内祝いの心地を以て赤飯を焚き鯛等つけた。当人大分緊張した様子*31」と、またその翌日には「衡に贈る為、額仕立の為横半切に『男児決心出郷関』の七字を書いた*32」としている。勤皇の志士村松文三が詠んだとされる「男児立志出郷関　学若不成不死還　埋骨豈期墳墓地　人間到處在青山」である*33。行うと決めたことは最後までやり遂げるようにというメッセージであり、長衡の進路への決心を長景が厳しくも温かい愛情で見つめていることが読み取れる。

また長衡の進学のために、長景は前述の山口の家へと挨拶にいっている。「先生も本人が其気にさへなれば、必ず成績もよくなるだろうと「だろう」付きの話であったが、どうかそうありたいと之もあまり信念のなき返事をして置いた*34」とある。また理科に進学してすぐにも山口のところへ挨拶にいき「衡の学業のことを話し、尚ほ本人の学校に於ける行状等について注意をしてもらふ様に頼んだ*35」とある。非常に長衡の学校生活を心配していることがわかる。

しかし、長衡は昭和四年の秋に進学を決心したにもかかわらず、約一年後の昭和五年九月ごろには、理科を学ぶという気持ちが揺らぎ始める。

衡が過日来、急に士官学校に入りたいといひ出し、悦子とも種々相談して居ったが、夕方同人を呼で国家社会に奉ずる所以は一軍人として位のことでなく、理科か工科に進み、大いに奉ずる意気込の必要なることを説得した。夜就寝に際し、当人は更に文章に認め其の決意の程を述べてあったから、更に懇々説き夜半に及んだ。＊36

このことから、長景は一般的な軍人になることは反対だったようである。またその数日前には教育者である平生釚三郎＊37が「理科で進み、欧米人に勝る発明か何かをして国家の為に尽し併せて人類の為に貢献する様、大いに努めてもらいたいと激励してくれた＊38」としている。これは平生の話した内容ではあるが、長景としてはこのように長衡に科学者あるいはエンジニアになってもらいたいという思いがあったのではないかと考えられる。

また昭和初頭は華族の軍人へのコースは人気がなかったようである。大正四（一九一五）年生まれの三笠宮崇仁親王は学習院の中等科は一学年に三クラスで一クラスには二〇人の生徒であり、昭和七（一九三二）年陸軍士官学校に入るときには「陸海軍がＰＲして、軍人になれと言ってきたんだけれど、成り手がなくて、私のクラスでは、私と徳川君＊39と二人が陸軍に入っただけで、海軍には一人もゆかなかったです＊40」と、また「母はわたくしを文官にさせたかったらしいです＊41」と語っている＊42。このころは軍人志望の華族の人数が少なかったこと、また英国流に皇族が軍人になることが常識となっていたにもかかわらず、貞明皇太后が親王を文官にと望んでいたことから、当時の軍人への人気がなかったことがよくわかる。

長景は長衡の説得した後でも、奈良武次侍従武官長*43に長衡の軍人志望について相談している。そして長景は奈良から「御止めになったほうがよろしかろう*44」との言葉をもらい、「区々たる青年将校等の意見とは異り武官長の意見は衡にとりても大いに傾聴の価値がある*45」と感謝している。長景は長衡の将来の軍人への希望を反対しながらも、息子の志望を断ってもいいのかという迷いがそこにはあったのではないかと考えられる。できるだけ子どもの意思に沿った教育をと考えながらも、やはり親としての子どもの将来への希望とが拮抗していることがわかる。

その後長衡は東京帝国大学工科大学を卒業して陸軍の技術将校となっている。これは長景のいった通りの道を、長衡が自身の希望も絡めながら進んでいった結果とも考えられる。

昭和五（一九三〇）年には、姉鍾子の息子井上英彦や末弟長章の大学進学を考える年でもあり、長景は親身に相談に乗っている。岡部家の家長となっていた長景はとくに長章について心配しているようである。「長章来邸。夕食を共にして将来のことを相談したるが、大学は考古学を専攻したく、東洋古代史と交渉ある問題にて研究の余地も多く、多少困難なる事項ゆへ学生少なく面白かるべしとのことゆへ、大いに賛成をなしたる*46」としている。そして、その話を聞いた約二週間後に、出張で奈良の春日大社大祭へ行った際には、京都に立ち寄って旧岸和田藩出身の考古学者である浜田耕作*47と会合を持ち、長章の進路についての相談をして、東京帝国大学へ進学し、東洋史を学び、その後京都帝国大学で考古学を専攻するのがよいだろうという方針を打ち出している*48。長章はこの話を聞き、東大で東洋史を専攻する。ただし、卒業後は京大へは行かずに帝室博物館の研究員となり、その後昭和天皇の侍従となり、戦後は大学で教鞭をとるようになった*49。

仕事のコネクションや旧藩のネットワークという社会関係資本を使って、子弟の進路をその当時の一流の人物に相談をし、それを子弟へのアドバイスに利用することができたことがわかる。長景が進路についてアドバイスをした長章も長衡も、長景のキャリアとは異なったキャリア形成をしているが、つねに必要に応じてよい助言が与えられる環境にあったのではないかと考えられる。

長職は子どもたちに大名華族との姻戚関係を結ばせなかったが、長景は大名華族である毛利子爵令嬢綾子と長衡を結婚させている。長景も勲功華族の子爵家との婚姻であり、華族嗣子としてはやはり少なくとも爵位のある家を望んでいたということかもしれない。

さて、日記には長衡は馬術をやめてでも理科に進学したいとあったが、馬術競技はやめることはなかった。昭和四（一九二九）年に宮内省に入った長景は長衡のために、赤坂御所の厩舎での乗馬練習ができるように許可をもらっている。長衡は昭和五年の段階では数学の成績が悪いようであるが＊50、高等科でも馬術競技を続けており、昭和五年のインターハイで東京高等学校が四位に入賞したため景品の鞭を獲得している。ちなみに長衡は昭和三九（一九六四）年の東京オリンピックにも出場している＊51。

長景自身が長衡にどのような期待を持っていたか日記の中で語られることはあまりなかったが、他の人物たちとの会談の中などから総合すると、国家の為に人類の為になる人物になってほしいという願いはあったようだ。長景は長衡が高等科をやめて、士官学校に入りなおして軍人になりたいという希望は説得してやめさせている。しかし、長衡は一度親に反対された軍人への道を、東京帝国大学の工学部を卒業したあとに、技術将校となることでかなえている。戦後の長衡の経歴は有限会社トモエユニット社長とのことであるが、残念ながらどのような会社であるか実態がつかめなかった。

長景は長衡が自身と異なるキャリアコースを選択しても、さまざまなコネクションを活用して、長衡にはさまざまな支援をしていることは間違いない。

戦中において長衡は当時としては軍人になることで国家の役に立つ人物となり、また戦後はオリンピック選手になりスポーツ振興という面で国家の為に役に立つ人物となっている。その点では長景の家庭教育の目標は達成していると言えるのではないだろうかと考えられる。

そして、長衡の息子長忠は昭和一六（一九四二）年に生まれ、昭和四〇（一九六五）年学習院大学を卒業後、日本競馬協会に勤務、その後学習院大学馬術部監督となっており、長衡の馬への情熱を継承したことがわかる。

註

＊1　尚友倶楽部編『岡部長景日記』尚友倶楽部、一九九三年。
＊2　三浦裕史「解説」前掲『岡部長景日記』
＊3　奈良岡聰智「岡部長景の戦前・戦中・戦後」『創文』創文社、二〇〇九年。
＊4　小川原正道『評伝　岡部長職—明治を生きた最後の藩主』慶応義塾大学出版会、二〇〇六年。
＊5　岡部長章『ある侍従の回想記—激動時代の昭和天皇』朝日ソノラマ、一九九〇年、三五頁。
＊6　官立の七年制高等学校。バンカラな校風のナンバースクールとは異なり、スマートな校風だったという。
＊7　長職の長女清子は旧高徳藩藩主家戸田子爵家へ嫁すが、のちに離縁をしている。次女鍾子は経済学者の井上辰九郎と結婚。
＊8　イギリスの社交界で、春路は日本の岩崎財閥の出身であるとして有名になり、加藤高明の英国公使としての交際に大いに貢献したという。岩崎徂堂編『明治大臣の夫人』大学館、一九〇三年、二二五～二二七頁。
＊9　前掲「解説」『岡部長景日記』六一三、六二〇頁。
＊10　後藤致人「大正デモクラシーと華族社会の編成」『歴史学研究』六九四、青木書店、一九九七年。
＊11　岡部家はゴルフについては関係が深い。妹榮子は日本女子ゴルフ界の先駆者である。妹盈子の舅新井領一郎は日本にゴルフを広めた人物の一人である。
＊12　旧静岡県田方郡内浦村三津。戦後沼津市に編入した。今でも残る松濤館という旅館の近くに別荘を買った。富

士山の景勝地である。沼津には皇室御用邸があり、周辺は上流階級の別荘地のひとつであった。
＊13 先祖伝来の美術品をはじめとして、関東大震災と空襲で家と共に焼失してしまったものも多いという。
＊14 中村鈴子『家庭の模範 名流百家』博文館、一九〇五年、五八頁。（国会図書館近代デジタルライブラリー）
＊15 前掲『岡部長景日記』昭和五年八月二五日条。
＊16 同上『岡部長景日記』昭和五年一二月六日条。
＊17 同上『岡部長景日記』昭和五年四月一九日条。
＊18 前掲『家庭の模範 名流百家』六三～六四頁。
＊19 同上『家庭の模範 名流百家』四八頁。
＊20 前掲『評伝 岡部長職―明治を生きた最後の藩主』二六三～二六八頁。
＊21 現豊島区。
＊22 前掲『家庭の模範 名流百家』六〇～六二頁。
＊23 前掲『岡部長景日記』昭和四年一二月二九日条。
＊24 同上『岡部長景日記』昭和六年一月三日条。
＊25「健民家庭 薄着で歩け歩け 大東亜の天地に伸びる子を 岡部文相夫人のお宅」『読売新聞』一九四三年五月四日朝刊。
＊26 学習院『学習院一覧 昭和五年一二月纂』学習院、一九三一年。（国会図書館近代デジタルライブラリー）
＊27 山口察常（一八八二～一九四八年）中国哲学者。愛知県出身。東京帝国大学卒業後中国に留学。帰国後は東京高等学校教授、大正大学教授などとなった。
＊28 前掲『岡部長景日記』昭和五年四月二七日条。
＊29 同上『岡部長景日記』昭和四年一〇月八日条。
＊30 同上『岡部長景日記』昭和四年一〇月一〇日条。

＊31 同上『岡部長景日記』昭和四年一〇月一一日条。
＊32 同上『岡部長景日記』昭和四年一〇月一二日条。
＊33 堀内静宇編『維新百傑』成功雑誌社、一九一〇年、三八頁。（国会図書館近代デジタルライブラリー）
＊34 前掲『岡部長景日記』昭和四年一〇月一七日条。
＊35 同上『岡部長景日記』昭和五年四月二七日条。
＊36 同上『岡部長景日記』昭和五年九月一八日条。
＊37 平生釟三郎（一八六六～一九四五年）実業家、政治家。はじめは出身校の東京商業学校の教師だったが、東京海上火災株式会社に入り、実業家に転身。川崎造船社長などをつとめる。のちに貴族院議員、枢密院顧問となる。また大正一二年には甲南学園を設立し、学校教育に取組んだ。
＊38 前掲『岡部長景日記』昭和五年九月一六日条。
＊39 徳川圀禎（一九一五～一九八六年）旧水戸藩藩主家出身。
＊40 金沢誠・川北洋太郎・湯浅泰雄編『華族―明治百年の側面史』講談社、一九六八年、三七〇頁。
＊41 同上『華族―明治百年の側面史』三七〇頁。
＊42 同上『華族―明治百年の側面史』三六八～三七一頁。
＊43 奈良武次（一八六八～一九六二年）軍人。男爵。平民出身で陸軍士官学校、陸軍大学校を卒業。陸軍省軍務局砲兵課長、支那駐屯軍司令をへて官軍務局長となる。東宮武官長、侍従武官長として昭和天皇の側近となる。
＊44 前掲『岡部長景日記』昭和五年九月二六日条。ちなみに、波多野澄雄・黒沢文貴編『侍従武官長 奈良武次日記・回顧録』全四巻、柏書房、二〇〇〇年には、この日の前後に長景との会話の記録はなかった。
＊45 同上『岡部長景日記』昭和五年九月二六日条。
＊46 同上『岡部長景日記』昭和五年二月二五日条。
＊47 浜田耕作（一八八一～一九三八年）京都帝国大学教授。日本の考古学の第一人者。岡部長景が所属した外務省文化事業部の支援により設立した東亜考古学会に所属している。

＊48　前掲『岡部長景日記』昭和五年三月一四日条、同年六月七日条。
＊49　前掲『ある侍従の回想記―激動時代の昭和天皇』二七〜三六頁。
＊50　前掲『岡部長景日記』昭和五年一二月三一日条。
＊51　馬乗馬術個人で一九位。当時は日本フェルト所属。日本フェルトは製紙用フェルトの製造会社で、王子や三菱など岡部家と姻戚関係のある企業の提唱で設立されている。

第四章 ✻ 阪谷子爵家の家庭教育

第一節　阪谷芳郎の経歴

阪谷芳郎は文官出身の勲功華族である。明治以降に誕生した上流階級である勲功華族の家庭教育を取り上げるために、男爵阪谷芳郎（昭和一六年、死去する間際に子爵に陞爵）に注目した。

阪谷芳郎の関係資料としては、国会図書館憲政資料室に「阪谷芳郎関係文書」がある。阪谷にはビジネス、旅行、家庭と様々な日記を使い分けており、「東京市長日記」をもとに編纂された『東京市長日記』が刊行されている。また「阪谷芳郎関係文書」には家庭で起こったことを書き留めた「家庭日記」があり、その期日は明治一七（一八八四）年から昭和一六（一九四一）年にまで及ぶ。本文でも触れるようにその記述が断片的ではある。しかし、日記資料が長期にわたって存在しかつ利用しやすいものは多くないため、阪谷の日記は比較的に史料として利用しやすいものといえる。

また阪谷家は文官出身で国家に対する経済的な貢献で勲功華族となった実業家渋沢栄一と姻戚関係にあり、勲功家族のファミリーをなしているところにも注目したい。また明治期に日本の家族制度を築いた

阪谷芳郎
（大正5年パリで撮影）

一人である民法学者の穂積陳重とも姻戚関係となっている。
阪谷芳郎には「家庭日記」がありながら、阪谷の家庭についての研究はいままで行われていない。資料を読み込んだところその内容は来訪者や家族の外出等に限られ、阪谷家の家庭に関する情報はわずかしかないが、伝記や阪谷の著書などとあわせて勲功家族である阪谷芳郎の家庭教育を研究し、華族社会の家庭教育に関する研究の幅を広げてみたい。同時に本研究は経済学の第一人者であり政治家や実業家として明治期・大正期に活躍した一人である阪谷芳郎の新たな一面を読み取る目的もある。

阪谷芳郎は文久三（一八六三）年一月一六日に備中国後月郡西江原村（現岡山県井原市）に興譲館主宰の儒学者阪谷朗廬*1の四男として生まれる。母は恭《きょう》、兄の禮之介、次雄、達三、弟の時作の五人兄弟である。人となりは穏和で人当たりがよく眉目秀麗、また真面目で謹厳実直な面もあったようだ*2。

明治元（一八六八）年、朗廬が広島藩に藩政顧問として招かれたため、一家は広島に移る。明治三年朗廬のみ東京に移り、翌年の廃藩置県により朗廬は広島藩を辞す、明治五年正月には一家も東京に移るが生活は困窮していた。同年四月より朗廬は明治政府に出仕する。

芳郎は明治六（一八七三）年に父の友人である箕作秋坪*3の私塾の三叉学舎*4に入り、明治九年東京英語学校に入学、明治一三年東京大学予備門を卒業する。明治一四（一八八一）年朗廬が亡くなる。明治一七年に芳郎は東京大学文学部を卒業し大蔵省に出仕、また専修学校*5や海軍主計学校で教鞭をとる。

明治二一（一八八八）年二月二六日芳郎は父と親しかった渋沢栄一の次女琴子と結婚した。このころ芳郎は会計法など財務に関する法律の整備に力を注いでいた。

明治二七（一八九四）年日清戦争が勃発し、芳郎は日清戦争およびその戦後処理の財政計画にあたった。明治三〇年には大蔵省主計局長となり、明治三二年には法学博士の称号を与えられ、明治三四年大蔵省総務長官にまでのぼった。

明治三七（一九〇四）年に日露戦争が起きるが、芳郎は大蔵次官と臨時煙草局製造準備局長や臨時国債整理局長を兼任し、軍事費の調達および戦後の財政処理を行う。明治三九年一月に第一次西園寺内閣の大蔵大臣となり、明治四〇（一九〇七）年には日露戦争の軍事費調達での功績が認められ男爵となる。明治四一年には大蔵大臣を辞任して大蔵省から去った。その後半年間外遊を行った。

明治四五年には東京市長となり、大正四（一九一五）年に辞職している。その後は貴族院議員となる。大日本平和協会など各種団体の役員として活躍し、多くの会長職に就いているという意味で「百会長」と称されたという*6。また渋沢系の会社の役員としても活躍した。昭和一六（一九四一）年に七八歳で亡くなるが、死の数日前にいままでの功績から子爵に叙せられた。

第二節　阪谷芳郎家の歴史

阪谷は子ども時代から学校の中で育ったといえる。家が漢学塾であったからである。家には数十人の塾生が寄宿しており、また朗廬を慕ってやってくる客も多く、その世話は恭の手で行われていた。決して裕福な塾ではなく、家には人が多いながらも使用人を多く雇うことはできなかったため、家事のほぼすべてを恭子が行うこととなったという。また恭は自分の子どもたちの勉強をみて、朗廬の留守には塾生の監督までしていた。芳郎も母親の苦労を感じて育ったようである*7。芳郎は、漢学者の息子として誕生したが、父親の朗廬は息子には儒学の基礎は学んでも、それ以上極めるよう求めなかった。むしろ、漢学は斜陽の学問であることを感じ取り、英語を修めるようにすすめたという*8。そこで、芳郎は三叉学舎に入門することになった。

明治五（一八七二）年阪谷一家が東京に来てから、続々と阪谷家の子どもたちが亡くなって、芳郎一人が残った。しかし、明治二〇（一八八七）年に亡くなった朗盧の次男である次雄にはすでに良之進と険次という息子がおり、良之進が本家を継いだ。芳郎家は阪谷朗盧家から分家したものである。

明治二一年に琴子と結婚し麹町平河町に家を構えたことが阪谷芳郎家の始まりである。琴子との結婚で渋沢家や義兄穂積陳重との交流が深まる。琴子と穂積歌子は栄一の前妻であるちよの娘であったため、とくに穂積家とは親しかった。阪谷家の実家は岡山であったが、すでに朗盧や兄弟も亡くなっており、東京における渋沢家と穂積家との親戚づきあいが非常に親密であったといえる。

明治二二年一月には母恭と亡くなった兄次雄の子どもたち＊9を引き取った。しかし、恭は芳郎の真面目な性格を窮屈に思い、明治三二年に一家が小石川区原町（現文京区）に転居する際にもとの西片町の家に良之進を連れて出た＊10。

明治二二年五月に長男の希一が生まれ、翌年五月には長女敏子が生まれ、新しい家ながら芳郎家は大所帯であったといえる。さらに明治二四年七月次女和子、翌二五年九月次男俊作が生まれる。明治二九（一八九六）年二月三女八重子、明治三〇年七月四女千重子、明治三四年九月五女總子が生まれ、芳郎は二男五女の父となった。芳郎は次々に子どもたちが生まれた時期において、日清戦争と日露戦争の財政計画などに携わっており、公私ともに充実した日々だったといえる。

明治四三（一九一〇）年三月長女敏子が堀切善次郎＊11と結婚、明治四四年四月次女和子が物理学者高嶺俊夫＊12と結婚して娘たちが次々に家を出る。また、大正五（一九一六）年三月には、東京帝国大学法科を卒業後日本銀行に勤めていた希一が三島彌太郎子爵の長女壽子《ひさこ》と結婚する。同年四月三女八重子が中村雄次郎男爵の嗣子貫之と結婚する。大正七年ごろ八重子夫婦は貫之が勤める横浜正金銀行の支店のあった上海に住んでおり、芳郎は中国視察の際に立ち寄っている。大正六年には芳郎の初の内孫である正子、翌七年に朗子が生まれ、同年長男希一は名古屋へ転勤となり希一一家は名古屋へ移り住む。大正九年には名古屋にて希一の継嗣である芳直が誕生する。

大正九（一九二〇）年一二月四女千重子が秋庭義清の弟で実業家の義衛＊13と結婚し長崎に住む。同年、希一は妻子を東京に残してロンドンへ転勤する。大正一〇年六月二二日敏子が病気で亡くなる。大正一一年一月には京都帝国大学文科を卒業した次男俊作が結婚する。相手は渋沢栄一の秘書だった故八十島徳親＊14の娘の文子で、夫婦は俊作が市立名古屋図書館館長として働くために名古屋に住んだ。

大正一二（一九二三）年九月一日の関東大震災により和子が亡くなる。病気で寝込んでいたところに大地震が発生し、そのために心臓麻痺を起こしたことが死亡の原因であった。

大正一二年一二月一四日、五女總子が伊藤長次郎＊15の嗣子熊三と結婚し、兵庫に移り住んだ。芳郎の子どもたちは、結婚後は自身のまた配偶者の仕事の都合などから、東京で暮らす者がなかった。また次女の和子の子どもたちは東京にいたが、「母の歿後数年餘、私共は「原町」のすぐ近くに住みながら御無沙汰の日々を送った＊16」というように、孫たちは母方の実家である阪谷家とは疎遠になっていた。

大正一三年に母恭は亡くなっている。

また同年には希一が日銀を退職し、関東庁に入り財務課長として旅順に赴任することとなり、希一一家は中国大陸へ渡った。希一は昭和四（一九二九）年拓務省勤務となりいったん日本に戻るも、昭和七年に満州国財務部に入りふたたび大陸へ渡る。

昭和六年四月には芳郎は脳溢血で倒れている。同年、義父である渋沢栄一が亡くなり、昭和一四（一九三九）年一〇月二六日琴子が亡くなった。

第三節　阪谷芳郎の家族

阪谷日記には阪谷芳郎の家族に対する言動や心情などを記していないために、その心のうちの細かいことまでは読み取れない。

しかし、芳郎の非常に家族思いの側面は、明治四一年に初めて欧米諸国を歴訪した際の絵葉書*17に表れている。この欧米諸国の訪問の際には、複数の有力者との面会もおこなわれている*18。この欧米諸国を訪問した明治四一年四月から一〇月までの間に家族に送られた約一五〇通もの絵葉書が残っている。概ね三日程度の間隔で、妻と子供たちあてにそれぞれに一枚ずつ書いている。ほとんどの絵葉書には切手も宛先住所もないため、家族宛のものはまとめて封筒に入れて送信していたとも考えられる。送信場所の観光地やホテルの絵葉書を使用しており、文章の内容はどこに到って、誰と会ったか、何を見たかという日記のようなものが大半である。また、まだ七歳であった總子にも、他の家族によろしく、学校に通っていますかなど、非常に簡単な内容であっても絵葉書を送っている。それも小さな子どもが喜びそうな海外の少女の絵葉書を使っていることもあり、子どもの年齢や好みに合わせて絵葉書を選んでいることを感じさせる。また、琴子などから手紙で子どもたちの様子の報告を受けていたのだろう。千重子が病気の際には「結腸ヲ早ク治スヨウニナサイマセ。マタ行状をヨクナサイマセ*19」と励ましの内容の言葉が送られている。このように、訪問地への移動や欧米人との社交で多忙であっても、芳郎は子どもたちの様子を把握して、細目に絵葉書を送信していたことがわかる。葉書の文章は短くとも、非常に父親の愛情を感じさせる資料である。

また、ともに外遊を行った大蔵官僚である森俊六郎*20が、以下のような阪谷の様子を書き残している。

大蔵省にその当時梅沢という属官がおりまして、（引用者略）海外に出られても、梅沢がお供をして身辺のことはみな担当しておったわけであります。（引用者略）

それから、ご家族との関係は、非常に円満なお方で、奥さんとの関係は勿論のこと、御母堂に対する孝心の厚いこと、またお子さん方に対する愛情のこまやかなこと、まことにこうもあるものかと思うくらいよく行き届いておられたのであります。これは梅沢からの話でありますが、子爵がアメリカイギリスあたりを旅行しておられる間に郷里から手紙が参る、お嬢さん方からの手紙が参りましたときには、涙を流してベッドの中で泣いて読んでおられたのを見たと申しておるくらいであります。＊21

上記の梅沢は明治四一年の外遊にも同行している。阪谷から子どもたちあての葉書によると、梅沢敬作により娘たちへの土産物のオルゴールなどの手配＊22がされていることがわかる。以上のように、周囲にいた様々な人から見ても、阪谷家の家族関係は円満であった。そして、芳郎が子どもたちに愛情深く接していたことがわかる。

さて、本題の日記についてである。たとえば、大正五（一九一六）年三月一三日の長男希一の結婚に際しても「希一三島寿子ト結婚ス」、大正六年一月二七日初の内孫である正子が生まれた際にも「寿子東京病院産科室ニテ女子ヲ産ス」とのみ記されている。娘たちの結婚に際しても、日記類には淡々と行事のみを記しているだけであるが、和子の結婚の際には、和子が通学した東京府立第二高等女学校へ寄付＊23などを行っている。

大正一〇（一九二一）年六月二二日に長女敏子が病気で亡くなった際も「午前零時半堀切ヨリ電話アリ琴子總子寛子＊24ト共ニ堀切敏子ヲ見舞フ午前六時終ニ死去ス」と淡々といつもと同様に日記をつけてい

る。しかし敏子の容体が悪化した大正一〇年五月三一日から亡くなった翌月二二日の間に「堀切敏子ノ病ヲ訪フ」などの短いが娘の病状を案じていることのわかる文章が一八回も見られ、日記には娘への心情について全く記載されてはいないが、二二日間にほとんど毎日見舞いをしていることから、敏子への愛情をうかがい知ることができる*25。

また関東大震災で次女高嶺和子が亡くなった際には、琴子と總子がもとより鎌倉で病気療養中だった和子の見舞いに出かけており、そのときの惨事の状況が仔細に記されていた。しかし、阪谷自身の悲しみの感情は日記の文章上に表わすことはなかった。それには、阪谷は『震災より得たる教訓』*26という複数の著名人による震災の記録集にも文章を寄せている。鎌倉のほうが地震の揺れが大きかったことを聞き「安否の知れる迄非常の心配でならなかつた」と、そして地震当日も翌日も鎌倉に使者を送って妻子の安否を確かめたと述べている*27。こちらも和子の死については、淡々と書かれているが、家族のために災害時にもできる限りのことをしようとしたことが伝わってくる。

最後に結婚した五女總子の結婚の際のみ、感想のような一文がある。特に末っ子であった總子は可愛かったようで、名前も芳郎自身で命名し、当時の役職である大蔵省総務長官にちなんでつけている*28。その總子の結婚式が京都ホテルでとりおこなわれた際、芳郎は京都に泊った。その大正一二(一九二三)年一二月一二日の日記には「俊作、千重子、總子、ト共ニ余夫婦同室ニ眠ル珍シキ事ナリ」と書いてある。子どもたちがみな結婚し、芳郎の手から離れることとなり、感慨深い何かがあったのだろうと想像できる。阪谷芳郎は日記魔といえるほどに日記をつけ続けた人物だが、彼は家族にとって大きな喜びや悲しみがあったはずの出来事であっても、そこで家族への思いを明確な文章で日記に書き残すことはなかった。

しかしながら、日記において几帳面につけられた来客や外出の記録からは、家族と過ごす時間を大切にしていたことが読み取れる。

次の表4・1は大正七（一九一八）年から大正九年の間に芳郎が家族と共にした行動を表にまとめたものである。

最も多い私的行事は主に家族での行楽となっている。一家は年末年始と夏休みには一週間から二週間ほど家族で大磯の別邸*29で休暇を過ごしており、すでに結婚して家を出た娘たちも孫を連れて大磯に来ている。また家族を伴っての観劇も毎月の恒例の行事であるようで主に帝国劇場*30に足を運んでいた。末娘の總子も一七歳となり大人たちと行動できる年齢になっていたので、同居している子どもは全員がほぼ欠けることなく参加している。しかし、夫婦だけでの外出はほとんどない。

一方、公的行事は妻の琴子と出かける場合が多い。これは媒酌人として結婚式に出席したり、葬式に参列したりすることが主立ったものである。また大正七年と八年および九年を比較すると、家族での公的行事への参加が大きく増加している。これは大正八年に長男である希一の配偶者である壽子の父である三島彌太郎*31が死亡したことや、芳郎の母である恭の米寿の祝いがあったためである。そして大正九年には義父である渋沢栄一の八〇歳の祝いや子爵への昇爵の祝い、また四女である千重子の結婚があったためである。このよう

表4・1　大正7年～大正9年の阪谷芳郎の家族との行動

■大正7年(1918)

	家族	妻	子ども
私的行事	34	0	6
公的行事	1	4	0
その他	4	3	5

■大正8年(1919)

	家族	妻	子ども
私的行事	35	0	1
公的行事	10	6	0
その他	6	3	0

■大正9年(1920)

	家族	妻	子ども
私的行事	32	1	1
公的行事	6	6	0
その他	7	5	2

※私的行事は家族(妻・子ども)とのプライベートな集まり、公的行事は冠婚葬祭や歓送迎会、その他は区別が判断しにくいもの(親類を交えての行楽、旅の見送り、見舞いなど)とする。家族とは妻と子ども(一人から)をともなった行動のことにした。

に近親関係での冠婚葬祭が多かったことが理由である。
一方で阪谷はこのころ毎日職場に通勤しなくてはならないような仕事についてはいなくとも、さまざまな財団法人や政府の委員会また渋沢系の企業経営に参加していた。このように阪谷は忙しい中でも、家族揃っての外出を非常に大切にしており、とくに毎月のように出かけていた観劇には以下のような目的があったと考えられる。

又幾ら温順なのがよい、社會に悪風があると云つた處で全くの世間見ずでは困る。例を挙げると彼の芝居の如きも悪弊があるからと云つて、頭から見物をさせないと云ふのも考へ物である。余は矢張り常識の涵養と云ふ點から芝居にも連れて行く、只其機会に觸れて、彼はあゝであるからいけない。之はかうであるからいけないと一々芝居そのものなり、又は見物の人々になりに就いて注意を与える。一利一害は物の免れないものであるから、害の處はこれを善用し、訓戒の材料として貰ひ度いと思ふ。*32

このように、学校教育だけでは養えない常識を学ばせるために、阪谷は家庭教育の一環として子どもたちを観劇に連れて出かけていたことがわかる。
また、琴子は芸術を愛好していた人物であった。中でも特に歌舞伎などの芝居の旧劇が好きだったという*33。阪谷家の恒例の観劇は琴子の趣味であることから、芳郎の妻への家族サービスという意味合いも大きかったと考えられる。

第四節　阪谷芳郎の家庭教育観—家庭教育と女子教育—

阪谷芳郎は、日記を残していたが、それは行動の忘備録といった内容であり、日々の心情を書き残してはいなかった。そのため、日記のみでは、その家庭教育観が読み取れない。さらに詳しい阪谷の家庭教育観をみるために、家庭教育に関する芳郎の言説を分析していきたい。

阪谷芳郎は、男女の教育や社会進出は、それぞれの事情が異なるとしており、男性は外、女性は内という性別役割について想定している。そのため、家庭教育の主な担当者は母である主婦であると考えている。

阪谷は男女には身体的構造や文化的な相違が三点あるとしている*34。一つは、身体的構造が異なり、男性は強壮に、女性は柔和にできていることである。そのため、体力も脳力も異なり、現状では女性は強度の肉体的労働にも知的労働にも耐えられないと考えている。ただし、女性でも労働者階級で肉体労働をしている者と、裕福な家庭に育った知的労働の男性では、肉体労働の女性の方が強壮だとは考えている。また、今後、学校教育が発展することで、女性も男性と同様の体力や知力を有する可能性も示唆している。二つめは、女性は他家に嫁ぐ必要があることである。女性は他家に嫁すように教育すべきで、嫁げば夫や舅姑に尽くし仕えねばならないことを教えて育てる必要があるとしている。三つめは、女性には子女の養育をする役割があることである。母乳は出産した女性のみが子供に与えることができ、そのうえ一般的には誰もが乳母を雇えるわけではない。そのために、子どもは一〇歳前後になるまで母と離れられない関係になると考えている。このように、身体的構造や文化的背景から女性は家庭内で家事や育児を行う役割を阪谷は想定していることが分かる。そのために男女で、仕事や役割を分担する必要があるとしている。

阪谷は、家庭教育の大きな問題として、明治維新以降の教育が、西洋風と日本風との折衷になり、各家庭の教育方針もどのように西洋風を受容し、日本風を維持するか、様々なため、日本全体で教育についての理念の大筋が一致していないことをとくに憂いでいた。そのために、とくに女性の教育がうまくいかず、昨今は女性の礼儀作法などが乱れているとも考えていた＊35。

阪谷は、女子の教育は両親が作った型にはめ込むように常にしつけていかなければならないと述べている。一方で、男子の教育のあり方は放任主義であるべきで、悪いところがあれば矯正していけばよいという。これは、阪谷が男性は社会に出て多くの人々と交際する中で精神が発達するが、女性は社会に出ないために心が狭くなる＊36、と考えていたことにも関係があると思われる。男性は家庭外の社会生活で揉まれて人間関係について自然と学習する。しかし、女性は家庭外で過ごす機会が少ないため人間関係について学習する機会がないということであろう。

阪谷は女子教育での最も重要なことは、将来どのような職業の夫にでも、どのような舅姑にでも仕えられるように育てなければならないこととしていた。当時、女性は、結婚して他家に嫁ぐことが当然だと考えられていたためである。すべての女性が主婦としての同様の教養を持つべきであり、社会は同一の意識をもっている必要があると考えていた。

阪谷は『中央公論』の婦人問題号内「予は余の娘（又は孫娘）に如何なる女たらんことを希望するか」という特集記事に文章を寄せている。

日本は二千五百年来家族制度の邦なり家族制度の下に在る婦人の心得は善く舅姑に事へて夫を輔け以て家政整頓の任に当るが第一なり然れども無学無識にては今日の時世に適せず是れ学校教育の必要ある所以なり尤も夫及舅姑たるもの婦を見ること奴婢の如くなるは誤れり主婦としての尊敬は充分に払はざるべからず要するに予は予の娘又は孫娘に対して相当の学識を具備し而して従順の性を失はず一家の経済と教育とを担当し一家の繁栄を補遺するの資格を保たしめんことを希望す。＊37

要するに、娘には旧来のように従順に家族に仕えられることに加えて、新しい時代、近代社会に適合した学識を持ち、家政と家庭教育を執り行える女性になって欲しいということである。これは、家庭教育を担当するのは女性であることが前提となっている。そして、その任務に対応できるような知識を得る場所としては、学校教育が考えられていることが示されている。当然、阪谷家の娘たちは、当時の上流階級の娘として、高等女学校に通学していた。

他にも、女子教育に関する発言として、阪谷は立教高等女学校の卒業式に言葉を送っている。これは、大正一〇年の卒業式に招待された際に、校長に対して、帝国議会に出席する可能性があり、卒業式には欠席になりそうなため、式において以下の言葉を伝えてほしい旨をしたためた手紙の下書きである。

欧州大戦後世界各国思想の動揺甚だしく往々過激危険に走り延て社会の秩序を乱すに至るもの有之其弊風多少我邦にも輸入感染の跡なきにあらす識者の憂ふる所有之候而して之れか矯正の途を求むるに重きを家庭の風紀におかさるへからすと存し候夫れ家庭は夫婦の愛又父母の慈兄弟姉妹の親より成り実に風教道徳の根浮たり而して家庭に於る主たる職責は母たり妻たる人の手中に在り故に女子の教育は風教道徳上最も重きを置かさるへからす（引用者略）今日卒業の諸子善く時声を鑑み社会の為大に尽す所あらんことを期せられんことを望む次第に候*38

これには、社会の秩序を正すには、まず家庭の風紀が大切であり、その風紀を整える責任は母親にあるということが述べられている。そして学校を卒業後に、そのような役割を果たすことを女学生たちに求めている。つまり、家庭教育に重要な役割を果たすのは、主婦であるということである。

阪谷が東京市長を辞職する前年の大正三（一九一四）年に『家庭の経済』が発行された。この本の出版の経緯は資料を欠いていてよくわからない。しかし、この本の編者菊池暁汀は一家の主人と主婦として熟読して、一家を長期に存続させていく知恵をつけてほしいと述べている＊39。菊池暁汀は大正元年にも阪谷芳郎『日本経済論』＊40の編者となっている。『日本経済論』は、菊池暁汀が編者として、阪谷により貸与された『亦足軒論策集』＊41や口述解説を参考に阪谷の思想を再編集した経済に関する市民向けの啓蒙書である。『家庭の経済』と『日本経済論』の構成や目次には異なる部分もあるが、その内容には重複する記述も見られるため、『家庭の経済』は『日本経済論』の再構成版であるともいえるであろう。

阪谷は一つ一つの家族の長期にわたる繁栄が、国家の長期にわたる繁栄の礎だと考えていた。『家庭の経済』や『日本経済論』には家庭での女性の役割と子どもの教育のあり方を述べている部分のも存在する。強く述べられていることのひとつとしては、西洋と日本の文化を比較しつつ、日本の国家の基盤は家族であり、家を富ませることは国を富ませることであるということである。

阪谷は、西洋人と比較して日本人は仕事に対しての尊敬の心が低く、そのためどのような分野の仕事に就いている人も、自分の仕事が効率的にできるか考えて働くことができないと述べている。つまり阪谷は西洋をみならい、効率的に仕事をして家を富ませ、さらに国家を富ませよと述べているのである。

また「日本臣民として此の萬世一系の天子を何處迄も奉戴することは、二千五百年の日本の萬世不易の善美なる制度であつて、此の精神を何處までも家庭に於いて植ゑ付けなければならぬのである。また家族を維持することを教へ＊42」るように努めなければならないと述べている。家族の維持とは夫婦の維持だけでなく、子どもを作り育てて、家族の再生産をしなければならぬということである。

この部分から、阪谷が天皇を頂点とした家族国家の思想を持っていたことがわかる。もうひとつは家庭での女性の役割と子どもの教育のあり方である。

阪谷によれば、「生まれて相當の年齢に達すれば、他に嫁し子女を育て、一生を終る、これを婦人の標準*43」としている。そして、一家に良妻賢母がいれば、一家は安泰と述べている。家庭の主体的な運営は女性にあるとして、良妻賢母を育てていかねば家が成り立っていかなくなるということである。

また「婦人が主として行ひを慎しみ、身を以て家庭を率ひて行くと云ふ考へを持たなければ、家庭は治まるものではない*44」という。そして女性が高尚になって、家を先導すれば、おのずと男性も高尚になっていくともいう。阪谷は家庭生活が楽しくないから家内に妾を呼ぶ男などが現れるのであって、女性が家庭生活を楽しいものにすれば、そのような乱れた男性はいなくなると考えていた。なぜか男性への非難の矛先を、女性にすり替えている。

しかし、一方で旧来的な女性の教育はやめて、女性も社会進出をすべきだと考えている。ここでの社会進出とは男性のような職業を持つことではなく、西洋の女性のように男性を助けて社交社会に進出せよというものである。社交社会というものは慈善事業を手掛ける女性のネットワークを作り上げよということである。

琴子は東京慈恵医院会（もと慈善婦人会）に入り慈善活動を行って、上野慈恵病院の総裁であった昭憲皇后から病院の常置幹事を任命されている。これには琴子の意思というよりも一族の意向という雰囲気もある。琴子だけでなく穂積歌子と栄一後妻の兼子も東京慈恵医院会に入会しており、彼女たちの名義での寄付だけでなく、栄一も多額の寄付をしていた。これは渋沢栄一の母親えいの慈悲深かった性格が一族に大きく影響しているといわれる*45。このように阪谷家では琴子が女性の社交社会を実践していた。阪谷のこの女性への役割の期待は、西洋の貴族にならって、皇室や華族の女性の役割として期待された慈善事業の参加が根底にはあるように考えられる。これを華族だけでなく中産階級にまで広げていくことが必要だと阪谷は感じていたのだろう。

ただ、第一次世界大戦中の大正五（一九一六）年に、フランス・パリにおいて連合国財政経済会議に出席以降は、女性が男性と同等に労働することの重要性も考えている。阪谷はイギリスやフランスなどの女性が、戦争中に出兵していった男性の代替として、炭鉱から銀行まで様々な職場で活躍している様子を視察している。日本の女性に同様の仕事ができるかといえば、職工のような仕事であれば可能だが、銀行員のような事務員の仕事はできない。それは日本の女子教育では、そこまでの教育がなされていないためだといっている。そして、日本が大戦に参戦するようなことがあった際に、このままの女子教育では、国内の経済が滞ると憂慮している*46。おそらく、男性と同レベルとまではいかずとも、現状よりも高度な教育を行わねば、日本が有事において万事に対応できる国家に成長しないと考えていたのだろう。

阪谷の「婦人の道徳」*47によれば、女性は良妻賢母になるべきであり、良妻賢母があれば家庭も国家も平和であるという。そして、女性が良妻賢母になる日々の心得を説いており、女子教育のポイントとして五つを挙げている。①言葉を慎む。②賤しいものを見せない（小説、落語、ゴシップ記事など）。③夜は一人で外出させたり、男性と二人きりにさせたりしない。④俳優などのファンにさせない。⑤女性は芸妓や妾娼を無視して付き合わないようにするというものである。

①から④の場合は、個人の家庭教育である。

①言葉を慎むことの具体的内容には、言葉遣いが乱れていることや、女性として憚るべき肉体の話題を気軽に会話にすることを問題視していることがあげられている。

②賤しいものを見せないことは、女性が賤しい娯楽に親しんでいると、女性の品位が落ち、価値が落ちるということである。さらに女性が高尚な娯楽を好めば、下賤な文化は淘汰されていくことに繋がるという。しかし、阪谷は、低俗な文化を世に提供しているのは基本的には女性ではないことは考慮していない。主に男性の興行主や雑誌編集者などが提供しているのであり、多くの女性がそれを忌避しようとも解決す

ることは限らない。

③夜間の一人での外出や、男性と二人きりになることを慎むことは、西洋の上流社会でも慎むべき行為であるため、日本でも同様に慎むべきであるということである。

④俳優などのファンにさせない。これは俳優をもてはやさず、バザーなどで遭遇しても騒ぎ立てないことや、贔屓の俳優のグッズ*48を購入したり身につけたりしないこと、ファンレターを書かないことなどである。一般的に女性が、男性に手紙を出すことは慎むべきことであるとしている。さらに、俳優とは近代以前は卑しむべき職業であったことを忘れるべきではないとしている。

①で芳郎は法的に芸妓や妾娼を法的に処罰し根絶するということまで言っている。⑤は廃娼運動であり、家庭教育にはとどまらない社会運動*49である。これが同一の問題として語られているのには理由がある。芳郎は子どもを育てている家庭には清浄な空気がなければならないと考えていた。当然、一家の主が芸妓や妾娼を好んでいれば、家庭は清浄な雰囲気にはならない。そのような清浄ではない雰囲気が出る根源として、芸妓や妾娼を廃絶しようと考えたのであろう。

阪谷なりに社会が持つべき意識を五つ提示したのだろう。しかし、阪谷の問題点として、女性教育のポイントとして廃娼運動をとりあげておきながら、その部分の知識が非常に浅いことである。売春婦について道徳問題として切り込み、立ち直った人でさえ排斥して交際するべきではないと説いているが、売春の背景には貧困という経済問題があることからは目を背けている。

阪谷は真面目な人物であって女性問題をおこすような人物ではなかったため、芸妓や妾娼の悲哀には実際に触れることはなかったのではないかとも考えられる。有馬頼寧と比較すると、有馬は昭和二年に娘たちと旅行した際には「いやしい職業だといふても、それは其人の罪ではない」*50と芸妓を見せており、その理由は偏見や差別の目を取り除くためだという。そこには妻が愛人や妾の面倒を見る事が華族社会および武家社会の習慣があったためで、結婚すれば娘たちにもそのような妻の役割が期待されるようになる可能性があるために、芸者を見せるというのも有馬なりの教育だったとも考えられる*[51]。

しかし、渋沢家には大内くにという栄一の妾がいたことがあり、くには栄一との関係の解消後も渋沢家や穂積家に出入りしていた。また栄一の後妻である兼子も家の没落のために芸妓になり、渋沢と出会ったという経緯がある。元芸妓や元妾娼と付き合わずに渋沢一族として生活ができるわけがなかった。実際に阪谷がくにと兼子の二人を嫌っていたか、資料を欠いており不明であるが、阪谷家と渋沢家の実態からは矛盾している。しかし、芳郎は今までは日本の習慣上、芸妓から立派な細君になることは問題がなかったため、元芸妓の細君との交際を斥けることはできないが、これからは、元芸妓の細君が新しく誕生しても交際を避けるべきであり、芸妓等に親しむ男性との交際もすべきではないといっている*[52]。一応は阪谷の家庭の状況に矛盾を見せない罪刑法定主義のような考え方をしている。

阪谷は社会を改善するには、女性の力も欠かせない、とくに女性が下品なものを好まないことが大切だと考えていた。

さて、芳郎は、家庭教育で西洋に見習うべき点として、子どもの独立心を育てるということも考えていた。西洋の若者には独立心があるが、日本にはないとして、阪谷は日本の親たちは、子どもを大切に扱いすぎるため、子どもには依頼心が強くなると考えている*[53]。それを回避するには、子どもを甘やかさず、大人と子供の区別をするべきだとしている。この区別の方法とは、具体的には衣類や食事のことであり、大人と比べて子どもには質素な生活をさせることを想定している*[54]。

これは阪谷だけの考えではなく、妻琴子の姉の婚家である穂積家でも実践されていたようである。穂積重行によれば、穂積家の子どもは普段は子ども部屋で食事をしており、親子なかは緊密であるが、大人と子どもの区別があり、これは陳重が洋行でみたアッパー・ミドルの生態を採用したとしている*[55]。子どもの教育について阪谷家が穂積家を参考にしていたことは大いにあるだろう。しかし、日本の大名華族の家では旧来から食事は子どもだけで取ることは西洋の方法を採用しなくても行われていたことである。穂積家や阪谷家では、同様の日本の伝統ではなく、西洋の文化を参考にして大人と子どもの区別のある家庭教育で子どもの自立心を育て、将来の職業意識に役立てさせようと考えていた。

しかし、ただ西洋式の家庭教育のみがいいとも考えていない。家庭教育で重要なのは、徳育であり、家族制度の精神の源流となる孝道を教えることだとしている。父母に孝行をすることが大切だと考えられるように育てることが、家を重んじる精神になる。そして、家を維持していくことが、国家を維持していくことにつながるためだとしている*56。

阪谷は、どのような和洋折衷の家庭教育がいいかと考えていたかといえば、旧来の儒教的な思想である親孝行の思想を核として、西洋の家庭教育で重視される子どもの独立心を育てようということである。それは、家を富ませ、国家を富ませることにつながると考えていたのであろう。家庭は子どもの教育が始まる場所である。阪谷は、子どもの徳育の基礎をつくるには、家庭が重要な場所であることを理解していた。

これらからわかることは、阪谷にとって家庭教育は、子どもの母親が主婦として担うべきものであるということだ。阪谷にとって家庭は、女性が主に活動する場所であると同時に、その場所は夫である男性や家族にとって快適であるように整えるべき場でもあるということである。いわゆる良妻賢母主義である。さらに、家庭を清浄に営むことが、社会をも清浄にすると考えている。家庭内が、清浄で居心地のいい場所であれば、男性が醜悪で下品な趣味を持たないということにつながると考えていたためである。そのため、家庭を運営する女性の教育が重要であると考えていることがわかる。そのような家庭を整えられる女性を養成するために女子教育が大切だと考えていた。そして、東洋的な、儒教の教えである両親を大切に尊敬する心を子どもに根付かせ、さらに西洋式に独立心を養わせることが、家を存続し、さらに国家を維持し富ませることにつながると考えていた。

阪谷は以上のように、家庭教育を考えていた。しかし、阪谷は国家の第一線で働いてきた多忙な人物であり、家庭を顧みて特別に何かすることは難しく、家庭のことは琴子に任せてきたようである。

第五節　阪谷希一の日記にみる阪谷芳郎家の家庭教育

さて、家庭における女子教育についてては、文章などを残している阪谷芳郎であるが、男子教育についての資料はそれほど残っていない。一般論として家庭教育や学校教育について述べたもののなかに、とくに男子教育とは書かずとも、男性を中心に述べていた文章がある可能性もある。

実際に、阪谷芳郎家の家庭教育を、嫡子である阪谷希一に関する文書から見ていきたい。

希一は明治二二年に生まれ、日本銀行から植民地官僚に転身し、満州国政府や南満州鉄道、中国聯合準備銀行などで活躍した人物である。希一が誕生したころの阪谷家はまだ華族ではなかったが、渋沢栄一の一族であり、明治末期ごろより登場し始めた新中間層よりも、さらに上位の階層の出身であったといえる。

本稿では、阪谷希一の日記を用いて、彼と同じように旧制高等学校から帝国大学へ進学し、その後高級官僚などを目指したエリートの卵たちが、学校のカリキュラム外、とくに家庭との関わり家庭教育のなかでどのような学習をして、人間形成をしていたのかを明らかにしたいと考える。

とくに近代におけるエリートや上流階級の家庭は、都会に生活し金銭的な余裕を持ち、子どもの教育に関する選択肢を、はじめて現代の家庭と同様に有した階層である。家庭教育の歴史的流れを見るためにも、過去のエリート、上流階級の家庭教育についての研究が重要であると考えてきた。とくに昭和戦前期までの時代において、生まれた家の経済資本、文化資本、社会関係資本によって、子どもの進学や職業選択など将来のルートなどがほぼ決定してしまっており、家庭教育には注目する必要性がある。

戦前において、高等学校の入学者は中流以上の家庭の出身者がほとんどで、一部貧困層にも制度的には開放されていたという状態であった。とくに、士族階級は、全人口のうち、五%ほどだったが、高等学校の進学者の出身階級のうち二〇%を大きく下回ることはなかったといわれる*57。士族階級の学校進学は相対的に非常に有利な状態にあったといえる。また子どもは家を存続させる人的資材だともいわれる。親は当然文化的再生産、社会的再生産を目指して、子どもの職業の維持や上昇などのための教育を施したと考えられる。そして、近代以降は、それに関わってくる子どもの学校選択について、親の意識や経済力が強く関係していることは明白である。

これまで、家庭教育の研究といえば法律で少年といわれる年代の子どもの家庭教育の研究がほとんどであった。一七、一八歳以上から二四、二五歳程度の青年後期*58といわれる世代の若者たちが、どのように家庭との関係を持ち、それを通してどのような学習をしていたか、今までほとんど研究されてきたことはない*59。また、旧制高校で学ぶ青年たちと、家庭がどのようにかかわっていたかを明かにした研究はない*60。しかしながら、幅広い年代における家庭での教育のあり方、また子どもが進学のために家を離れて暮らす家庭の教育のあり方についての歴史を学ぶことは、これからますます重要な事柄である。なぜなら、今後家族や家庭の形態が多様化していくであろうことや、平成十八年の教育基本法改正から行政が家庭教育を支援するということからも、これからの家庭の在り方と家庭教育を深く考えるためにも本研究は重要な材料となるはずである。また、現阪谷家当主の阪谷綾子さんより、これまで未公開だった芳郎長男である希一の日記を含む史料に触れる貴重な機会をいただいた*61。この機会から、近代日本において上流階級であった阪谷家が、長男希一が青年後期となり家庭から離れていくなかで、どのように家庭教育

表4・2　阪谷希一の略歴表

西暦	和暦	
1889年	明治22年	5月　阪谷芳郎の長男として誕生
1907年	明治40年	東京高等師範学校付属中学校卒業、第二高等学校入学
1910年	明治43年	第二高等学校卒業、東京帝国大学法科入学
1914年	大正 3年	東京帝国大学法科卒業、日本銀行入行
1916年	大正 5年	結婚（三島弥太郎女寿子）
1924年	大正13年	関東庁 入庁
1929年	昭和 4年	拓務省大臣官房文書課長就任
1931年	昭和 6年	拓務省殖産局長心得就任
1932年	昭和 7年	満州国国務院総務庁次長就任
1934年	昭和 9年	満州国訪日特使首席随行員
1935年	昭和10年	満州中央銀行監事
1936年	昭和11年	南満州鉄道株式会社理事
1939年	昭和14年	中国聯合準備銀行顧問
1943年	昭和18年	貴族院議員
1951年	昭和26年	株式会社科学研究所社長
1952年	昭和27年	株式会社科学研究所社長退任
1957年	昭和32年	11月　逝去

（参考）阪谷芳直『三代の系譜』みすず書房、1979年。阪谷綾子編『倜儻不羈の人 追悼・阪谷芳直』私家版、2003年

を行っていたかをあきらかにしたいと考えた。

まず、阪谷希一の略歴を紹介する。表４・２「阪谷希一の略歴表」も参考にされたい。

希一の母、琴子は実業家の渋沢栄一の娘である。また、琴子の姉の歌子は穂積陳重の妻であった。その後、希一には一人の弟と六人の妹が生まれ、八人兄弟姉妹の仲で成長した。また穂積家と阪谷家の子どもたちは頻繁に行き来をして、兄弟のように育った。

希一は東京高等師範付属小学校と中学校を卒業しているが、これは穂積家からの影響が大きかったようだ。穂積家は息子たちの中学校として東京高等師範学校附属を選択しており、それに倣うように、阪谷家も希一とその弟の俊作を高等師範学校附属小

中学校に入学させている。男子の学校選択について穂積家を参考にしていたことが考えられる。琴子は十二歳前後という早さで母親を亡くしており、七歳年上の歌子は母親代わりであったといわれる。歌子は結婚後も渋沢邸の中に暮らして、幼い妹と弟の養育にかかわっていた。おそらく琴子にとって歌子は女性として、母親としてのロールモデルでもあった。このような事柄から、穂積家の教育は阪谷家の教育の模範となっていたことが読み取れる。また東京高等師範附属小中学校は、日本に於ける最先端の授業方法を実践する研究の場であり、全国の男児小中学校の模範校であった。穂積家の影響もあったとはいえ、早い段階から、意図的に学校選択をしており、子どもの教育に大きな関心を払っていたことは明確である。

希一は高等学校の進学において、第一希望である東京の第一高等学校へは入れず、第二志望である仙台の第二高等学校（以下、二高）へ入学した。学科は一部甲科、つまり法学文学系英語科であった。希一は受験の際、一高に合格するものと思っていて、二高にしか合格しなかったことは不本意だったようである*62。当時、二高にはすでに一学年上に従兄穂積真六郎が在籍していた。阪谷家では、当時の高等学校の生活や、仙台や二高での生活についても、穂積家を通じてさまざまな情報が獲得されていた。希一の入学した当時の二高には一応、明善寮という学校の寄宿舎はあったが、学生数に対して部屋数は足りず、真六郎と二人で村松という家に下宿していた。

二高卒業後の希一は、東京帝国大学法科に入る。東京大学在学中に高等文官試験に合格していたが、大蔵官僚であった父親とは異なる道を進み、日本銀行から植民地官僚として満州国政府や南満州鉄道、中国聯合準備銀行などで働いた。就職先は異なるが、父親と同様に経済のエキスパートとして社会で活躍した。

阪谷希一
（大正3年撮影）

さて、阪谷芳郎が家庭と経済の関係について述べた『実用家庭の経済』が大正三年に出版されたことは前節ですでにふれている。そのなかで、教育について学校偏重の傾向があることに危機感を持っており、子どもの教育において家庭教育は非常に重要であるとしている。なぜなら、子どもは一日のうちで、学校で過ごすよりも長時間を家庭で過ごして、親が常にさまざまなしつけを行っているからであるとしている。そして、学校で授業を受けるだけでは、人間の性質ができてこないとしている。人間の性質とは、性格や道徳心を含む精神性のことであろう。男子は放任主義で育て、長所を自由に伸ばし、短所を矯正するくらいでよいとしている。また、西洋諸国の子育てのよいところは見習うべきだとも考えていた。子どもと大人が食事を別に摂ったり、列車の座席の等級を別にしたりなど、一部の生活場面を区別することで、子どもに自立を促すことも大切だとしている。そして、日本古来の五教の精神をもって、老親を大切にして、一家を担っていくという精神を持つ子どもたちを育てることが、ひいては国家を維持していくことにつながるとしている。

これは、阪谷が元官僚であり、政治家であったため、公人として国家を形成するための家庭教育の考え方であるともいえる。それぞれの家庭が家という最小単位の社会を維持していくことで、家がまとまってできている国家を維持していく。家族国家の維持には家庭教育が重要であると考えていた。

実際に芳郎家の家庭教育は、父親の芳郎は非常に多忙であったため、母親である琴子が担っていたようである。しかしながら、当時の上流の家庭であり、家内には女中などの家族同様の使用人という大人たちもいた。また親類縁者の若者なども書生として一家の一員として暮らしていた。琴子による書生たちへの教育的配慮は素晴らしいものだったと、琴子の追悼記『しのぶのつゆ』において元書生たちの文章がつづられている。琴子は、穂積歌子の家庭を参考にしながら、使用人や書生らの手を借り、家事や子育てを行っていたことがわかる。

また、大学入学後の話ではあるが、希一と二高同窓の鈴木康道は、大学進学後も希一と親交があった。

鈴木は「大学に入つてからは時々井上準之助邸で逢つたことがある、（引用者中略）阪谷君の父君は井上氏の先輩として息子の指導を依頼されたらしく、時々井上邸に行かれたので、そこで種々話合つたりした、特に面白い事に井上さんは恩人の息子として阪谷君を大変丁寧に扱つていた。田舎出の私はこれを非常に羨しがつた＊63」と記している。

希一が大学生であった明治四三年ごろは井上が横浜正金銀行役員や大蔵省事務次官をつとめていた時期にあたる。大学時代に社会で一流の活躍をみせる人物に指導を仰ぎ、特別に目をかけられることは、父芳郎の人間関係によることは明白である。

親の人間関係を通して、親以外にも身近に、模範的な人物と交流することも、若者が思慮深く将来の進路を選択することにもつながったはずである。このように、阪谷家は人間関係いわゆる社会関係資本を活用した子育てを行っていた。

さて、阪谷希一の日記を見ていきたい。

希一が本格的に日記を付け始めたのは、二高進学後からのようである。少年期や青年期の日記は、高等師範学校付属小学校時代の夏休みの日記などが少し残っているだけで、大学時代の日記などは残っていない＊64。

希一は日記を書き始めるいきさつを、母親琴子宛ての手紙にしたためている。

不破先生が諄々として日記の必要を説明なさるのでかかなければならなくなったので御座ります　大抵一週間ぐらひに御送り致しますから俊作にでも御命じになって、閉させておいていただきとう御座ります＊65

手紙には二高の歴史科主任教授である不破信一郎*66に勧められて日記を書くことになり、書いたものを一週間ごとくらいに送付するので、弟俊作に綴じてもらいたいとある。不破は二高の教員というだけでなく、希一の仙台においての身元保証人でもあった人物である。阪谷家が不破に、希一の仙台での身元保証人や下宿生活の監督を依頼しており、阪谷家からの仕送りが不破に預けられて、週に一度ほどの面会が行われていた*67。

不破がなぜ希一に日記の執筆を勧めたかは、資料を欠いていてわからない。また、不破が日記を家庭に送ることを提案したのか、希一が自主的に東京の家族へ送ったのか、その経緯も不明である。しかし、不破が日記を書くことについて、なんらかの教育的意義を感じていたことは間違いない。

当時、青年が日記を付けることについて、どのように考えられていたのか。

小学校の国語教科書にも、日記の書き方の見本文章が掲載されており、日記を書くことの重要性が認識されていたことがわかる。しかしながら、教育現場で日記指導がなぜ重要かということについては、それを取り入れていた教師にとっても、文章技術向上のための国語教育の延長という意味でしか説明ができない部分もあったといわれる*68。また日記は生徒の生活を規律正しくし、生活指導の道具として利用できることが発見されたといわれる*69。教師は生徒に日記を提出させることで、日々の生活の把握と指導をすることができた。

また、明治から昭和にかけて活動した社会教育家の山本滝之助は日記について、『青年修養着手の個所』*70で以下のように述べる。日記をつけることは、後日の参考になること、文章が上手になることなどの利益があり、それは青年の意力を養う働きにつながる。日記のつけ方としては、その日の出来事や感想だけでなく、前夜に明日の仕事や予定を考えて書きつけておくことが大切だとしている。今日の行動が、前日の日記の予定に伴っているか、自ら評価することで意力が養われるとしている。

青年において日記は文章技術の向上と、日々の内省を促すものと捉えられていたようである。学校教育における日記の執筆よりも、さらに自律的に、青年が文章や生活態度を自ら評価、向上させるための学習の機会であった。

不破もすでに高等学校の学生となっている希一に、日記の添削をするとは言わなかったようである。当然、自主的に学習行為に取り組める自律的な能力があると考えられていたのだろう。さらにその自律性を向上させるための学習の機会として希一に日記の執筆を勧めたのだろうと推測する。

この「阪谷希一日記」＊71（以下、希一日記）は、大きな二つの特徴がある。①公開日記（家族宛に送付）②授業期間内のみの日記ということである。

先にも述べたが、希一日記は手紙などとともに、家族宛に発送がなされていた。また日記は、基本的に仙台にいる授業期間内にしか書かれていない。例外的に、家族のイベントなどで一時的に授業期間に帰郷している間の日記は書かれているが、学期間の長期休暇で東京に滞在している間の日記はない。

ここから、希一日記には、個人の忘備録や日々の雑感を書き留めるだけの日記でなく、仙台での生活状況を東京の家族へ知らせる日報という意味もあることがわかってくる。ただし、希一の日記を見ていると、その筆跡から、毎日ではなく、数日間まとめて日記を書いていると感じられる部分もたびたび見受けられる。

また三年次は多忙なのか、一年～二年次よりも日記の記述が非常に簡素なものになっている。

まず、一日の日記に書かれていることは、おおむね以下の通りのことである。①日付、天気、祝日名、②起床時間、③学校生活、授業について、④放課後の過ごし方、友人との遊びや部活動、⑤帰宅後の過ごし方、友人との遊びや予習復習、読書について、⑥就寝時間である。この順序で文章が構成されることが定型化している。

高等小学校用の教科書などに書かれている日記の凡例にも多く見られる日記の体系であるといえる。ただし日記は日によって、簡素な記載もあれば、学校行事や友人たちとの外出について、事柄を詳細に書いたり、詩情豊かな文章を作ったりすることもあった。

さて明治末期に子どもを高等学校に通わせるとはどういうことだったのだろうか。

経済的な側面を見ていきたい。第二高等学校の授業料は、年間で三〇円だったようだ。そのほかにも、学生の会である尚志会の会費や部活動の関係の出費もあった。また第二高等学校には寄宿寮はあったが、全員が入寮できる規模で整備されていなかった。そのため、希一は真六郎と村松という家の下宿に入っていた。その下宿費用は、風呂の世話代も含めて一人約一二円であった*72。また、牛乳代や新聞代、部屋で火を使うための木炭代なども必要だった。そのためにはだいたい一五円ほどかかっていた。また、友人との交際などのために小遣いも二〜五円ほど必要であり、生活費として月に二〇円ほど必要であった。希一が一年間仙台で高校生活を送るためにおよそ二五〇円かかっていた計算となる。「さて今月の御払申上し故早速御送金なさるやう母上様に御願下され度し　一金拾二円五十銭　五月分下宿料（引用者略）計二十円八十八銭也*73」というように、希一は淡々と二〇円ほど送ってほしいと書いている。また同じ手紙には、同じ下宿の人などを招いて卒業のお別れ会を西洋料理店で開きたいので一人一円五〇銭、計四円五〇銭の費用を出して欲しいことが書かれている*74。この当時の新任の小学校訓導は月給が一六円であり、女中といわれる家政使用人であれば月給は一〜二円であった。このことから、希一が仙台において非常に金銭的に豊かな高校生活を送っていたことがわかる*75。

その他にも下宿に風呂場を作ったり、部屋の襖などの修繕をしたりという出費もあった。さらに阪谷家からは下宿先や身元引受人にも盆暮れの贈答品などが送られていた。

明治末期から登場し始めた新中間層と呼ばれる階層の所得水準は、非常に大きな差はあるが、五〇〇〜

五、〇〇〇円であった。希一の入学当時、芳郎は大蔵大臣をしており、その年俸は六、〇〇〇円であった*76。また東京帝国大学の教授だった穂積陳重の年収はおそらく二、〇〇〇円であった。穂積・阪谷両家共に子どもが多かったとはいえ、子どもの教育資金の捻出に大変な苦労をすることはなかったものと考えられる。また、生活費が不足すれば、渋沢栄一からの支援も望むことが出来たと考えられる*77。

しかし、新中間層のなかでも所得が五〇〇円ほどの家庭には一人の子どもの教育費に年間二五〇円も支出することはできなかっただろう。家族の経済的な援助がなければ進学もかなわなかった。第二高等学校には一応、明善寮という寄宿寮があった*78。明善寮の寮費は一か月一円二〇銭であった。

希一と同じ柔道部員の前田亀千代は、生家が貧乏であり、親類にも進学を反対されていた。そのため学費を工面するために、知り合いの出版社へ随筆などを寄稿し一五円の収入を得ていた。三年次には学費の工面がままならず、一時退学を考えるほどであった*79。また、希一とともにボート部の一員であった柏田忠一は、田舎の畑を売り払い、二高伝統の各部ボート対抗競争のための練習合宿の費用を捻出した*80。

二高の中には、希一のように経済的に豊かではない学生もいた。このように、家族の経済基盤が強固だったことで、希一がのびのびと学校生活や友人との交流ができたことは明らかである。

また、希一と阪谷家の人間関係が、希一の仙台における学校生活を支えていた。

希一には一学年上の穂積真六郎という従兄がいた。真六郎は他家の人間ではあるが、穂積家と阪谷家の母親は密接な姉妹の関係を持っており、いとこ同士は兄弟も同然であった。真六郎は一年早く仙台での生活を開始しており、希一は真六郎とともに村松という下宿で暮らすこととなる。希一にとって真六郎は仙台での生活のアドバイザーである。そして阪谷芳郎夫妻にとって穂積陳重夫妻は子どもを仙台に寄宿させることについてのアドバイザーであったことがうかがえる。仙台で寄宿先を探したり、世話役*81を探したりすることに対して阪谷家は穂積家から情報などの支援があったと考えられる。

阪谷家と穂積家の教育に関する連携は、人間関係が原資となっており、いわゆる社会関係資本の活用である。また、ただ単に人間関係というだけでなく、そこには血縁、家族としての繋がりがあり、渋沢栄一の大家族内の家庭教育であるともいえる。

また、希一と真六郎の下宿に仙台専売局の富沢充がしばしばやってくる。彼はもともと穂積家で書生をしていた。また、大蔵省の役人でもあり、芳郎とも繋がりがある人物である。「昨夜富沢さんが来訪せられゴムガシ二箱御土産に下さった＊[82]」、「富沢さんよりシチウーを重箱詰にしておくりとどけられた＊[83]」、「富沢氏御来訪御家もいよいよ北三番町にきまったとのこと、御家族も昨夜来仙せられたるよし僕等の所から五、六町しかない日曜日などには遊びに上がるつもりだ＊[84]」などと、しばしば富沢から料理や菓子などを差し入れがあること、また富沢家へ遊びに行くことも気楽な様子で日記に書かれている。

ほかにも仙台税務監督局長の楠正篤など、芳郎や穂積陳重の関係者などで仙台に赴任している人物や立ち寄った人物が希一や真六郎と交流をして、しばしば彼らの様子を見ていることがわかる。また地元の警察署長に、芳郎からの手紙を託されて、あいさつに上がるなど、地元の名士との結びつきもあった。非常事態などには、仙台において学校関係者以外にも頼ることの出来る人物が数名いたと考えられる。これはおそらく一般の家庭ではできない、大蔵大臣をつとめた阪谷芳郎の息子、大財閥の祖である渋沢栄一の孫であったからこそできたことである。

希一の学生生活や青少年期の成長を支えたものの一つに家族のもつ人間関係がある。親などが人間関係を活用して行う子どもの教育は、家庭の持つ教育力のひとつであるとして、家庭教育にとって重要なものと捉えてもよいのではないかと考える。また、阪谷家や穂積家などに出入りする優秀な青年たちと付き合うことは、父親以外の人生のロールモデルにも多く触れる機会があったということである。

当時は現代のような情報技術はなく、さまざまな情報を簡単に入手することができる社会ではなかった。人間関係から入手できるさまざまな情報は、親が子供の教育を考えるにあたり非常に重要なものであっただろう。

さて、日報の意味を持つ阪谷希一日記であるが、日記を家に送ることと家庭教育の繋がりを見ていきたい。

希一により日記の管理を指名されたのは弟の俊作であったが、母親の琴子も希一日記を一通り読んでいたようである。希一は仙台における最初の冬はスケートに夢中になっていた。そのようなときに、琴子は「いつもいつも氷すべりばかりなさる様に思われます。決つして其様な心配はなき事ならんとは思ひますが、学校の成績にさわる様ではもならず又とんだけがなどなす事のない様よくよくご注意願ひます＊85」と手紙を送っている。希一の日記には毎日スケートをしている様子があるので、琴子は成績不振や、怪我の心配をしている。ただ、希一は手紙にある母親の心配する気持ちを特段気にする様子は見受けられず、日々友人とスケートを楽しんでいた。

母親は日記や手紙を読んで、仙台での日々の生活を心配し、ときに必要な物資を送っている。また柔道の稽古や一時的に寄宿した学校の寮である明善寮での生活で体調を崩さないか心配している様子がある。

また、「二十一日官邸にて授爵の祝ひを致し皆様に御出ねかひ候間其御地にても不破先生に御相談願ひ先生と真六郎さん外二三名にても其地少ハよき西洋料理屋へでも御招き申事に致度候＊86」と父芳郎が授爵した際の祝賀会が行われる日には、仙台でも親しい人を招いて食事をするように勧めている。

このような、家族の祝い事、たとえば祖母恭の喜寿の祝い、妹敏子の結婚披露宴には、仙台でも評判だったという西洋料理店のブラザー軒で、友人や後見人となっている教師など数人招いて食事会をしている。これも東京の母親の指示や許可を受けてのものであった。このように遠く離れていて、本来の行事には参加できない代わりに、仙台の地で家族の行事を祝っていた。遠く離れていても、家族の一員として大切にされていたことが分かる。

仙台でも希一の恩師や友人を家族の祝いの宴などに招いていることは、希一の周辺の人物を家族ぐるみで大切にしているということでもある。大蔵大臣を務めた阪谷芳郎の家族の行事に招待されることは、おそらく非常に名誉なことであったと考えられる。祝賀会などへの招待は希一や琴子の計らいであっても、やはり希一の友人が芳郎にその存在を認められ大切にされているということにつながる行為である。希一の周辺の人物は、希一個人の人間関係だけでなく、阪谷家という家単位の人間関係に組み込まれたともいえる。また親が子どもの人間関係を大切にしていたこともわかる。琴子は、身元保証人である不破への季節ごとの贈答品などは、その妻子用の品も用意して、非常に丁寧な配慮をしていた。親は子どものために、人間関係を非常に良好なものにするべく活動をしていたことがわかる。

さて日記では、妹や弟たちからも仙台へさまざまな小包の差し入れが行われていたことも分かる。日記には小包が届いたときの喜びがしばしば書かれる。

家より小包がきてゐた。縁側でたのしみにしがならあけたらぼんたん也。美事な柿やぶどうや八重ちゃん千重ちゃん総ちゃんらの美味しいチョコレツトやらカンズメ、タイデンプ等沢山でてきた。出すときは実にたのしみなものだ。

（引用者略）僕らはまるで鈴久（成金の親玉）見たやうだ。小包の着た当座の景気はすばらしいとこのまにはカンズメ、御菓子ばこ、ぼんたん、かきうづたかくつまれる。一週間もするとかげかたちもなくなる殊に早くなくなることのあるのは連合軍の来襲を受けるときさ、五、六人もこやうものなら一夜で旅順開城だ。＊87

以上のように、俊作以外の家族も読者として想定しているのか、妹たちを楽しませよう、喜ばせようという意図を感じさせる文章を書いている。このほかに妹たちには礼状も書いていた。そして、手紙では小包に入れてほしいものもリクエストしている。

先日真六郎様より私あてにて小包まゐり候時チーズ有之誠に美味しくいただきました。生意気な様ですが僕も高嶺もチーズは大好物故次回小包のときは他のものは省略して之を願ひ度く存じ候。小さき西洋菓子、シャレタビスケットは高価に比して私々は有難くないから安くて量の多いものにして頂戴い。*88

このように、妹たちには食料を頼み、具体的にチーズが欲しいことや、洒落た高価な菓子よりも量があるものが欲しいと書いている。この手紙により妹たちは若い男性の食料は、質以上に量が大切であると学んだであろう。また、弟俊作にはや「グラドストーン言行録（近頃発行になったのだ）を送ってください*89」や「又々面倒を相かけ候が思想小史（京都帝国大学法科大学教授岡村司著）を御送付下され度く候*90」などと手紙を送っている。弟には書籍の関連のものを頼んでいる。まだ中学生であった弟は高校生がどのような本を読み学習しているかを垣間見ることになったであろう。女性には食料、男性には書籍を依頼しており、このことは、家政関係は女性、学生生活関係つまり職業関係は男性という性別役割の一端が垣間見える。

東京の家族からの小包の中には、当時日本では作られていなかったココアやウィスキーなども送られてきている。先述の前田亀千代は希一が自分の下宿の部屋に「当時としては仙台では手に入らない、銀紙包のチョコレートクリムを持ってきて、お茶を飲みながら＊91」種々の話をしたと記している。また「二年の夏休みに東京からウィスキー（キングジョージ）を持って帰り（引用者略）明治四十二、三年の頃で、誰もウィスキーを見たことが無いので、何ものならんと思案中」そして、そのまま薄めずに大量に飲んで酔っ払ったなどという思い出話もある＊92。上層階級の西洋文化の受容についての研究資料としても阪谷希一日記は価値のある日記といえる。このように、仙台は、希一の生まれ育った東京とまったく同じ生活とはいかないまでも、家からの金銭という仕送りだけでなく、嗜好品などを詰め込んだ小包という仕送りが併用されることで、東京の上流階級として慣れ親しんでいた生活文化が維持されていたことがわかる。

また、日記は、弟俊作に管理させており、希一には高校生活がどのようなものであるか、弟に伝えたいという気持ちもあったと推測できる。どのような授業があるか、予習復習について、また定期試験の様子など、高校の生活のリズムがわかるように日記は書かれている。そして、高校は東京にある第一高等学校に入学できず、地方の高等学校に進学したとしても、東京高等師範附属中学の同窓生のネットワークがあることもわかる。中学の同窓生らと日々活動する様子を知らせ、生活面や学習面で助け合うことの出来ることを知ることは、高校進学を控える若者には重要な情報だったはずである。

このように、弟に日記を読ませることで、兄から弟への高校生のあり方を、遠く離れていながら伝える、教えるということが行われていることがわかる。同じ家に住まなくても、兄弟間での相互学習、家庭教育が行われていることがわかる。弟の高校受験時には、すでに高校の卒業試験を終え帰京をしてよい期間にもかかわらず、気弱な弟が心配だといって仙台で入学試験を受ける弟とともに過ごす＊93など、希一は弟思いであった。

さらに、仙台がどのような場所であるか、元気に日々の生活をしている様子を家族に伝えたいと考えていたこともうかがえる。希一は、散歩などをした際には紀行文のように詩情豊かに日記を書くこともあった。仙台という東京からは遠い都市がどのような地域であるかも、日々暮らす者の視点に立って学ぶことができ、弟や妹の学習にも繋がっただろう。

そして、家族を気遣うためか、または自分の兄としての立場とそのプライドのためか、わからないが、実際には家を恋しいと思っていたのに、そのような気持ちは日記に表していなかった。それでも、二年目の日記には、新入生の高嶺昇*94の様子を見て、昨年の冬休みに自分が帰宅できることを指折り数えて楽しみにしていたことを思い出している。

　去年の此頃は指折り数へて帰京の日を待ったのだ。上野行のふだをかけて走る汽車を見ると心は汽車とともに飛んでいってしまふ、今年になるとさほど帰るのがうれしくもなひ、高嶺は大分うれしそうだ*95

希一の日記には、東京の家への恋しさなどはあまり語られてこなかったが、実際には入学後すぐの長期休暇を楽しみに待っていたことがわかる。ここから、希一が家を懐かしがる気持ちを抑制して日記を書いていたことが分かる。

家族を恋しいと思うことも、人間として精神的に大きく成長をするための一つの要素であるといえる。実際に、大名家などでは、男児を強く育てるために、家から離した場で生活をさせるという教育が行われていた。とくに希一のように裕福な家庭で女中などに囲まれ何不自由なく育ったものにとって、他人と共同生活をすることで自分の思い通りにならない生活や、あるいは一人で簡単な身の回りのことをすることでも大いに学習が行われたはずである。女中がいる環境で育った希一には、日常的に料理をしたことがなかったことは簡単に推測できる。希一は下宿などで友人たちとカレーやすき焼きを作っているが、このように料理をして食事を取ることも、使用人に囲まれて育った青年にとって大変な学習だったはずである。寄宿寮などではなく、多少自由な行動が許される下宿という生活形態から、学生たちが自立的な生活を送ることを学んでいったと考えられる。

日記を書くこと自体が、文章を書くことや、自分自身への理解を深めることに繋がる学習であるといえる。とくに希一日記の場合は、家族に読ませることを意識した日記であり、執筆の技術について意識が高まっているだろう。また高校生として、よき息子やよき兄として自分を振り返りながら、日記を書かなければならなかったという面もあり、さまざまな学習効果があったと考えられる。

また阪谷希一の日記はただの個人の記録、青年の修養の道具というだけではなく、家族の家庭教育を補助するものであったことがわかる。この日記により、家族に日々の生活を知らせることで、家庭から離れていても、家族の一員として、希一は子どもとして親に教育をされ、また兄として妹や弟に教育をしている。同時に、親は一人遠くで暮らす息子から学び取るところがあり、希一も兄として弟妹から学ぶところがあっただろう。阪谷希一は日記の存在により、離れている家族としての相互の教育のあり方が顕著にあらわれている。つまり親密に家族たちが連絡を取り合うことで、互いに遠く離れていても生活を支えているることがわかった。家庭の生活の営みそのものが家庭教育であり、遠く離れても営みを支え合う家族は家庭教育を行っているといえる。

それだけでなく、この日記に書かれたことから、希一の社会生活、日常生活が明らかになってくると、ただ単に仙台において高校生として学校で学習するだけでなく、生活面で新たに学習することも多かったことがわかる。そして、家庭から遠く離れた場所においても、家庭教育が行われていることがわかってきた。

ただ単に家族内で行われる家庭教育だけでなく、親の人間関係から子どもに対してよりよい教育が行われるように様々な配慮が行われていることもわかった。仙台という東京の実家から遠く離れて生活するための情報提供があり、また在仙者や訪仙者からの様々な支援があった。これには親戚という人間関係だけでなく、父芳郎の仕事上の人間関係も活用されていた。そして、阪谷家の人間関係だけでなく、祖父渋沢栄一家を頂点とする人間関係からも行われたものである。

また、親は日々子どもを取り巻いている人間関係が、良好なものであるように、家族の祝賀へ招待したり、贈答品を用意したりと、配慮をしている様子もある。このように、子どものために人間関係を良好に維持していくことも、大きく家庭教育にかかわってくる事柄としてとらえることができる。直接的に子供を養育し、訓諭していくだけではなく、子どもの生活環境を整えることを通して、青年の家庭教育がなされている。そして、それが学校教育を支えていたことがわかる。

以上のように、学校では高等学校生として学問を学び、仙台で生活する中でもさまざまなことを学んでいた。そして、日記や手紙などの郵便物を介して、仙台と東京という物理的な距離として住居が離れていても、家族として、家庭教育が相互に行われていたことが分かった。また、日記や手紙の内容から、仙台での生活や青年としての成長が、親戚関係の社会関係資本にも支えられていたことがわかった。家族の配慮、家庭教育が希一の高等学校生活を補完していたといえる。

阪谷家は特にエリート階層の家庭のなかでも、裕福な姻戚関係を持ち、経済的な困窮はなかったと考えられる。また社会関係資本といわれる人間関係も豊かだったことがわかる。このように、経済的な資本と、両親を中心とした人間関係により、子どもの家庭教育がおこなわれていた。

第六節　『しのぶのつゆ』から見る琴子

阪谷家の家庭内を仕切ってきた琴子に注目したいと思う。阪谷の日記の中からは妻である琴子の性格についてよくわかるような記述はない。琴子の追悼集である『しのぶのつゆ』*96は琴子の死後阪谷芳郎を元気づけようとして、子どもたちの発案で編纂され、執筆は家族とごく親しいものばかりである。この『しのぶのつゆ』には琴子の母親としてまた祖母としての様子が記されている。

琴子は明治三（一八七〇）年、東京の湯島で誕生する。父親は渋沢栄一、母親はちよ*97、夫妻にとっては三人目の子どもであった。すでに七歳上の姉歌子がいた。明治五年には弟の篤二*98が生まれた。このころ栄一には大内くにという妾がおり、妻妾同居の状態であった。後に深川に転居する。そのとき姉の歌子は学校に通っていたが、引っ越しと同時に適切な学校がないことを理由に通学をやめており、琴子にいたっては学校に上がらずに、家庭教師によって学んだという*99。

明治一五（一八八二）年に歌子は穂積陳重との結婚後、深川区福住町の渋沢邸の別棟にて生活を始めた。同年、ちよが亡くなり、このときから歌子が妹と弟の母親代わりとして世話を焼いたという*100。しかし、翌年には栄一が伊藤兼子と再婚した。明治二一（一八八八）年琴子は一七歳で阪谷家に嫁した。同年、渋沢家の本宅は兜町に新居が完成して移転している。

『しのぶのつゆ』にて琴子の資質として語られるのは、非常に頭がよく理知的で記憶力があったということである。そして多岐にわたる話題について富んだ会話ができた女性であった。また阪谷の仕事の関係で外国要人と会うことがあるために、英語の学習も行っていたようだ。

残念ながら、子どもたちは幼いころの母親の思い出を追悼文では述べていない。

しかし、四女である千重子の思い出として「私達姉妹に、あまり上京をお許しになりませんでした*101」

というものがある。亡くなった二人の娘は東京にいたが、そのほかの子どもたちといえば結婚後は遠方に住んだ。希一と八重子は海外に、俊作は名古屋、千重子は長崎、總子は兵庫である。琴子の晩年において、子どもたちは近居していなかった。当然、琴子にも寂しく会いたいという気持ちはあっただろうが、一家の主婦が長く家を離れることはよくないことであり、旅の最中に子どもが病気になっては大変だという配慮があったからこその態度だったという。

琴子の家庭教育はまず自分の子どもではなく、親戚の子どもなどの養育からはじまった。琴子は結婚後、姑の恭子とともに本家の良之進と険次の養育にあたることになった。またこのとき既に、阪谷側の親類である山成喬六*102が書生として家におり、また数年後渋沢側の親類である渋沢元治*103を書生に預かることとなる。彼らを預かっていた時期というのは、阪谷は大蔵官僚として多忙であり、家のこと一切は琴子に任せきりだったという。

上記の三名は身体が弱かったようで、阪谷良之進は自らを蒲柳の質といい、山成喬六は一〇代で脳溢血になって、渋沢元治は胃腸が弱く大腸カタルや腸チフスにもなった。彼らは『しのぶのつゆ』において、療養生活の中での琴子の愛情に触れた思い出を語っている。琴子は自ら看病をしたり、また使用人に細かに命じたりして、彼らの生活に配慮したようである。それは阪谷家に寄宿していた間だけではなく、彼らが阪谷家を出たあともさまざまな心配をして世話をしていたという。

琴子の自らの子どもに対する教育について、長男希一のことのみ、希一息子の芳直がわずかであるが書き留めている。希一は第一高等学校への入学を希望しており、受験の際は家族や親戚もその合格を疑わなかった。しかし結果は、第二志望の仙台の第二高等学校の合格であった。希一は落胆して帰宅したが、琴子は「二高でなぜいけない？　立派な学校ではないか。一高だけが学校ではあるまい」と毅然と叱ったという*104。希一の母方のいとこには、一高組が多かったようだが、希一と同年の穂積陳重の末息子真六郎は父親の厳格な命令で、第二高等学校に入学している。なお希一は東京高等師範学校附属中学校の出身である。なお『東京高等師範学校附属中学校一覧 自大正九年四月 至大正一〇年三月』*105で確認したところ、琴子の姉歌子の婚家である穂積家の息子全員が東京高等師範学校附属中学を卒業しており、渋沢家につながるいとこのほとんどが東京高等師範学校付属中学の卒業生である。家庭教育にかかわる子どもの学校選択においては、阪谷家では渋沢家に通じる母方の親戚で情報交換が行われ、重要な指標となっていたことが推測できる。

とくに琴子の姉である穂積歌子の影響力は大きいと考えられる。渋沢栄一の妻ちよがコレラで急死したときに、長女の歌子はすでに結婚していたが、琴子や長男の篤二はまだ幼い子どもであった。母の死以降は琴子と篤二が、同じ敷地内で生活していた同母姉である歌子のもとで成長していったことは簡単に推測できる。そして阪谷家にとって穂積家の家庭教育がよき参考になっていたと考えることができる。

芳郎も幼いころから漢学塾での母恭子の働きぶりを見てきたことから、当然琴子にも恭同様の働きを期待しただろう。また結婚当初は恭子が同居しており、琴子にとってはその存在も助けになったであろう。

これらのことから、琴子が寄宿した親類の子どもたちまでにも細やかな心配りをわすれない性格であり、しっかりと家事をこなしていたことがうかがえる。

阪谷の日記には家族との観劇の記述や夏の大磯旅行など、家庭サービスも多い。それはただ単に楽しむだけではなく、教育という視点からの社会見学という要素も大きかったことが分かった。ただ目的の場所やものだけを見るのではなく、そこにいたるまでに遭遇するさまざまな事柄も体験させることが目的であったといえる。

また、希一は芳郎の家族での行楽について以下のように述べる。

之が又予算的で一旦きめたらたいていの事は実行する。私などから見たら一日の行楽をたのしむのか、雨が降ろうが風が吹こうが一旦きめた事は断じて実行する、其実行することがたのしいのか、母などはよく父上はきめた事を間違いなく実行することに無上のたのしみを持たるる様だと申しておりました。＊106

家族サービスにも、几帳面でまじめな芳郎の性格が表れていることがうかがえる。物事に計画を立てて実行することは、子どもの教育上も必要なことである。芳郎の様子を見て、計画を立ててそれを実行することの大切さやよろこびを、子どもたちも理解していたことだろう。もちろんこれは家庭サービスでもあり、頻繁に家族で外出するという阪谷家内の円満な人間関係も伝わってくる。

『家庭の経済』では阪谷の家族の理想像やそこに達するまでに必要な教育の仕方などがふんだんに描かれていた。それは阪谷が家庭教育を大切だと感じていたということである。子どもの教育の目的は国を富ませることであり、社会に役に立つ人物を育てることであった。女性は結婚し子供を産み育てて家族の再生産を行うこと、男性は仕事に励み家を富ませ国を富ませることである。阪谷はとくに学校よりも子どもが過ごす時間の多い家庭での教育を重要視していた。

阪谷家において、ひとつ家庭教育において効率的であった部分がある。それは芳郎も琴子も生まれた家は伝統的な武家とは異なることだ。阪谷家は漢学塾であったし、渋沢家は豪農であり、家格は幕僚などの上級の武家より高くない。またそれぞれの親類は東京には少ない。そのため阪谷家は家庭についての裁量権のほとんどを夫婦二人が握っていたと思っていいだろう。

伝統的な生活パターンを持っていた大名華族では、つねに古い使用人たちの意見を尊重しなければならない部分もある。実際に有馬頼寧の家では家庭内のことは女性使用人のトップである老女が取り仕切っていた。有馬家本邸から別邸に出た際には有馬の考えを入れることもできたが、やはり使用人を頼りに生活しており有馬の意思だけでは家庭内のことを変えることは難しかった。妻の貞子は子どもの養育にもあまりかかわらず、息子頼義に「おふくろは、一度だって自分の子供を育てたことはない人だ*107」と評され、頼義をはじめとする子どもたちは老女であった岩浪稲子*108ら女中に育てられた。

阪谷家には古い使用人による窮屈さはなかっただろう。そのため家長による西洋風の教育の採用という考えと、使用人よる旧来通りの教育の実践という矛盾する基本方針が存在し、家庭内での教育に対する混乱が生じることはあまりなかったと考えられる。つまり、阪谷家には参考となる穂積家の家庭教育があり、そのなかで夫婦がよいと考える教育方法がそのまま子どもに実行できたのである。

阪谷芳郎は女性の教育は良妻賢母となるべく親がきちんと型にはめなければならないと説いた。阪谷の理想通りに娘たちはみな結婚し子どもを産み育てた。娘たちの子どもである堀切治雄は日本鋼管社長であったし、高嶺秀一は通産省に入庁し東洋パルプの役員を務めた。阪谷の娘たちは父の理想通りに社会で役に立つ人物を育てたといえる。

実際には多忙な阪谷にかわり家を取り仕切っていたのは琴子であった。芳郎は女性は家庭、男性は仕事という性別役割分業を考えていたので、家庭教育についても琴子への期待は大きかったはずである。琴子はその期待にこたえていたはずである。これは琴子が『家庭の経済』で述べられた女性の役割としての、妻として母として家庭を整えて、社会での活動として慈善活動にも参加していることからもわかる。まさに阪谷が述べたよい女性の手本となるような人物だったのだろう。芳郎が家庭教育に求めていた国家を富ませる人材をつくるということ、その阪谷の家庭教育の成功については、なによりも琴子の手腕が大きかったはずである。

第七節　阪谷希一の家庭教育

さて、阪谷芳郎家の家庭教育を今まで見てきたが、息子である阪谷希一家の家庭教育もみていきたい。繰り返しになるが、阪谷希一は芳郎の長男であり、その継嗣ある。希一は高等師範学校付属の小学校、中学校を経て、仙台の第二高等学校から東京帝国大学法科大学に入った。その後、希一は大蔵省に入るように文官試験には合格していたが、芳郎の反対を受けたために、日本銀行に入った。希一は芳郎の書斎にあった中国関連の書物を読んでいるうちに、中国大陸に渡って仕事がしたいと考えるようになっていた。大蔵省を足がかりに中国へ行こうと考えていた。そのことを芳郎が「一生を大蔵省で貫くつもりならいいが、腰掛にするつもりで私の大切な大蔵省へ入ろうなどとは不心得だ。志願まかりならぬ*109」と叱ったためだという。

希一は日銀に入行し、そのときの日銀総裁三島彌太郎の娘の壽子と結婚をした。壽子によれば三島弥太郎のすすめで見合いと結婚が成立したという。希一が将来を嘱望されたエリート行員だったと推測するのは容易である。

希一は日銀の名古屋支店に転勤となり、そこで芳直は生まれている。その後、ロンドンに単身赴任をし、大正一三（一九二四）年中国に渡るために関東庁に入り、のちに家族を伴い旅順で生活をした。

希一一家は、関東大震災後、東京千駄ヶ谷の三島家の所有する家屋に住居した。芳直によるとそこには、女中だけでなく書生も寄宿しており、子どもたちの幼稚園の送迎は書生の仕事だったようである。そして、隣家は三島家本宅で、幼稚園から帰ると毎日のように三島家の庭に遊びに行き、そこに暮らす祖母や使用人に可愛がられたという。そして、三島家が陽気である一方、阪谷家は厳格な雰囲気であったと、両家が全く異なった雰囲気を持つ家柄だったと述べている*110。もともと阪谷家は儒家の家柄であり、希一も子どもたちの幼少期は儒教の教えを大切に伝えていたという*111。三島家の当主である壽子の兄通陽は学習院時代に土方与志*112、近衛秀麿と友達座を結成した芸術家であった。近所ということも手伝ってか、芳直によると、希一一家は親戚との交流は専ら三島家側と行っていたようである*113。三島通陽は日本にボーイスカウト活動を広めた人物でもある。希一の長男、芳直もその影響から、三島家の裏庭で行われていたボーイスカウトに参加していた*114。希一は満州に渡った当初は、家族を伴わなかった。父親が不在であっても、子どもたちの家庭教育は、母親の親戚関係に支えられながら行われていたことがわかる。

その後、大正一四年の夏には、壽子と子供たちも旅順へ移住した。昭和戦前期の旅順など満州の都市には多くのエリート階層が家族を伴い赴任していたようである。そのために、日本人向けの学校も整えられていた*115。

さて、希一の家庭教育を詳しく見ていこう。希一の性格は真面目であり、正義感が強かったようだ。希一の長男芳直は「父は社会の不正や不義に対して火の如き憤りを持っていた*116」という。

そのためか、芳直によると、希一は大変厳しい父親だったようだ。とくに、息子を男らしく育てることが重要だと考えていたようである。芳直は、比較的おとなしい性格であると自身で述べている。まだ性別役割分業が当然の時代であったため、男らしさ、女らしさをもって子どもを育てることは、社会秩序のためにも重要なことと考えていたのだろう。

芳直が三、四歳の幼少期に祭りではしゃいで転倒した際に、額を石でぶつけて流血をしながら帰宅した。このことに対し、希一に叱られ、治療のために書生に伴われて病院に行った。帰宅後、希一は病院で治療をした際に、芳直が泣かなかったか書生に尋ねていた。その様子から「男のクセに医者に治療をうけて泣いたりなどしたら容赦しないぞ」という希一の態度を芳直は感じ取ったという*117。

さらに、旅順に移住したときには、中国東北部の零下二〇度という厳しい寒さに五歳の芳直が泣き出したと聞いた希一は激怒した。どのような理由で激怒したかははっきりとはわかないが、おそらく軟弱であるとしてなのではないかと推測する。そして、希一は芳直に夜八時過ぎで雪も降っていたのに、家の近くにあり狼が出るといわれた大正公園まで行って帰ってくるように命じた。実際には希一は芳直をひとりで行かせるわけではなく、距離を置きこっそり後をついていっていたという。またこの阪谷家の厳しい教育方針は、旅順でも有名であったという*118。父親が厳しかったために、母親である壽子も厳格に子どもたちを育てていたようである*119。このような回想から、希一が芳直の男らしさや勇気というものを注視した厳しい教育をしていたことがわかる。

これらの経験から、芳直は中学生のころはあまりにも厳しい父親と中国と日本と離れて暮らせたことはよかったと感じていたという*120。しかし、高校生になると一人前の男として接してくれるようになり、その後は女々しい性格を鍛えてくれたと父の愛情に感謝している*121。

さらに、希一は世の中の不正を嫌う性格だったため、子どもたちにも差別的な態度をする人物に育ってほしくないと考えていることのわかるエピソードがある。芳直が子ども時代の五歳から九歳（大正一四年～昭和四年）の間に、大連で海水浴をした際に、弁当の食べ残しを漁りに来た中国人の子どもを、日本人の子どもたちと遊び半分の気持ちで石を投げて追い払ったことがあった。そのことを希一は弱者をいじめることは卑劣だと猛烈に怒ったという*122。それから、数年後の昭和八（一九三三）年三月一八日付の手紙にも手紙にもそのことが書かれている。

旅順生活当時海辺にて支那人の乞食に人の後より投石したる如き人間はよほど決心して修養工夫せざれば其将来や知るべきのみ

中学生々活に入らば益々父の訓戒を体験するの機会多からん*123

芳直自身も、希一が「その後もずいぶん長い間、折にふれてはこれを持ちだして私を戒めた*124」という。希一にとっては幼い子どもとはいえ、弱者をいじめる行為は絶対に許すことのできないことだったとわかる。また希一が長らくこのエピソードを訓諭に使っていることから、芳直をはじめとする子どもには、卑劣なことはしない実直さ、また弱者を思いやる優しさをを持つ、人物になってほしいと願っていたことも推測できる。

昭和四（一九二九）年に、拓務省に移って帰国した希一一家は、再び三島家の隣に住居する。隣に住居する三島家の子どもたちと阪谷家の子どもたちの食事は一緒に行われていた。希一は三島家の子どもたちには怖い叔父だったようである。三島家の子どもたちを叱るわけではなく、大人たちによる芳直への希一のしつけが厳しかった思い出話を聞いて恐怖を感じていたようである。また、三島家の家内は、いつも音楽が鳴っている家庭だったが、希一が帰宅すると音楽が止まったといっている*125。さらに穂積家の子どもも、渋沢家の集まりなどで阪谷家の子どもたちに会うと、しつけが良くて少し近づきがたかったと述べている*126。親類の家と比較しても、希一の子どもたちへしつけや教育は厳しかったであろうことが、これらの回想から伝わってくる。

希一は子どもの教育や実家の都合のために、満州や北京に単身赴任していたころがあった。子どもたちとは、手紙でのコミュニケーションが行われている。東京府立第六中学校の学生であり高等学校の受験を控えていた長男芳直に対してしばしば手紙によって教訓を説いている。

手紙にしばしば書かれていることが、ローマ時代の詩人ユウェナリスの残した「健全な精神は健全な肉体に宿る」という言葉である。希一の手紙には体育をしっかりと行い、寒稽古なども日々怠らないようにと手紙に書かれている。また読書についても毎回のように書かれている。学校の勉強の余暇をみつけては読書をするようにといっている。手紙には偉人の伝記などが推薦されている。また、ただ楽しく読書をするのではなく、偉人がとった行動などから、現代に自分がどう行動すべきかを考える素地を養うように進言している。そして、勉学に関する記述では、芳直が苦手としていた数学はとくに励むように書かれている。そして進路については、高校は東京の第一高等学校、そして大学は東京大学を一番の目標にするようにと書かれている。

二高を目的とせず一高を目的とせよ、難を避け易くに就くは弱者の行為なり*127

一高の入学試験準備にとりかからるる由大いにやるべし夏休みにウント勉強せられよ（引用者略）芳直が一高、東大の生活をなす間父の書庫を遺憾なく利用せしめ度小生の希望なり*128

希一は東京の第一高等学校の入試に失敗し、仙台の第二高等学校を卒業したのだが、芳直は必ず一高から東大に入るものだと考えているところが感じられる。長男の芳直の将来について、希一が将来について大きな理想を持ち、相当な期待をかけていたことがわかる。

また、琴子が亡くなり芳郎を慰めるために、昭和一五（一九四〇）年北京に希一を残して、壽子や子どもたちが日本に帰国し、小石川原町で生活するようになる。希一は家族の帰国直後、朗子、理子、順子、春子、秀直*129の連名宛で次のような手紙を送っている。

身体ニ気ヲ付ケテ各自ノ分ヲ尽シ祖父上様ヲ御慰サメ申上ナサイ。

理子ハ聖心ニ入ル事ニナッタ由芽出度充分勉強ヲシテ英語ヲモノニシテ置キナサイ。

順子、春子ハ九月ガ試験トノ事、夏休ミニ規則正シク起居シテ精神ヲ緊張サセテ病気ニナラヌ様ニシテ大ニ勉強シナサイ。
秀直ハ汽車ノオモチャニ夢中カネ。今ニ動物園ヤ植物園ニ連レテ行ッテ貰ヒナサイ。御本デ知ッテルライオン、トラ、ゾウ、キリンノ本物ヲ見テ御覧ナサイ。*130

さらに、当時二〇歳を超えていた次女の朗子には、「御前ガカーサンヲ助ケテ子供達ニ能ク注意シ早寝早起デ心身ヲ充分ニ鍛エサセル様ニシテ呉レ*131」と送っている。

このように、学校での学習をしっかりするようにと送っている一方で、希一は娘の教育については、学歴のことはあまり心配していない様子もある。昭和一四(一九三九)年希一は満州鉄道から転じて、中国聯合準備銀行に勤めるために北京へ移っている。家族は一時、満州の大連にとどまっていたが、北京へと移り住んでいる*132。当時、北京の教育環境は満州よりも悪く、日本人向けの高等女学校*133はなかった。北京での子供の教育について、希一は女性雑誌の対談会で以下のように語っている。

今度子供がこつちに来るのも、子供の方に任された選擇の結果なんだ。(引用者略)欠けてるものがあつても何でも差支へないから来ようといふ。女の子の一人は(四月に高等女学校の二年になります*134)高等女学校は北京にないが、それでも来たいといひますので、こちらの学校に入れて語学でも学ばせようかと思つてゐる。そういふわけで、一面家族の教育には犠牲もありますが、しかし、支那の女の子たちと一緒に出来るなら、それも反つていいと思ふ。僕は満州の経験からいつても、女の人たち同士が互ひによく知り合うことこそ、ほんたうの意味で理解し合う一番よい道だと思つてゐますから。*135

このように、希一は娘に対しては学歴を重要視していないことがわかる。学校の履歴ではなく、学校で何を学び修めるかという能力の向上を重視して考えているのだろう。そのため、理子には日本の聖心女学校では英語を修め、北京でも語学を修めるようにといっている。また北京の学校において中国人と机を並ばせることで、語学だけでなく、国際交流を実際の経験から学習させようと考えていたことがわかる。一方で、芳直の一高合格は、希一自身が達成できなかった目標の代理でもあったのだろう。必ず一高、さらに東大へという希望がはっきりと表れている。

さて、芳直の教育についてに話題を戻すと、昭和一〇年四月三日付の手紙には芳直の中学の成績が非常に優秀だったために喜んでいることが書かれている。しかし、希一は素直にほめるだけではなく、「兜の緒を締めよ」という格言から「驕らざるの態度こそ望ましけれ」と、いい成績をとっても気を抜かないように訓告を伝えている。また、日々の生活が円滑に行えることは、「母上の御蔭なる事を肝に銘じて努力せよ」という。希一はひとり満州国で働いており、家庭のことは妻の壽子にすべて任せるしかなかった。そのことについて、希一は壽子に対して非常に感謝をしていたのだろう。学校の成績が良いことも、壽子がつねに芳直にたいして配慮をしているからであると念を押して、母親への感謝を忘れないように説いている。また、先述の朗子への手紙でも母親である壽子を助けるようにとあり、希一が、妻の子育ての負担や努力を配慮する姿勢がみられる。

芳直は高校生になると父希一のことを強く尊敬するようになっていた。芳直は出世欲がなく、日銀、関東庁、拓務省、満洲国政府、満洲中銀、満鉄、華北聯銀と自分の理想のために職を変えていく希一について「父の清廉と剛直と侠気を何時しか自分の理想とするようになっていた*136」という。そのため芳郎が「希一は、方々『枝移り』をするから大臣になれないのだ。加賀(興宣)でも石渡（荘太郎）でも星野（直樹）でも、希一の友達は一つのところにジッとしているから、皆どんどんと大臣になって行く」といったことに芳直は『俗物的発言』ととらえ反感を覚えていた*137。芳直は情熱と理想のもとただ仕事に邁進していた希一の姿を、冷静に分析して出世をしないことを嘆くような祖父の発言を出世欲の塊であるととらえたのだろう。ただそれは芳直が芳郎とさまざまな会話をすることができるほど親しく交流を持っていたからこその祖父への反感である。阪谷芳郎の孫の中で、芳直は芳郎や琴子に特に可愛がられていたようだ。それは地理的な要因も大いに関係している。芳郎の子どもたちは、東京に居住していなかった。芳郎夫妻にとって晩年もっとも交流の多い、近しい直系は芳直であった。希一のいったんの帰国から、昭和七年にふたたび昭和四年に家族が中国大陸の満州へ渡る際には、芳直一人が学校に通うために東京に残り、祖父母の家とは異なる場所で寄宿生活*138を送った。休日ごと寄宿先から阪谷の祖父母を訪ねることが規則のようになっていた。芳直は、祖父母と会話し、栄養のある食事をとり、ときには小遣いをもらって帰っていた。しかし若者であるがゆえ、日曜日などに友人と外出して遊べないことには不満を感じていた。それでも、芳直にとって博学で議論好きな祖母琴子との会話は楽しかったようである*139。このように、芳郎夫妻と芳直は、交流の多い祖父母と孫の関係であった。芳直は芳郎が希一のことをどのように思っているか、深く感じ取っていたのだろう。

また、芳直は阪谷の祖父母のもとだけでなく、時折、三島家にも訪れて食事を共にするなどしている。家族は海外にいても親類の暖かい愛情を受けて生活をしていたことが想像できる。

さて、日本銀行において将来を嘱望されていた希一が退職するときに、考え直すように求めた同僚などに希一は、「アメリカを見給え、自由に職を変えていくじゃないか。八十回以上も職をかえて遂にここそが自分の天職だというところを見出した人間もいるんだ*140」といったという。また希一がロンドン在勤時代に同僚だった人物は、希一はイギリス貴族が率先して海外に出て仕事をすることに感銘を受けていたと、芳直に語っている*141。しかし、芳直は父から『見えざる手』に導かれて次々と職場を変えつつここまで来てしまったが、おまえは一つの職場を貫け、そのほうが本当の仕事ができる*142」と言われたこともあったという。

芳直は東京大学を卒業後、父親希一と同じように、中国の経済に関わる仕事をしたいと考えていた。芳直はその夢を祖父には語らなかったと言うが、祖父には大蔵省入りを勧められた。大蔵省入省の際の面接において、志望の理由を聞かれたときに、第一に中国経済に関する仕事がしたいことを述べた。そして第二に「私の家の雰囲気とでも申したらよいかもしれません*143」と答え、それ以降は面接官からは難しい質問はされなかった。そして、その場で採用を告げられて、七光りでの採用なのではないかと純粋に喜べなかったという*144。採用の面接官も、当然、芳郎や希一のことを知っていたことだろう。東大を卒業して、父親も両祖父も経済行政の実務家であり、家族の背景にも問題がないことが明確なため、余程のことがないかぎり不採用にはならなかったとは考えられる。

芳直自身も父親希一と同じように、大蔵省、海軍省、日本銀行、日本輸出銀行、アジア開発銀行、渋沢家の田園都市会社から成立した東急グループの東急ホテルズ・インターナショナルと仕事を変えている。

芳郎は明治一七（一八八四）年から明治四一（一九〇八）年の間、役人からはじまり大蔵大臣を辞任するまで一貫して大蔵省で仕事をした。大臣辞任後は、欧米視察旅行をおこなった。その後明治四五年から大正四年まで東京市長を務め、大正五年にはパリでの連合国経済会議に代表者として派遣された。大蔵省を退官してからの芳郎は、政治家となり、大正六年からは貴族院議員として活動していくこととなった。また義父の渋沢栄一のかかわりから会社の社長や役員を務めたり、各種団体の役員となったりしていた。

芳郎は比較的長い間大蔵省に在籍したが、その後は才能や人間関係にもとづいて様々な組織に入ることとなっていく。職業的には金融関係を基礎として、所属を転々とすることは、阪谷家では実際には伝統と化していたのではないかと推測できる。

希一は長男である芳直の教育は、日本と中国大陸という物理的な距離があったが、手紙などを用いて心情的な距離を克服していた。希一は幼い子供にとっては非常に厳しい父親でありながら、高校生という大人に近づいた年齢からは大人同士として子どもと付き合っていく父親という変化をみせた。

希一の書簡にあった希一の希望通り、芳直は東京府立第六中学校から、第一高等学校、そして東京大学へと進学した。それは希一にとって一高受験失敗の再挑戦を息子に託すという意味も大きかったに違いない。芳直の一高の合格については、希一を厳しく叱咤激励して仙台の第二高等学校に送り出した祖母琴子が「お前が一高に入ってくれてやっと思いが晴れた」と涙を流して喜んだという*145。一方で、希一の書簡からは、芳直の将来の職業についての具体的な希望は書かれていなかった。希一の教育方針は、男子については学歴を重視するものであったことがわかる。しかし、希一宛ての書簡には貧しい中国人への投石のエピソードから正義感を強く持たなければならないということ、伝記などの読書を勧め、そこから自身の行動についてよく考えて決断を下す力を養えさえようとしたことなども読み取れる。人格面での希望は具体的であるとは言えないが、芳直に対して正義感のあるようにと教育を行っている。

芳直は中国経済の発達を支援するという大きな仕事に熱心に取りくむ父親を尊敬しており、父親のように中国の経済にかかわる仕事をしたいと考えていた。また、そのことは阪谷家の家業ともいえる財政・金融関係の仕事に就くことにつながっていった。

芳直は祖先のことを尊敬しており、曽祖父から父親までの事柄をまとめた『三代の系譜』を執筆している。

第八節　阪谷家二代の家庭教育

阪谷家の家庭教育は、芳郎と希一と二代続けて、その配偶者である妻が重要な役割を担っていた。重要な仕事をして多忙な父親たちは家に不在が多かった。さらに希一となると単身赴任をしていた時期が何度もあった。両親と子の関係のみの家庭教育ではなく、両親とその親族などの協力関係から、子どもの成長を支える家庭教育が行われていた。

芳郎の元で育った希一は日本銀行から植民地官僚として活躍した。また芳郎が亡くなった兄の代わりに育てた甥の阪谷良之進も文部省の技官として伝統的な建築物の保存修繕に尽くした人物である。そして、希一の嗣子である芳直は日本銀行および日本輸出入銀行で活躍した。

阪谷家は子孫から社会の第一線で働く人物を輩出したのである。また面白いことに、芳郎直系の長男は経済学を学び、阪谷家の家業ともいえる経済・金融政策に関わる仕事をしており、父親の職業を尊敬していたことがうかがえる。阪谷芳郎も希一も謹厳で実直な性格であったとされるから、子どもたちや孫たちも父親や祖父を尊敬することができたのだろう。

阪谷家の家庭教育については、その目的は達成されており、成功だったと評価してもよいはずである。とくに、希一は芳直の学校選択においては非常に熱心であり、大きな影響力を与えている。

なお本章を草するにあたって、貴重な資料をお貸しくださった阪谷綾子さんにお礼を申し上げる。

註

＊1　阪谷朗廬（一八二二～一八八一年）　漢学者。本名は素。

＊2　阪谷芳直『三代の系譜』みすず書房、一九七九年。

＊3　箕作秋坪（一八二五〜一八八六年）　美作津山藩出身の洋学者。父親は漢学者の菊池士郎。幕末期に緒方洪庵らから蘭学を学び、幕府蕃書調所教授職手伝となる。明治維新後は森有礼や福沢諭吉らと六明社を設立。また東京高等師範学校の創立にもかかわる。息子に数学者の菊池大麓などがいる。

＊4　三叉学舎は現在の東京都中央区日本橋蛎殻町にあった。漢学と数学と英語を学ぶことができた。

＊5　専修大学の前身であり、明治一三年に設立された。

＊6　故阪谷子爵記念事業会編『阪谷芳郎伝』私家版、一九五一年。

＊7　阪谷芳直『黎明期の女性たち』私家版、一九八四年、一四頁。

＊8　阪谷芳郎「余が学生時代の回顧」『成功』成功雑誌社、一九〇九年、一八頁。

＊9　阪谷良之進と険次。険次は夭折した。良之進は明治一六（一八八三）年に生まれ、東京美術学校図案科建築部を卒業、その後文部省技師となり寺社や国宝、重要美術の保存に貢献した。法隆寺金堂壁画保存にも携わる。京都大学や神戸高等工業専門学校では講師も務めた。（「阪谷良之進先生の訃」『史迹と美術』一二（二）（一一三）、史迹美術同攷会、一九一四年、六八頁。）

＊10　前掲『黎明期の女性たち』二二頁。

＊11　堀切善次郎（一八八四〜一九七九年）　内務官僚。現在の福島県飯坂町出身。兄は政治家の堀切善兵衛。敏子の死後、大正一二年には二〇歳の内務省職員と再婚した。（『読売新聞』朝刊　一九二三年八月一二日。）

＊12　高嶺俊夫（一八八五〜一九五九年）　物理学者。教育学者の高嶺秀夫の二男。

＊13　秋庭義衛（一八九二〜一九七六年）　会社経営者。ヂーゼル機器顧問。埼玉県比企郡出身。

＊14　八十島親徳（一八七三〜一九二〇年）　長く渋沢栄一の秘書を務めた。

＊15　伊藤長次郎。第三十八銀行頭取。

＊16　増田孝子「祖母上の御死去を悼みて」阪谷希一編『しのぶのつゆ』私家版、一九四〇年、八八頁。増田孝子は和子の娘。

＊17　阪谷芳郎「4．家族宛阪谷芳郎書簡」『阪谷芳郎関係文書』国会図書館憲政資料室所蔵。

＊18 西尾林太郎『阪谷芳郎』山川出版社、二〇一九年、一二八頁。
＊19 明治四一年七月一二日の葉書。封書等にまとめて送信したのか、消印はなし、葉書の後付けのみ。
＊20 阪谷が大蔵大臣だったときに秘書官を務めた。明治四一年の私的な欧米外遊にも同行した。このとき森は大蔵省からロンドン赴任のため随行した。
＊21 森俊六郎「秘書官物語(2) 蔵相・阪谷芳郎」『財政』一八(一二)、大蔵財務協会、一九五三年、一三五頁。
＊22「阪谷總子宛阪谷芳郎絵葉書、明治四一年六月一一日」、「阪谷千恵子宛阪谷芳郎絵葉書、明治四一年七月一二日」、国会図書館憲政資料室『阪谷芳郎関係文書』所収。
＊23 阪谷芳郎『家庭日記』明治四四年五月一七日条、国会図書館憲政資料室『阪谷芳郎関係文書』所収。望遠鏡などの代金として三〇〇円寄付している。
＊24 寛子は堀切家の長女。このとき、母が病気であったうえに弟二人も麻疹だったため、妹の央子と福子とともに阪谷家に預けられていたようである。（阪谷芳郎「家庭日記」大正一〇年五月二二日条。国会図書館憲政資料室『阪谷芳郎関係文書』所収）
＊25 人形の供養などをして、敏子の回復を願っている様子もある。（阪谷芳郎「阪谷家重要記事並雑記」、国会図書館憲政資料室『阪谷芳郎関係文書』所収）
＊26 近藤士郎編『震災より得たる教訓』国民教育会、一九二四年。阪谷ほか渋沢栄一、吉野作造の手記も掲載されている。
＊27 阪谷芳郎「大地震の回顧」近藤士郎編『震災より得たる教訓』国民教育会、一九二四年、六五～七一頁。
＊28 穂積重行編『穂積歌子日記』みすず書房、一八九八年、六一五頁。
＊29 大正六年四月に三井男爵家の家屋を借りて別邸を設けている。大正一四年には高木溕の所有する家屋を購入して別邸としている。別邸を設ける以前から、芳郎家族は大磯に出かけている様子がある。（「阪谷家重要記事并雑記」『阪谷芳郎関係文書』国立国会図書館憲政資料室所収）
＊30 阪谷家は帝国劇場の株主でもあった。明治四四年に渋沢栄一の所有する株の名義を芳郎に書き換えている。

（「阪谷家重要記事并雑記」『阪谷芳郎関係文書』国立国会図書館憲政資料室所蔵）

＊31　三島弥太郎（一八六七〜一九一九年）子爵。銀行家。貴族院議員。横浜正金銀行頭取から日銀総裁となり、現職のまま死去。

＊32　阪谷芳郎『実用家庭の経済』大学館、一九一五年、一八六頁。

＊33　阪谷良之進「日本婦人の典型」、前掲『しのぶのつゆ』二九頁。

＊34　阪谷芳郎「婦人の心得二三　大日本婦人教育雑誌第九九号（明治三三年一〇月講演）」『亦足軒論策集』三巻下、国会図書館憲政資料室『阪谷芳郎関係文書』所収。

＊35　阪谷芳郎「婦人の道徳　明治二六年七月八日　大日本婦人教育会雑誌五一号」『亦足軒論策集』第二巻、国会図書館憲政資料室『阪谷芳郎関係文書』所収。

＊36　阪谷芳郎「婦人の心得（承前）」前掲『亦足軒論策集』三巻下。

＊37　阪谷芳郎「予は余の娘（又は孫娘）に如何なる女たらんことを希望するか」『中央公論』二八巻九号（婦人問題号）、一九一三年、一二三頁。

＊38　「阪谷芳郎雑草稿類Ⅱ」国会図書館憲政資料室『阪谷芳郎関係文書』所収（小林彦五郎宛阪谷芳郎書簡の下書き大正一〇年三月二三日）

＊39　菊池暁汀「編者言」、阪谷芳郎『実用家庭の経済』大学館、一九一五年。

＊40　阪谷芳郎述『日本経済論』丸山舎書籍部、一九一二年。

＊41　阪谷芳郎『亦足軒論策集』第一・二巻、三巻上下、四巻、一八九六〜一九一一年（非刊行物）『阪谷芳郎関係文書』国会図書館憲政資料室所蔵。阪谷の既発表論説集。墨書や雑誌の切り抜きを和綴じ製本。

＊42　前掲『実用家庭の経済』一七八頁。

＊43　同上『実用家庭の経済』一五二頁。前掲「婦人の心得二三　大日本婦人教育雑誌第九九号（明治三三年一〇月講演）」にも同様の記述がある。

＊44　同上『実用家庭の経済』一四八頁。前掲「婦人の道徳　明治二六年七月八日　大日本婦人教育会雑誌五一号」に

も同様の記述がある。
＊45 松田誠「東京慈恵会と澁澤栄一」、松田誠『高木兼寛の医学：東京慈恵会医科大学の源流』東京慈恵会医科大学、二〇〇七年。
＊46 阪谷芳郎『欧米視察談』深川区教育会、一九一七年、八〜一一頁。
＊47 前掲「婦人の道徳　明治二六年七月八日　大日本婦人教育会雑誌五一号」
＊48 俳優の家紋つきの手ぬぐいなどのことが考えられている。
＊49 阪谷が廃娼運動を加えたのは、当時廃娼運動の全国組織である廓清会が発足されたばかりであり、廃娼運動の機運が高かったからだろう。
＊50 前掲『有馬頼寧日記』昭和二年八月一九日条。
＊51 有馬の愛人は芸妓の福田次恵であり、自分の死後は妻の貞子に愛人の面倒を見て欲しいと思っていた。有馬の祖母は夫の死後も夫の愛人と交際する機会を持っていた。
＊52 前掲「婦人の道徳　明治二六年七月八日　大日本婦人教育会雑誌五一号」
＊53 阪谷芳郎「欧米列国の国民性」『日本経済新誌』四(六)(四二)、日本経済新誌社、一九〇八年、一五頁。
＊54 阪谷芳郎「英獨の國民思想より我等は何を學ばん」『生活』六(二)、博文館、一九一八年、一九〜二〇頁。
＊55 積重行編『穂穂積歌子日記』みすず書房、一九八九年、三三一頁。
＊56 前掲「英獨の國民思想より我等は何を學ばん」一八頁、二三頁。
＊57 竹内洋『学歴貴族の栄光と挫折』講談社学術文庫、二〇一一年。
＊58 本稿では青年後期を一七、一八歳から二四・二五歳と考えるが、研究の対象となっているのは旧制高校の三年間、一八から二〇歳までとしている。青年前期は一二、一三歳から一六、一七歳までと考える。
＊59 拙稿「家族の家庭教育―有馬伯爵家を中心として」で、青年後期の家庭教育についても少し触れている。しかし、これは父親の子育てを中心に論じたものである。
＊60 旧制高等学校の研究には、竹内洋『学歴貴族の栄光と挫折』講談社学術文庫、二〇一一年、高橋佐門『旧制高

等学校全史』時潮社、一九八六年、筧田知義『旧制高等学校教育の展開』ミネルヴァ書房、二〇一一年、筧田知義『旧制高等学校教育の成立』ミネルヴァ書房、二〇〇九年などがある。これらは近代日本のエリート教育や旧制高等学校制度について書かれたものである。また、資料には旧制高等学校資料保存会編『旧制高等学校全書：資料集成』第一-八巻、別巻、一九八〇〜一九八五年やあんそろじい旧制高校編纂委員会編『あんそろじい旧制高校』国書刊行会、一九九一年などがある。

＊61 現在は国会図書館憲政資料室にて『阪谷希一関係文書』として公開されている。

＊62 阪谷芳直『21世紀の担い手たち』勁草書房、一九九五年、二五〇頁。

＊63 鈴木康道「信を曲げぬ人」『二高尚志』二四―二、東京尚志社、一九五八年。

＊64 太平洋戦争終結後から書いた「鶏肋集」という日記兼所感記録が残っている。

＊65 阪谷琴子宛阪谷希一書簡、明治四〇年九月二〇日。

＊66 不破がなぜ希一の保証人に選定されたかは資料がなく不明である。不破は希一が二高三年時に病気になっており、瀧川亀太郎（二高、漢文教授）に身元引受人を変更した様子がある。明治四四年二月に不破は死去する。その翌月一九日に大学集会所にて不破の追悼会が行われて、芳郎は斉藤阿具（第一高等学校第一文学科主任）と不破の遺児の教育費について芳郎は会話をしている。同日、ただちに渋沢栄一と穂積陳重と芳郎の三人で、遺児の教育費について相談が行われている。（「阪谷家重要記事并雑記」『阪谷芳郎関係文書』国立国会図書館憲政資料室所収）

＊67 不破は他にも希一と同学年の鈴木康道の身元保証人もしていた。

＊68 井上章一「日記と教育」、倉本一宏編『日記で読む日本1 日本人にとって日記とは何か』、臨川書店、二〇一六年、二四九〜二五一頁。

＊69 山口輝臣「大正時代の日記」、山口輝臣編『日記に見る近代日本3 大正』、吉川弘文館、二〇一二年、八頁。

＊70 山本滝之助『青年修養着手の個所』洛陽堂、一九一八年、四八頁。

＊71「阪谷希一日記」は「希一仙台ヨリ送リシ日記及書状葉書……」という日記や手紙を、学期ごとに、一まとめに包んだもののなかに保管されていた。現在は、『阪谷希一関係文書』として、国会図書館憲政資料室に所蔵されて

いる。日記ではあるが、日記帳ではなく原稿用紙に書かれて綴られていた。
＊72 のちに、希一の弟の俊作が二高に入学したが、俊作の身元引受人であった瀧川亀太郎は、村松の下宿料があまりに高額であるから他の下宿を探した方がいいと阪谷家に忠告している。
＊73 阪谷和子宛阪谷希一書簡、明治四三年五月二四日。
＊74 これは前年に真六郎が卒業した際に、当時仙台で人気だったブラザー軒という西洋料理店にて、お別れ会の招待の前例によるものであった。希一や真六郎は芳郎の授爵や兄弟の結婚式などの祝賀会が東京で行われる際に、仙台のブラザー軒で食事をすることが恒例であった。
＊75 ただし、希一の従弟であり、渋沢栄一の継嗣であった渋沢敬三はさらに生活費がかかったであろう。二高に進学した敬三には仙台に自らが中心となった桐寮があり、同窓の東京師範学校付属中学の出身者および陸上部関係者が生活していたという。前掲「第二高等学校史」、一〇七四〜一〇七五頁。
＊76 これは阪谷家も穂積家の職業上の収入だけである。その他にも株式などの配当があったと考えられる。
＊77 実際に阪谷家は渋沢家に多くの借金があり、芳郎の死後それが明らかとなった。希一は借金返済のために土地を処分している。
＊78 希一も高等学校三年から一時的に明善寮に入っている。詳細なことは不明だが、所属していた柔道部の朝稽古との関連かと思われる。しかし、寮の賄いでは十分な栄養がとれないとして、毎週土曜日には下宿の村松に帰って食事をすることになっていた。また、寮の賄い以外でも毎日栄養を取るように、仕送りには卵や肉などを購入する費用がとられた。結局、寮に入っていても希一の生活費は、一か月二〇円ほどかかっていた。
＊79 前田亀千代「回頭知已人已遠」『二高尚志』二四―二、東京尚志社、一九五八年。
＊80 柏田忠一「大海を汲む」『二高尚志』二四―二、東京尚志社、一九五八年。
＊81 関浪という老人が真六郎と希一の生活の世話などをしている。
＊82 「阪谷希一日記」明治四〇年九月三〇日条。
＊83 「阪谷希一日記」明治四一年三月二一日条。

＊84「阪谷希一日記」明治四〇年一〇月三一日条。
＊85「阪谷希一宛阪谷琴子書簡」明治四一年二月四日。
＊86「阪谷希一宛阪谷琴子書簡」明治四〇年一一月二〇日。
＊87「阪谷希一日記」明治四〇年一〇月三一日条。
＊88「阪谷敏子宛阪谷希一書簡」発信日不明（「希一仙台ヨリ送リシ日記及書状葉書明治四二年九月ヨリ一二月二四日迄内」。「阪谷希一日記」によれば一〇月二一日に真六郎からの小包が来ているためそれ以降に書かれたものか）
＊89「阪谷俊作宛阪谷希一書簡」明治四〇年一〇月一六日。
＊90「阪谷俊作宛阪谷希一書簡」明治四三年一月頃（「希一仙台ヨリ送リシ日記及書状葉書明治四三年一月八日ヨリ三月三十一日迄」内）。他にも南洲言行録（『西郷南洲言行録』か、明治四〇年頃書簡）や、『A Political History Of Modern Europe』（書簡にはSchwill,Modern Historyとある。明治四三年一月二八日書簡）などの購入を依頼している。
＊91 前掲「回頭知已人已遠」
＊92 前掲「大海を汲む」
＊93「阪谷琴子宛阪谷希一書簡」明治二三年六月二三日（「希一仙台ヨリ送リシ日記及書状葉書明治四三年四月二〇日ヨリ六月二七日迄」内 ※書簡には年の表記なし）
＊94 高嶺秀夫（教育学者、女子師範学校校長など歴任）の三男。昇の兄俊夫は希一の妹和子の夫となり、阪谷家と高嶺家は姻戚関係を持つ。
＊95「阪谷希一日記」明治四一年一一月三〇日条。
＊96 前掲『しのぶのつゆ』
＊97 旧姓尾高ちよ。千代、千代子とも。栄一の伯父である尾高勝五郎の娘。栄一の従妹。
＊98 渋沢篤二（一八九二〜一九三二年）渋沢栄一の長男。放蕩息子であり廃嫡となった。栄一の後を継いだのは篤二の息子敬三である。

＊99 穂積歌子『はゝその落葉』竜門社、一九〇〇年、一二二頁。
＊100 穂積重遠「小石川の叔母様」、前掲『しのぶのつゆ』一五頁。
＊101 秋庭千重子「母上様をしのびまつりて」、同上『しのぶのつゆ』五五頁。
＊102 山成喬六。銀行家。満州中央銀行副総裁を務めた。芳郎の母方の従弟。
＊103 渋沢元治（一八七六〜一九七五年）　電気工学者。名古屋帝大初代総長。栄一の甥。
＊104 阪谷芳直『21世紀の担い手たち』勁草書房、一九九五年、二五〇頁。
＊105 東京高等師範学校附属中学校『東京高等師範学校附属中学校一覧 自大正九年四月 至大正一〇年三月』
＊106 阪谷希一「父を語る」社会教育協会『国民』六二九、社会教育会、一九五三年、一八頁。
＊107 前掲『母その生涯の悲しみ』一九二頁。
＊108 岩浪稲子は貞子の結婚の際に北白川宮家から来て、有馬家の使用人となった。北白川宮能久親王の妾で、貞子の実母である。
＊109 前掲『三代の系譜』一七七頁。
＊110 阪谷芳直「辿りつき振り返り見れば」自筆の自伝原稿（未完）、一九六二年から執筆開始。
＊111 阪谷寿子他「対談阪谷希一を語る」同上『三代の系譜』三三七頁。
＊112 土方与志（一八九八〜一九五九年）伯爵。本名、久敬。三島彌太郎次女の梅子と結婚。演劇活動と共産主義に傾倒し、一時ソ連やフランスに亡命。昭和九年爵位を剥奪される。
＊113 阪谷芳直「辿りつき振り返り見れば」。
＊114 阪谷芳直「伯父三島通陽の回想―マニラにて―」『弥栄とともに：故三島通陽先生五年祭追憶集』臼井茂安、一九六六年、九三頁。阪谷寿子「兄のこと」、同上『弥栄とともに：故三島通陽先生五年祭追憶集』九五頁。芳直は中学生の時に、一人で東京に暮らすようになると、再度ボーイスカウトに参加している。
＊115「北支を住みよい天地とするために 北京座談会 三月三十日夜北京ホテルに於いて」『婦人之友』三十二(五)、婦人之友社、一九三八年、四〇〜四一頁。

＊116 同上『三代の系譜』二二四頁。
＊117 前掲「辿りつき振り返り見れば」。
＊118 前掲『三代の系譜』二二六頁。成田至「阪谷芳直君のこと」前掲『倜儻不羈の人 追悼・阪谷芳直』四二頁。成田は芳直の旅順第二小学校の同級生である。ある日、子どもたちが度胸試しに低い屋根から飛び降りたが、芳直だけが飛び降りられなかった。帰宅した希一がそれを知ると、暗くなってから無理やり芳直を屋根から飛び降りさせたエピソードも紹介している。
＊119 前掲「辿りつき振り返り見れば」。壽子は祭礼の獅子舞を怖がって逃げようとする芳直を無理やり連れて行って、獅子に頭をかませるなどした。獅子に頭を噛まれると賢くなるという迷信もあるため、男らしさを育てるための厳しい教育が目的だけとは限らないとは芳直も後年には考えているようだ。
＊120 希一一家は、芳直を東京に残して、希一の仕事のために新京（長春）や大連に居住した。
＊121 前掲『三代の系譜』二二八頁。
＊122 同上『三代の系譜』二二四頁。
＊123 「阪谷芳直宛阪谷希一書簡」昭和八年三月一八日。
＊124 前掲『三代の系譜』二二四頁。
＊125 向山謹子「従兄芳直さんの勉強部屋―子どもの眼で見た千駄ヶ谷の阪谷家―」阪谷綾子編『倜儻不羈の人 追悼・阪谷芳直』私家版、二〇〇三年、五〇〇頁。
＊126 磯野富士子「もっと、もっとお話ししたかった芳直さん」同上『倜儻不羈の人 追悼・阪谷芳直』四五一頁。磯野は、希一の従兄である穂積律之助の娘。
＊127 「阪谷芳直宛阪谷希一書簡」康徳二年（昭和一〇年）二月一日。
＊128 「阪谷芳直宛阪谷希一書簡」昭和一〇年七月二四日。
＊129 昭和一一年に末子として誕生している。
＊130 「阪谷朗子宛阪谷希一書簡」昭和一五年六月八日。（子どもたちの宛の手紙が、朗子宛の封筒に入っていたのか）

＊131 「阪谷朗子宛阪谷希一書簡」昭和一五年六月八日。
＊132 北支事変で日本が北京を占領後、移住する日本人が増えていく。長谷川怜「水野可壽子「昭和二十一年記 亡父を憶ふ」：長島隆二についての回想」『皇学館史学』三六号、二〇二一年に当時の日本人エリート層の北京での生活文化が紹介されている。
＊133 現在の中学一年から高校二年にあたる年齢の女性が通学した。
＊134 三女の理子のこと。
＊135 前掲「北支を住みよい天地とするために 北京座談会 三月三十日夜北京ホテルに於いて」四〇頁。
＊136 前掲『三代の系譜』二二三頁。
＊137 同上『三代の系譜』二二三頁。
＊138 中学時代(昭和一〇年夏から)は川村家（旧薩摩藩士、小石川区武島）に、高校時代は一高の寮に寄宿していた。(前掲『21世紀の担い手たちへ』一四一頁。)
＊139 前掲『しのぶのつゆ』六八〜七一頁。
＊140 前掲『三代の系譜』二三五頁。
＊141 同上『三代の系譜』二三五頁。
＊142 同上『三代の系譜』二二三〜二二四頁。
＊143 同上『三代の系譜』一七六頁
＊144 同上『三代の系譜』一七六頁。
＊145 前掲『21世紀の担い手たちへ』二五〇頁。

第五章 ✺ 華族女学校附属幼稚園における保育実践

第一節 大名華族の家庭

日本の上流階級における伝統的な幼児教育は、近代化という国家的要請にどのように対応・適応して行ったのであろうか。公教育である幼稚園での就学前教育と私教育である家庭教育との関係を、戦前期の伝統的な上流階級である大名華族の家庭教育と女子学習院幼稚園*1における実践から検討しようとするものである。

幼稚園成立期から現在に至るまで、幼児教育の重要な部分は家庭に任せられてきており、幼稚園は家庭教育の補助としての役割を担ってきた。本研究では近代の上流階級である華族の家庭教育について幼稚園の現場がどのようにとらえて、どのように家庭教育を補助していたか解明をこころみる。

幼児教育のプロフェッショナルである保母たちの幼稚園の教育実践を明らかにすることによって、家庭教育を短所と長所をどのように感じていたか明らかにすることができるのではないかと考えた。本研究では社会階層をとして上流であった華族、とくに伝統的な上流階級である大名華族を中心において、公的領域である宮内省の官立の女子学習院幼稚園での就学前教育の実践と、私的領域である華族の家庭教育とのかかわりから、上流階級の幼児教育についての実相を明らかにしたい。

先行研究としては、幼稚園の成立過程を研究した『日本幼稚園成立史の研究』*2があるが、一般的な幼稚園の研究であり、女子学習院幼稚園についてのまとまった記述はない。また女子学習院付属幼稚園の設立当時から保母を務めた野口ゆか*3や森島峰についての研究が一部あるが、これはどれも二人が学習院で勤めながら創設した貧しい子どもたちのための二葉幼稚園についての研究である*4。女子学習院幼稚園で行われた幼稚園の教育の実際の内容についての研究は行われていない。

繰り返しになるが、華族の家庭のなかでも、とくに明治時代以前から存続している大名華族の生活は多くの使用人の働きで成り立っている。大名華族家の私的生活を支えるのはまず多くの女中たちである。それをたばねる老女という女性が日常生活全般の采配を行い、その老女によって生活スタイルが左右される。多くの使用人を使いながらも、大名華族家の暮らしのなかでは質素倹約を大切にしていた。その質素さは、一汁三菜という普段の食生活、また子どもに綿服を普段着として着せることが多かったことによくあらわれている。

子どもたちの生活は、使用人の存在によって成り立っている。両親は子どもを使用人に預け、教育やしつけには自らの手を出すことはあまりなかった。母親といえども、自ら子どもを教育することはあまりなく、親子での行動は観劇などの芸術鑑賞、旅行、散歩、そして動植物園見学などの余暇活動が多い。そして、教育方針は両親の意向だけでなく、先祖代々続く伝統的な家風やまた巨大な家を運営する際の相談役である旧家臣団の意見なども大きく影響した。

学習院の幼稚園での子どもたちの生活と比較するために、伝統的な大名華族の子どもの家庭生活を『華族―百年の側面史―』*5を参考に見ていきたい。

子どもの養育には、幼少期には一人ひとりにお付の女中がつく場合が多い。マナーは厳しくしつけられ、特に食事のマナーには厳しかったとされる。また女中あるいは使用人の使い方という、上流階級の生活にとって重要な教育もされる。生活から少し離れた教育としては、「千字文」などの伝統的な漢学の素読*6や音楽などの教養の習い事や子供用雑誌の購入などがある。

使用人にあずけられた子どもたちは、名前に敬称をつけられて呼ばれる、あるい〇〇印に敬称を付けられてよばれる場合が多い。〇〇印とは生まれたときに決められた愛称のようなものであり、鳩なら鳩印さま、小松なら小松印さまとなるのである*7。

子どもたちの遊びとしては、遊び場は庭である。遊び相手は、兄弟姉妹や同年代の「お相手」などといわれ、大名屋敷の中や周辺に住まいを持っていた家令・家扶などの上級使用人の子女であった。伝統的な大名家では広い屋敷に住んでいる場合が多く、非常に大きな庭を有していた。そこで鬼ごっこや木登り、またままごとや人形遊びなども行われ、季節の折には羽根突きや凧揚げ百人一首のかるたなども行われた*8。また家の廊下でローラースケート、庭の築山でスキーなどをした者もいる。そして、つねにお付きの女中など、大人の視線に囲まれて、安全を保障されながら遊んだ。

華族の家庭教育についての根本理念には二つの柱が存在する。ひとつは個人活動としての教育理念、ひとつは国家奉仕としての教育理念である。

個人活動としての教育理念として、大名華族・公家華族は近代以前からの伝統的な支配階級であり、その家には長い歴史と文化がある。この家の伝統を受け継ぐために独自の家庭教育が必要であった。因みに各家の各種の習い事には、それぞれ決まった流派があった。また多くの使用人を使い生活をする立場から、それぞれ使用人の立場を考えつつ、用を足すという倫理観を習得するのである。

また、華族には皇室を支える「皇室の藩屏」としての役割があったので、国家・社会に有益な子弟を育てるという理念、つまり国家への奉仕としての教育理念があった。華族令には華族の品位を貶めれば、特権階級から排除されるという規程があり、教養や徳性の教育が必要であった。また華族家に生まれ男子は、将来は貴族院議員や、軍の将校・士官や外交官などの国家を支えてリーダーとなる職業につくことが理想とされたために、これらの職業につくための高等教育を受けることが必要とされた。

第二節　女子学習院幼稚園の成立

学習院は華族会館という華族の団体によって、明治九（一八七六）年に設立計画がなされ、その翌年に設立された華族によるその子弟のための私立学校である。

この設立計画の際につくられた「華族学校設立大意」第二条に「女学校中別ニ幼稚園ヲ開キ、男女齢満三年ヨリ満六年マテノ者ヲシテ此ニ来タリ保育ヲ受ケシメ、本校ニ入学スル女生徒ヲシテ其保育方法ヲ兼修セシム可シ*9」とあり、当初から学習院に幼稚園を作ろうという計画があったこと、そして幼稚園を華族の女生徒が育児について学ぶ場として使おうとしていたことが分かる。また、早い時期から華族において良妻賢母主義の教育が考えられていたようである。同年に、全国の幼稚園のモデル園となる東京女子師範学校附属幼稚園が開設されていた。そのことから、早い段階から華族が幼稚園について純粋に幼児のための教育という視点からではなかったとはいえ、幼児教育の重要性に注目していたと推測できる。しかし、実際には幼稚園はすぐには作られなかった。

師範学校附属の幼稚園には、明治政府高官の子どもも多く通っており*10、また「幼児の保育に良好な成果*11」があるとして、明治一二（一八七九）年に学習院においても幼稚園設立が計画された。明治一七（一八八四）年生まれの有馬頼寧は、学習院に幼稚園がなかったために、東京女子師範学校付属の幼稚園に通っており、そこには後に大正天皇皇后（貞明皇后）となる九条節子も通っていたという*12。有馬がほ

表5・1　女子学習院幼稚園簡易年表

明治10年(1877)	学習院設立(私立学校)
明治13年(1880)	学習院付属幼稚園設立の動きがあったが、頓挫
明治17年(1884)	宮内省所管となる(官立学校)
明治18年(1885)	学習院から女子部門が独立し華族女学校が成立
明治27年(1894)	華族女学校幼稚園設立
明治40年(1907)	学習院と華族女学校の併合につき学習院女学部幼稚園に名称変更
明治43年(1910)	四谷の学習院女学部焼失 幼稚園は学習院に仮住まい
大正 7年(1918)	学習院女学部が青山新校舎に移転し、女子学習院と名称変更 女子学習院幼稚園に名称変更
昭和22年(1947)	学習院・女子学習院廃止

かの華族の子弟を覚えていないため、おそらく少数であると推測するが、幼稚園に子どもを通わせた華族がいたことがわかる。

学習院の幼稚園は学齢未満の三歳から六歳までの子どもの知覚を開発し、心の発達を促すところであるとし、その保育科目として「物品科　日常ノ器物ニツキソノ性質或ハ形状等ヲ示ス　美麗科　美麗トシテ愛好スルモノ、即チ彩色等ヲ示ス　知識科　観玩ニヨリテ知識ヲ開ク。即チ立方体ハ幾個ノ端線、平面、幾個ノ角ヨリ成リ、ソノ形ハ如何等ヲ示ス」という規則が作られている。これは、東京女子師範学校の保育内容と同じものである。「物品科、美麗科、知識科」とは、フレーベルの恩物を用いたさまざまな活動から、幼児期に育つことが期待される生活認識や美的情操の涵養や数的認識の育成させる「ねらい」のことであるという*13。現在の幼稚園教育要領における教育の身近な生活に関する「環境」領域と、感性や表現力に関する「表現」領域についての教育にあたるものが、学習院の幼稚園での中心的な教育として考えられていたことがわかる。しかし、まだ一私立学校にすぎなかった学習院にとっては幼稚園を建設するための土地もなく、その運営に必要な資金もなかった*14。そして当時はまだ幼児教育は家庭で行うものだという風潮が強く、幼稚園の設立が一部の先進的な華族の賛同を得られただけでしかなかったことから、幼稚園設立の計画は実施にはいたらなかった。

明治一八(一八八五)年に学習院の女子部門が分離独立して、装いも新たに華族女学校が成立した。明治二六年(一八九三)年に赴任した元女子高等師範学校校長の細川潤次郎が華族女学校を拡充しようとして、幼稚園設立を計画し始めた。はじめの幼稚園設立の計画から一四年後の明治二七(一八九四)年に華族女学校のなかに幼稚園が設立されることとなった。このころ学習院と華族女学校は宮内省が所管する官立学校となっており、宮内省が華族女学校に隣接した土地を取得し、その土地の使用権を華族女学校に与えたので、そこに幼稚園を設立することが可能となった。

細川は幼稚園の園長にあたる主務の役職に華族女学校の教授椿蓁一郎をあて、保母には高等師範学校女子師範学科卒業して母校の附属幼稚園に勤務していた野口ゆかと、アメリカへ留学しフレーベル主義の保育と実践を学んだ森島峰を任じた。そして彼らは幼稚園施設の整備を行った。この華族女学校幼稚園の規則は以下のとおりである。

第一条　本園ハ華族ノ子女学齢未満ノ者ヲ保育スルトコロトス　但シ氏族平民ノ幼児モ　入園ヲ許スコトアルヘシ

第二条　本園保育ノ趣旨ハ幼児心身ノ発達ヲ帮助シ善良ナル言行ヲ養成スルニアリ

第三条　入園幼児ノ年齢ハ凡ソ三年以上六年未満トス

第四条　保育ハ修身、談話、庶物、計方、手技、唱歌、遊戯ノ方法ニ據ルモノトス

第五条　入園ノ幼児ハ年齢ニ依リ大約三組ニ分カツモノトス

第六条　保育時間ハ一週二十時間以内トス　但シ望ニヨリ一日二時間以内保育時間後ニ於テ幼児ヲ監護

スルコトアルヘシ
（中略）
第十六条　在園ノ幼児ハ毎月金七拾銭ヨリ少ナカラス弐円ヨリ多カラサル保育料ヲ納ムヘキモノトス*15

この規則によれば、華族女学校幼稚園は三歳から六歳の華族子弟の健全な心身の発達を促すために設立されたものである。また月謝を必要とし、それは七銭から二円のあいだであった。これは華族女学校の月謝の仕組みによったもので、各家において既定の範囲内の月謝額を設定して、支払いをすることができた*16。

さて、華族女学校幼稚園の保育方針は保育要旨の中で語られる。保育の方針や方法は、当時のほかの幼稚園と大きな違いはなかったようだ。華族女学校幼稚園の保母である野口ゆかは、全国の幼稚園のモデル園でもあった東京女子師範学校付属幼稚園の保母を務めていた。また東京女子師範学校付属幼稚園にて保母の研修を受けた保母が全国の幼稚園で採用されており、保母たちは勤務先で母校での研修を活かした保育を行っていたという*17。

保育方針は自然物や玩具での遊びなどのなかで幼児の体、心、知識、忠孝の精神を育てることや、行儀作法を教えるなかで自然に秩序と礼儀を大切にすることを教えることである。また身体の発育は最も注意すべきことであるとしている。そして幼児の養育や教育の基本は家庭にあり、幼稚園は家庭教育の補助的な役割を行うものだとしている。子ども一人一人の発達に合わせた教育が重要で、発達が遅くても強制的に訓練してはいけないとしている*18。

ただし、身体の発育について、この幼稚園は一般の幼稚園よりも強い興味関心を寄せていた。華族上流

表5・2　華族女学校幼稚園　保育時間配当

	9:00–9:30	9:30–10:00	10:00–10:30	10:30–11:00	11:00–11:30	11:30–12:00	12:00–12:30	12:30–13:00
月～金	会集	恩物	外遊	内遊	作業	外遊	食事	外遊・支度
土	会集	恩物	外遊	支度	／	／	／	／

参考:女子学習院編『女子学習院五十年史』、女子学習院、1935年、364頁

の子女には病弱なものが多かったためである。そのため身体測定についての詳細な報告書をつくって、一般の幼稚園児との比較を行っていた＊19。

華族女学校幼稚園の保育時間配当についてだが、表5・2「華族女学校幼稚園 保育時間配当＊20」によってわかるように、保育時間は外遊と内遊に多くの時間を占められていた。この内遊と外遊は室内・屋外遊戯のことであるとみられる。

毎朝の「会集」では、毎日「君が代」を合唱した後、「談話」＊21を聞き、さらに唱歌や遊戯を行った。またそのあとの恩物の時間にはフレーベル教育に基づいた知的開発玩具である恩物での遊びをしていた。木の板や輪などを並べたり、紙を折ったりする手遊びを通じて知能開発をするのである。子どもたちが年齢によってわけられた三組のなか最年長の一の組は積木・板排・箸環排・刺紙・縫取・折物・剪紙・織紙・組紙・豆細工・土細工・連板・繋方＊22・談話・唱歌を行い。二の組は一組の内容から組紙が除かれている。また最年少の三の組では組紙・刺紙・縫取・織紙・豆細工・土細工除き、「六の毬」を追加している。そしてこの恩物や砂場遊びなどを通じて想像力の養成についても考えられていた＊23。

その後は外遊や内遊を繰り返している。幼稚園では多くの時間が遊戯に割かれていた。この遊戯は体を動かす集団的な踊りや体操あるいは遊びのことである。この幼児向けに開発された体操などによって、子どものとくに身体の発達を促そうとしていた。また、この保育時間配当からはずれて、幼稚園

近くの公園などに散歩にも出かけたようである。

学習院の幼稚園の時間割であるが、読み書きや計算をそれほど重視していないことが同時代の一般の幼稚園と異なるところとして挙げられる。明治二三（一八九〇）年の「高等師範学校付属幼稚園規則」では、保育課程として最年長クラスには一週間に三〇分ずつ「読み書き」と「数え方」の時間がとられていた*24。また明治二五（一八九二）年には女子高等師範学校付属幼稚園では読み書きと数え方の時間は消えていたが、明治三二（一八九九）年の「幼稚園保育及設備規定」が公布されるまでは多くの一般の幼稚園は小学校の予備校のようなものとなり、読み書きや計算が重視されていた*25。

学習院の幼稚園には、「読み書き」や「数え方」の時間は初めからつくられなかった。すでに、読み書きを廃止していた女子高等師範学校付属幼稚園の保母であった野口が、学習院にも同様の手法を取り入れたのだと考えられる。また、有馬頼寧のように幼少期において小学校に入学したころには「千字文」などの漢文の基礎を老女により手ほどきを受けていたことから、家庭において少しずつ「読み書き」の教育がなされていたのではないかと推測できる。

また細川は子供たちの徳育のためにみずからが作詞し、華族女学校の音楽教師奥好義がそれに曲をつけ「幼稚修身の歌」が作られた。

第一段（孝の心得）

わが子よかれと父母は　寝てもさめても祈るなり
よき子になりて人の子は　親のこころをやすめばや

第二段（忠の心得）

遠つおやよりつぎつぎに　仰ぎまつりてつかへこし

天津日嗣のかはりなき　きみにつかへん我々も
第三段（愛国の心得）
わが大君のしろしめす　みくにはおやもいます国
心あはせてもろびとよ　この日の本をまもれかし＊26

「幼稚修身の歌」の歌詞は文語体で書かれており、おそらく当時の子どもにおいても、難解なものであったと考えられるが、細川は「幼稚修身の歌」を子どもたちに歌わせることで、忠孝と愛国の精神を養おうとしていたのである。

また華族女学校幼稚園でも、フレーベル教育でおこなわれる植物栽培がおこなわれていた。そして、養蚕や小鳥の飼育などが、植物栽培の延長線上として行われていたようである。使用人たちの手厚い世話を受けて育った華族の子どもたちは、自発性の乏しさが指摘され、保母たちは子どもたちに植物や小さな生き物の世話、また自分たちの弁当の片付けやおもちゃの片付けなどの仕事を与えることで、自発性をめばえさせようとした＊27。さらに、植物や動物の世話は趣味の涵養にもなるとも考えられた。

また昭和八（一九三三）年には「おたより」という女子学習院において発行されていた校内誌には、「幼稚園教育に就いて」という特集が組まれている。そこでは、幼稚園教育では体育と訓育に重点をおいていると述べていた。体育によって身体が発達することで、知能の発達も誘導されるとしている。また訓育においては、子どもたちの自発的な行動のなかから「善良なる習慣の基礎」を養うという＊28。このころ幼稚園では、園庭に全身遊具などの設置数が増えており、ブランコやシーソーそして雲梯などが設置されていた。そして、あまりにも行動が活発でやんちゃな子どもには、保母は罰として、戸棚に閉じ込めたり、しばらく下級クラスにあずけたりしたという＊29。

学習院の幼稚園で、とくに子どもの教育について重要視されていたのは、なによりも身体の発育であった。そのほかには、心の発達でもある自立心や創造力を養い、そして趣味を通じての個性の伸長、そして忠孝や愛国の精神のある道徳を養わせることであったようである。

第三節　女子学習院幼稚園の園児の推移

明治三八（一九〇五）年四月の開園当初は華族女学校幼稚園には総計三二名の入学希望者がいた。その出身構成や、男女比などは不明である。同年八月末には総計四一名の園児がおり、その内訳は皇族二名、華族一五名、士族二四名であったが、男女比は不明である。

明治四五（一九一二）年度の在園者については、『学習院女学部一覧』＊30の名簿から、その出身別構成を『平成新修旧華族家大成上・下』＊31を利用して特定した。その内訳は次の表5・4「明治四五（一九一二）年度学習院女学部幼稚園出身別構成」のとおりである。

表5・3と表5・4を比較すると、開園当初、華族女学校幼稚園は華族の子どものためにつくられたにもかかわらず、華族の子どもよりも士族の子どもが多かった。しかし、その名称を変更して学習院女学部幼稚園となっていた明治四五年度では、武家・公家・勲功・その他の華族が九〇名、皇族が一名、士族が一名となっており、華族が構成別においての一大勢力となっている。このころには華族が子どもたちを幼稚園に入園させたいという希望が増えて、当初許されていた士族や平民の入園が禁止されるようになっていた。

またこの明治四五年度に学習院に在籍した園児の翌年の進路を、翌年の大正二年度の『学習院女学部一

表5・3　明治38(1895)年　華族女学校幼稚園出身別構成

族別	華族	皇族	士族	合計(人)
人数	15	2	24	41

表5・4　明治45(1912)年度学習院女学部幼稚園出身別構成

出身家	男	女	合計(人)
武家(大名)華族	16	24	40
公家華族	4	7	11
勲功華族	13	13	26
その他(寺院・神社など)華族	6	7	13
皇族	0	1	1
士族	1	0	1
合計(人)	40	52	92

表5・5　学習院女学部幼稚園 明治45年度在籍生の翌年の進路

進路状況	男	女	合計(人)
学習院進学	19	21	40
幼稚園在籍	18	29	47
不明	3	2	5
合計(人)	40	52	92

覧』＊[32]、『学習院一覧』＊[33]と比較することで明らかにして、表5・5「学習院女学部幼稚園 明治四五年度在学生の翌年の進路」を作成した。

表5・5によると、明治四五年度に学習院女学部幼稚園に在籍した子供たちの約半数が学習院、男子は学習院初等学科、女子は学習院女子部小学科への進学をしていることがわかる。そして半数は翌年度も幼稚園に在籍しており、進路不明は五名だけである。男子の進学先である学習院初等科一年生においては約三分の一が学習院女学部幼稚園の出身者で占められており、士族などを除いて華族だけをみれば約五分の三が学習院女学部幼稚園の出身である。学習院女学部小学科一年生は、約三分の二が学習院女学部幼稚園の出身であった＊[34]。

以上のことから、華族女学校幼稚園の設置から約二〇年の間に、華族が幼稚園を就学前教育として積極的に利用するようになっていたことがわかる。とくに幼稚園は学習院の女子部門に付随しており、連続的な教育が受けられたと考えられる。そのため男女の構成比も女子のほうが多かったのではないかと考えられる。

また就学準備として短期間入園した者もいる。大正天皇の息子である三笠宮崇人親王（澄宮）は学習院に入学する前年の大正一〇年一〇月から二か月のみ保育を受けている*35。これも、学習院初等科のクラスメイトなど様子を前もって知るための準備という意味があったのではないかと考えられる。

第四節　保母からみた華族の子どもたち

野口ゆかの書いた女子学習院幼稚園の子どもたちの様子や保育の実践がわかる資料がいくつか残っている。

野口ゆかは華族女学校付属幼稚園の子どもたちの性質について、高貴な生まれであり、自然に気品が備わっているとしている。またつねに使用人に囲まれているために、何事も人任せで積極性がなく、そしてすぐに転んだり溝にはまったりと危険を察知し身を守る能力に欠けるとしている*36。つまり、華族の子どもは気品があるが、過保護に育てられているために、依頼心が強く、自立心に欠けるとみられていた。

幼稚園設立当初、華族家との連携が困難だったことを表わすエピソードがある。既述のように華族の子育ては女中などの使用人任せであり、子育ての方向性は両親だけでなく、華族家の使用人を束ねる老女にも強い発言権があった。幼稚園の子どもたちの服装に関して、野口ら保母は遊戯などの運動に不向きな長い袖の着物から、動きやすい筒袖の着物に改めようとしたが、老女たちの反発にあった。しかし、運動会での徒競走において、長い袖の着物の子どもが袖につまずき転び、筒袖の子どもは一等賞をとったことから、運動会の翌日から一斉に子どもたちの服装が筒袖になったという*37。

明治三一（一八九八）年に雑誌『少年世界』において同雑誌編集者であり、児童文学者でもある巌谷小波が「華族女学校附属幼稚園参観記」を上下で四巻二四号から二五号にわたって掲載した。巌谷が画家の桂舟とともに実際に華族幼稚園を訪れて執筆したものである。そこには保母たちが入園時に子どもたちをいかに幼稚園に早く馴染ませるかの工夫が書かれていた。ひとつは子どもが保母に早く慣れるようにすることで、その方法はお付きの女中は教場の中には入れず、心細い思いをしている子どもには保母がつねに側で世話をすることである。もうひとつは子どもたち同士が早く馴染むようにすることである。その方法は入園したばかりの子どもに対して、少し年上の子どもをお世話係のようにして、可愛がってあげるように保母と約束させたり、苗字ではなく名前で松ちゃんやお梅さんなど家で呼ばれているように名前を呼んだりすることである*38。

また、巌谷にたいして保母が幼稚園について以下のように述べたという。

幼稚園と云ものは、小学校とは違ひますから、子供を怜悧にしなければならないと云ふ、窮屈なものでは決して無いので。つまり自家で遊ぶよりは、好い遊び方を教へればよいのです。ですからこの幼稚園なども、小児に頭脳を使ふ様な、むずかしい事はあまり教へず、只気の広く成る様に、身体の上に成る様に、そして悪い遊を覚えないように、いじけた、ひがんだ根性の出ない様にと、かう云うことに気をつけ居る*39

つまり、心身の発達が一番であったということである。また家での遊びよりはよい遊び方を教えるとあ

表5・6　野口ゆか略歴

慶応 2年(1866)	播磨国(兵庫県)生まれ (父、姫路藩士、のち県庁勤務)
明治18年(1885)	東京師範学校入学
明治23年(1890)	高等師範学校女子師範学科卒業(学校名改変) 女子高等師範学校助教諭 女子高等師範学校保姆
明治27年(1894)	華族女学校助教幼稚園勤務
明治33年(1900)	二葉幼稚園設立
大正11年(1922)	学習院女子部退職
昭和25年(1950)	死去 享年83歳

るのは、おそらく子どもの知能開発に効果的な遊びのことである。恩物などを使った遊びを指すのであろう。箸並べ板並べなど、板などを思い思いに汽車や船のかたちに並べて、さまざまな図を作ることなどを行っている様子も巌谷が記述している＊40。

さらに、明治四〇（一九〇七）年には「女学部学生及ヒ幼児ノ服装ニ関スル心得」において、筒袖の衣服の着用が定められ、素材も質素なものとされ、例えば綿やウール、絹は銘仙までという規定ができた＊41。これは、着るものによる見栄の張り合いによって華美な風潮になりつつあることを取り締まるだけでなく、幼児においては汚すことを気にして活発に体を動かせないことがないようにする配慮も加わっていると思われる。また大正一〇（一九二一）年にはタブリエ（胸当てのあるエプロン）の着用が決められ、さらに汚れることを気にする必要がなくなり、そして衛生的になったともいえる。服装については、男児はセーラー型の上着にズボンだったが、女児は時代とともに和服から洋服を着るように変化が見られたという。そして、靴についてはみなが黒靴でなくてはならなかった＊42。

幼稚園は開設当初、華族家の子育ての責任者である女中とのコミュニケーション不足であったが、幼児教育への関心の高まりがあった時期でもあり、大正七（一九一八）年以降は定期的に家庭会や授業参観などをひらいて＊43、幼稚園だけでなく学習院全体で保護者を巻き込んでいった。また幼稚園の浸透には天皇家の威光も影響していたと考えられる。天皇家は学習院幼稚園の活動のために新宿御苑を開放したり*44、また皇室の子どもたちに幼稚園を見学させたり*45した。また学習院の幼稚園の子ども数人と保母を天皇家の子どもの遊び相手として招く、あるいは親王を短期間のみ入園させるなどしていた*46。

こういったことがらは、とくに天皇家と学習院幼稚園へのかかわりは華族たちに幼稚園への興味を持たせることにもつながったはずである。また家庭会や授業参観は、華族の親たちにとって一種の社交場になりえたはずである。さらに、野口の開いた貧民向けの二葉幼稚園にたいして保護者達は寄付を行ったり、また学習院出身者たちはバザーを開いたりして支援をしていた*47。このことからも華族の家庭と学習院の幼稚園の主務となっていた野口との関係は良好になっていったことがわかる。

女子学習院付属幼稚園の教育実践として、どのような教育がおこなわれていたか、野口ゆかが雑誌などに書いたものがいくつか残っている。箱庭作り、種子の採集、ひな祭り、人形の祝い、卒園式についてのことがらである。

まず箱庭作りでは次のとおりのことが行われていた。箱庭は江戸時代中期ごろから、園芸嗜好が高まると同時に、庭を持たない庶民の間で流行しはじめたものである。普通の庭から景勝地まで箱の中で苔や小さな植物などを使って再現が行われていた。明治以降は盆景にとってかわられ、消えていくことになった。これは後に心理療法にも導入されたものである。

野口ははじめ二葉幼稚園でこの箱庭作りをはじめた。のちに学習院にも導入したという。そのメリットは、とくに技術が必要ではなく子どもにもできること、遊びながら自然と親しめること、一生楽しめる趣味となること、自然の美に親しむことで品格が高くなることである。

種子の採集は、毎年一〇月末～一二月に最上級の組の子供に植物の種子を採取させるものである。場所は家庭から登園路そして保育園内という子供の生活範囲の中で行われた。一か月で一三〇個から一五〇個の植物の種子が集まった。野口は子どもたちに種子の採集で自然観察させると同時に、以下の「お話」をして植物の性質を教えていた＊48。

一、風車の様に、風が吹くとくるくるとまはる種子。
　例へば、紅葉の種子、
二、飛行機の様に、風が吹くと飛んであるく種子、
　例へば、タンポポ、野菊、藤袴の種子、
三、お菓子の様に奇麗でおいしさうで鳥の大すきな種子、
　例へば、南天、
四、お巾着の様に子供の腰のまはりにくつつく種子、
　例へば、藪ジラミ、
五、地雷火の様にパチパチ飛んではねる種子
　例へば、ホーセン花、カタバミ、＊49

このように、保母たちは子どもたちを楽しませながら身の回りの植物の特徴などについて学ばせていた。年中行事でもある雛祭りは、数日前から幼稚園全体で準備を始めている。雛祭りの準備として、初日には子供たちが折り紙でみずから雛人形などを作るところからはじまった。保母たちが雛人形を並べる壇や、内裏雛をつくり、上級学年の幼児たちは三人官女や五人囃子などの雛人形をつくり、下級学年の子供たちはお供えのお菓子を紙などで作った。二日目は出来上がった折り紙や、園内にあるすべての玩具を遊戯室

に飾り付けた。三日目の雛祭り当日は、供え物の調達として、上級学年は煎り豆を作り、下級学年は飾り付けの野花を園内で摘んだ。雛祭り会は遊戯室で行われ、子供たちはみなで作った煎り豆を食べ、歌ったり話したり自由に過ごす時間を楽しんだ*50。

また、人形の祝いという園内の人形の誕生会をおこなっていた。これは三学期に行われた。人形に紋付の着物を着せる、遊戯室を食堂にして寒天の羊羹や芋の茶巾絞りのごちそうを出し、誕生会を過ごさせるものであった。

そして、幼稚園の卒園式であるが、当初幼稚園には卒業証書がなく、乃木希典が学習院の院長を務めていた明治四二（一九〇九）年の卒園式から卒業証書授与を導入した。この卒業証書ははじめ野口は二葉幼稚園で導入し、「たった一ひらの紙ですが、幼稚園と子どもの生涯をつなぐ大変に価値のあるもの*51」だと感じたことから、学習院の幼稚園でも導入することにした。またみなで記念写真をとり、おみやげとして花壇の苗の分配をした。さらに、子どもたちが収集した植物の種子の中から柿、椿、藤、蜜柑などの樹木の種子を分配し、「今日帰ったら直に蒔いておおきなさい、おなた方が大きくなる時分に花が咲くから*52」と伝えた。つまり、卒園の記念樹となるのである。野口が子どもたちに与えた写真と卒業証書と記念樹の種子は幼稚園で過ごしたという生涯の記念品であり、また幼稚園との心のつながりなのである。

野口が残した資料には植物の出てくるものが多い。箱庭、種子集め、ひな祭りの植物の飾りつけ、卒業式の種子分配がある。人形の祝いにも、ひな祭り同様の植物採取とその飾りつけが推測できる。また、学習院女子部幼稚園となって以降は、数字のついていたクラス名に植物の名前をつけ紅葉組・藤組・桜組などとしている。自然に親しむことをとくに重要視していたことがうかがえる。これはフレーベル主義教育に関係するものだと考えられる。女子高等師範学校はフレーベル主義の幼児教育に基づいた幼児教育をおこなっていた。フレーベル主義の教育は子供の成長を植物栽培にたとえ、園児一人一人に小さな花壇を与えていた。また、その特徴は子供が遊びながら成長し学び、恩物での手遊びからの知能開発、遊戯での身体能力の開発である。

大正一一（一九二二）年野口ゆかの退官後、宇佐美ケイが女子学習院幼稚園主務となった。

大正一四（一九二五）年頃、模擬バザーという行事が行われるようになった。これは子供たちの制作品の展覧会であり、夏休み前の家庭会の一部となっていた。また子どもたちは模擬バザーのために、折り紙で紙幣や切符などをつくった。そして、当日には子供たちには五〇銭入りの財布が与えられ、バザー会場入りの切符を自分で購入し、手作りの紙幣で作品を買うことができた。また年長組の子どもたちは店員に扮していた。子どもたちは幼稚園での模擬バザーで、疑似の買い物体験ができ、非常に大喜びしたという＊[53]。華族の子どもたちは普段はお金を使うことはなく、またお金は汚いものだとも教育されており、みずから支払いをする機会などは与えられなかった。お年玉にもお金ではなく品物が贈られた。必要なものを買うときは、現在でいうデパートの前進である勧工場などの店に出向いて品物を選んでも、支払いは使用人の手で行われた＊[54]。

子どもたちにとって模擬バザーは一般の社会生活を知る上で、重要で貴重な経験であった。

第五節　華族と幼稚園

華族の子どもの家庭での遊び場は、庭が主である。大名華族は東京という都会のなかに大きな屋敷を構えており、大きな庭を持つ。人が増え、自然が少なくなっていきつつあった東京においても、大名華族の子どもは多くの自然に囲まれた広い遊び場の中で遊ぶことができた。また子どもは親との交流は少ないが、多くの使用人に囲まれて育つ。大名華族の子どもであれば使用人の数も多く、その遊び相手として上級使用人の子どもたちの存在もあった。そして外国人の家庭教師を雇う裕福な大名華族もいた。幼児の生育の環境としては、使用人などの多くの大人たちに大切に保護されて成長のできる非常によい環境であったと考えられる。

それにもかかわらず、学習院に幼稚園が必要とされ、当初の園児は士族の子どもが多かったのに、しだいに華族の子どもが園児の大半を占めたのはどういったことだったのだろうか。

ひとつは西洋的な幼児教育への関心の高まりがあげられる。学校教育が浸透するなかで、まず幼稚園での幼児教育に関心をむけたのは、政府高官などを務めた裕福な士族階級である。それが、次第に華族にも浸透していったのだろう。当然義務教育ではない幼稚園には入園の義務はなかった。少なくとも女子学習院附属幼稚園の入園については、普通その家の男性の許可が必要であった。入学願書の提出者名には戸主、親権者、および保護者の名前が必要だったからである。

華族の子どもの養育について親たちの懸案事項でもっとも大きなものはひ弱な子供が多いことだった。華族の子弟が実際にひ弱であったのか不明なところが多い。しかし、「華族の生徒は兎角柔弱に傾く處あるにより近来種々に手を尽くしてその体育に注意せらるる*55」というように民間の教育雑誌である『教育報知』でもいわれており、華族の子どもがひ弱であることは社会の共通認識だったといえる。学習院の付属幼稚園における保育はほとんど体を動かして健康に育てるための遊戯に使われた。また大正期には子どもの健康調査のための体格検査を毎週行うようになっていた*56。親たちは子どもを健康に育てる新しい教育法を活用しようと考えたのだろう。

学習院への就学準備や友人作りの場としての幼稚園であるとも考えられる。実際に、女子学習院幼稚園に通園した子どもは、学齢期に入るとほぼ学習院に入学していった。学習院に入学するために共通の修学前教育をうけることは、子どもが学校生活や友人関係に適応するにも役に立ったことを推測することは容易である。

また幼稚園は没落して貧しくなったり、軍人などの勲功華族であり多くの資本を持っていなかったりする家庭の子どもによい教育環境を与えるためのだとも考えられる。あるいはそして幼稚園自体が華族の子どもにとって友人作りのための社交場であり、また家庭会や授業参観そして模擬バザーなどのイベントの開催により親の社交場にもなっていたことが考えられる。

幼稚園の設立当初は、江戸時代の伝統が大名華族の家庭内で根強く残っていたために、幼稚園と家庭との連携がうまくいかないこともあった。しかし、時代が変化し、明治後期や大正期に入ると、華族女学校などでの女子教育において、幼児教育を含む家政学などを学んだ女性が華族家の母親となっていた。また華族家のなかに学校で家政学を学んだり、保母や看護婦の免状を取得したりしたものが女中として入るようになった。そのために幼稚園の幼児教育と家庭教育という対立構造そのものがなくなったとも考えられる。

そして幼稚園が子どもたちにとって、就学前教育の場であり、親たちの社交場としての意味を持っていたことで、幼稚園との連携はうまくいくようになった。またもともと家庭教育の補助が幼稚園の役割であり、それぞれの家庭での特有の教育を妨げるものではなかったことも一つの要因であろう。女子学習院幼稚園が重視していたことはもっぱら、身体の成長と徳育であった。

また皇室とのかかわりもある。宮家の子女や、天皇家の子どもも学習院の附属幼稚園に通園していた。とくに、大正天皇の息子である三笠宮崇仁親王が、二か月のみ入園していた際には、遊戯などの保育時間中に特別扱いはなかったが、到着時と帰宅時には園児と職員は皆並んで送迎をしたという*57。幼少期から皇室と近く接しさせ、尊敬の念を教育していたともいえる。

子どものためを思って教育を施していたのは、家庭も幼稚園も変わりはない。また大名華族の家庭は、比較的裕福であり、また文化を有しており、幼いころから食事のマナーなどの礼儀作法をしっかりとしつけられていた。華族の子どもたちは衣食住に事欠くことなく、高尚なる文化的資本を持つ家庭と、当時の最先端の保育を学んだ優秀な保母のいる幼稚園において、最良の幼児教育を受けていたといえる。

註

＊1 女子学習院幼稚園は女子学習院の名称の変更と共にたびたび名称の変更をしている。基本的には戦前までの最終的な名称であった女子学習院幼稚園を使用する。

＊2 湯川嘉津美『日本幼稚園成立史の研究』風間書房、二〇〇一年。

＊3 野口幽香とも表記されるが、野口ゆかが戸籍上の名前である。また森島も「美根」と表記されることがある。森島はのちに結婚して斎藤姓に変更される。

＊4 松本園子「野口幽香と二葉幼稚園(1):先行研究の検討」『淑徳短期大学研究紀要』第四六号、淑徳短期大学紀要委員会、二〇〇七年。

＊5 前掲『華族―百年の側面史』

＊6 前掲『七十年の回想』創元社、一九五二年、二七頁。

＊7 前掲、蜂須賀年子『大名華族』七九頁。

＊8 前掲『七十年の回想』三七頁。

＊9 学習院百年史編纂委員会編『学習院百年史』第一編、学習院、八〇頁。この「華族学校設立大意」をまとめたものたちは、立花鑑寛、立花種恭、加納久宜である。種恭、加納は兄弟であり、初期の貴族院でリーダーシップをとった。

＊10 同上『学習院百年史』三七七頁。

＊11　女子学習院編『女子学習院五十年史』、女子学習院、一九三五年、三五八頁。
＊12　前掲、『七十年の回想』三〇〜三一頁。
＊13　湯川嘉津美「幼稚園の誕生とフレーベル主義教育」、浜田栄夫編『ペスタロッチー・フレーベルと日本の近代教育』玉川大学出版部、二〇〇九年、七八頁。
＊14　前掲、『女子学習院五十年史』第一編、三五八頁。
＊15　同上『女子学習院五十年史』三五九頁。
＊16　同上『女子学習院五十年史』三五九〜三六〇頁。
＊17　前掲『日本幼稚園成立史の研究』二八九頁。
＊18　前掲『女子学習院五十年史』三六三頁。
＊19　学習院女子部『学習院女学部一覧』学習院女学部、一九一二年。女子学習院『女子学習院一覧　大正九年乙』女子学習院、一九二五年。
＊20　前掲『女子学習院五十年史』三六四頁
＊21　「談話」について、誰がどのような内容を話していたか不明である。
＊22　教育学術研究会編『教育辞書』第一冊、同文館、一九〇三年、六四〜六八頁（国会図書館近代デジタルライブラリー）。積木から繋方、「六の毬」はすべて恩物である。上記の辞書が恩物の内容に詳しい。
＊23　前掲『女子学習院五十年史』三六三〜三六六頁。
＊24　前掲『日本幼稚園成立史の研究』三三四〜三三五頁。
＊25　同上『日本幼稚園成立史の研究』三三六〜三六一頁。
＊26　前掲『女子学習院五十年史』三五六頁。
＊27　同上『女子学習院五十年史』三六五〜三六六頁。
＊28　著者不明「幼稚園教育に就いて」『おたより』第五五号、一九三三年、四六〜四七頁。
＊29　前掲『学習院百年史』第一編、八二五頁。

＊30 前掲『学習院女学部一覧』
＊31 霞会館華族家系大成編輯委員会編『平成新修旧華族家系大成』上・下巻、吉川弘文館、一九九六年。
＊32 学習院女子部『学習院女学部一覧』学習院女学部、一九一三年。
＊33 学習院『学習院一覧』学習院、一九一三年。
＊34 女子は平民・士族の入学がなく、わずかな皇族を除き、ほぼ華族のみの構成である。
＊35 宇佐美ケイ子「澄宮殿下と我が幼稚園」『幼児教育』第二二巻第二号、一九二二年。
＊36 神崎清編『現代婦人傳』中央公論社、一九四〇年、五七～五八頁。
＊37 前掲『現代婦人傳』、五六～五七頁。
＊38 巌谷小波「華族女学校附属幼稚園参観記(下)」『少年世界』四-二五、東京博文館、一九八九年、二〇頁。
＊39 同上「華族女学校附属幼稚園参観記(下)」一九-二〇頁。
＊40 巌谷小波「華族女学校附属幼稚園参観記(上)」『少年世界』四-二四、東京博文館、一九八九年、一六頁。
＊41 前掲『女子学習院五十年史』、五四〇～五四一頁。
＊42 前掲『学習院百年史』第一編、八二二～八二三、八二七頁。
＊43 前掲『女子学習院五十年史』、四四四～四四五頁。
＊44 「婦人付録 幼稚生御苑拝観」『読売新聞』一九一八年一〇月九日朝刊、四面。
＊45 「両皇孫が華族女学校幼稚園へ」『読売新聞』一九〇五年一〇月八日朝刊、七面。
＊46 前掲『女子学習院五十年史』、三七二～三七四頁
＊47 前掲『現代婦人傳』六〇～六一、七〇頁。
＊48 野口幽香「種子の採集（保育の実際）」『婦人と子ども』第一一巻第一号、一九一一年、三三～三四頁。
＊49 同上「種子の採集（保育の実際）」三三～三四頁。
＊50 野口幽香、久留島武彦、中村よね「雛の節句と幼稚園」『婦人と子ども』第一七巻三号、一九一七年、一一一～一一二頁。学習院をはじめとする三幼稚園の保育者が各園の雛節句のことを書いている。

＊51 野口幽香「幼稚園の卒業式」『婦人と子ども』第一六巻第四号、一九一六年、一五二頁。
＊52 同上「幼稚園の卒業式」一五三頁。
＊53 前掲『女子学習院五十年史』八二六頁
＊54 前掲『華族―明治百年の側面史』二五八〜二五九頁。
＊55「学習院の注意」『教育報知』四七、東京教育社、一八八六年、六頁。
＊56 前掲「澄宮殿下と我が幼稚園」三五頁。
＊57 前掲「澄宮殿下と我が幼稚園」三三頁。

第六章 ✺ 大正期の華族の学習院論

第一節 学習院の誕生と変遷

華族たちは自らが皇室の藩屏として自覚し、明治一〇（一八七七）年に華族たち自らの拠出で神田に学習院を設立した。学習院の設立目的は、学問に励み知識と見聞を広げ、国民の模範となり、特権階級として恥ずかしくない国家に有用な人物を育てることであった。

もともと私学であった学習院であるが、設立時から用地確保など皇室からの援助を受け、明治一七年には宮内省管轄の官立学校となる。華族にとって、教育の機会が国家から非常に手厚く保護されてきていたことは明白である。また学校教育だけでは学べない文化面について、芸術や武術などの習い事などは、華族の各家庭の伝統を重視しつつ、家庭での教育が行われてきた。

華族は基本的には社会の上層階級であり、華族は貴族としての義務すなわち「ノブレス・オブリージュ」を果たすことが要求されていた。華族は社会的に権威を保持し、皇室の藩屏として、また「家」の維持のため、そして国家や社会のためになる子どもを育てることへの強い責任があった。

明治中期より『万朝報』により華族の女性問題に関するゴシップ記事が数多く掲載された。これに対し、明治末期に伯爵板垣退助は、華族内部から旧来からの名門家である公家・大名華族を否定し、国家に功績ある者のみを華族として遇するという一代華族論を展開した。大正期に入ると、新聞上には華族の駆け落ちや借金などの記事が掲載されるようになっていった。また生活に困窮した華族が成金に子どもを婚姻という形で売るというような記事が書かれるようになっている。国民の模範となるべき華族であり、一部の華族によるモラルに反する行為から、華族に対して批判的な厳しいまなざしが集まっていたと言える。

このような社会の華族への厳しいまなざしに対し、父親として子供を育てる華族たちは、子どもの教育についてどう考えていたのか。さらに華族はどうあるべきかと考えていたのか明らかにしたいと考える。華族が子育てするに当たり、家庭教育と学校教育との関係をどうとらえていたか明らかにしたい。

華族の家庭教育に関する研究にはリブレの『華族日本の上流階級』があるが、教育を受けた側の意見についてはまとまっているが、教育を施した親については研究されていない。また学習院の研究はほとんどなく、学習院が編纂した『学習院百年史』があるのみである。

華族のための学校教育機関は学習院である。大正期に現役の父親であった華族は、華族の子どもとして誕生し、学習院で近代教育を受けた最初の世代である。そして彼らは親となり、子供を学習院に通わせた。学習院にも教育方針や内容の変遷がある。特に院長の下で特色のある教育方針が打ち出された。

大正デモクラシーという時代風潮に対し、華族の父親は子どもの教育機関としての学習院にどのような役割を期待したのか、雑誌などで学習院論を展開した有馬頼寧と、学習院における教育改革にかかわった貴族院議員の水野直*1が残した史料から明らかにしたい。ちなみに有馬と水野の二人は五歳の年齢差があるが、同時期に父親となっており、同じ年代の子どもを育てていた父親である。

学習院は華族子弟のための学校として設立された。

皇族と平民の間に華族という階級が作られ、明治四（一八七一）年一〇月、明治天皇は華族に対して、華族は平民よりも上の地位で、人々に注目される存在であるから、華族は学問をして、海外に留学などをして、文明の開化をうながすようにと勅諭を出した。それは国家において重要な地位を占める華族が文明開化を率先して請け負うことで、平民の国家全体の文明開化をうながすようにということである。のちの明治八（一八七五）年一〇月に華族の親和団体の作った華族集会所に明治天皇が行幸したさいに「昨年中同志を会合して斯館を創立し以て国家に報効する所あらんとす朕甚た之を嘉す汝衆華族一般嗣後斯館に従事し協同勉励学術を研鑽しそ其の目途を高遠に期し汝の履行を端くし汝の家道を斉へ能く名声を有ち永く皇室に盡す所あれ*2」と華族が団結して集会所を作ったことを喜び、さらに集会所において学問を行い国家のために尽くすように華族に対して激励した。この勅語の内容を実現すべきだとして、華族集会所から発展した華族会館の開会にともない華族の学校設立の機運が高まった。華族学校建設のために、華族会館は華族からを資金の寄付を集めた。また、華族学校の建設のために宮内省は校地として神田錦町の敷地と、建設・運営費として明治一〇（一八七七）年から二四年までの一五年間に毎年一五、〇〇〇円を寄付することにした。

そして、学習院は明治一〇年六月、神田錦町に華族の子弟を一三〇人（内女子三〇人）集め仮開校し、校長は華族会館幹事の立花種恭であった。東京市に提出した私学開業願には、校長は華族より選び、教員は身分を選ばないとしてあった。当初の入学資格は、生徒入校心得に書かれており、男女とも満六歳からが就学開始年齢とされ、病気などの場合を除きすべての者が就学するものとされた。入校に際しては、入学試験は行われず、年齢の確認などの調書を提出するだけだった。ただし、入学時に学力テストを行って、基本は学年別のクラス編成であっても、習熟度別に年齢にとらわれずクラス分けを行うとしている。なお、学年は九月一日からの始まりであり、明治三九（一九〇六）年より四月始まりに変更された。

また一〇月の学校の正式な開校式には明治天皇と皇后が列席し、その際の勅諭により、幕末の京都に作られた公家の学問所であった学習院の名前を譲り受けることとなり、名称が学習院に変更された。開校時の学生数は華族男子一六一人、華族女子四四人、士族男子三五人、士族女子一五名、総数二五五人であり、当初から華族ではない士族も学校に入学していたことがわかる。

学習院の設立は、天皇や政府の意向にも影響されているが、あくまでも華族の自発的な学校設立であり、華族会館に所属する私立学校であった。学習院の変遷については、表6・1「学習院簡易年表」を付した。また学習院の学校制度の変遷は、文部省下の学校の高等学校までの学校制度と異なるので、わかりやすいように図表化してある（表6・2「学習院の学校制度の変遷（男子のみ）」）。

表6・1　学習院簡易年表

和暦(西暦)	事柄
明治10(1877)	6月　華族学校を神田錦町に仮開校（生徒一三〇人）　校長は立花種恭（学習院初代院長）
	10月　正式開校　華族学校から学習院に改称
明治12(1879)	9月　「学習院学制」施行　男子の制服制定
明治14(1881)	9月　「改正教則」が制定施行
明治15(1882)	3月　学科教則ならびに校則について文部省より指揮を受ける
	9月　学制・学科課程改正される
明治16(1883)	8月　宮内省の監督下に入る
明治17(1884)	4月　宮内省所管の官立学校になる
	5月　谷干城が学習院院長に就任（第二代目）
	9月　学習院規則制定・施行
	12月　華族就学規則により華族子弟の学習院入学が原則化

明治18（1885）	5月　通学鞄をランドセルと決定（日本初）
	10月　学習院の女子部門が独立し、華族女学校となる
明治19（1886）	4月　大島圭介が学習院院長に就任（第三代目）
	8月　学習院規則および学科課程改定
明治21（1888）	8月　学習院が麹町に移転
	12月　三浦梧楼が学習院院長に就任（第四代目）
明治22（1889）	4月　輔仁会（学習院の学生会）発足
明治23（1890）	7月　学習院学則制定
	9月　学習院が四谷区尾張町に移転　上野公園に学習院分校（初等学科のみ）開校
明治25（1892）	3月　岩倉具定が学習院院長に就任（第五代目）
	10月　田中光顕が学習院院長に就任（第六代目）
明治26（1893）	10月　学習院別科を大学科と改称（卒業生は学習院学士と称す）
明治27（1894）	4月　華族女学校幼稚園が開園
	6月　地震により学習院の校舎損壊、寄宿舎を教室に転用　学習院大学科を中止
明治28（1895）	3月　近衛篤麿が学習院院長に就任（第七代目）
明治29（1856）	4月　学習院大学科の復活
明治32（1899）	7月　学習院初等学科の新校舎が四谷に完成　学習院上野分校廃止
明治33（1900）	京都帝国大学法科・文科が定員割れ時、学習院生徒は無試験入学が可能になる
明治36（1903）	6月　学習院高等学科は高等学校大学予科と同等と文部省より認定
明治37（1904）	8月　菊池大麓が学習院院長に就任（第八代目）
明治38（1905）	9月　学習院大学科廃止
明治39（1906）	1月　山口鋭之助が学習院院長に就任（第九代目）

明治40（1907）	4月　華族女学校と学習院が併合し、学習院女学部が成立 学習院学制、学習院規則を制定　学習院高等学科の廃止が決定
明治41（1908）	1月　学習院高等学科の存続が決定 乃木希典が学習院院長に就任（第一〇代目）
明治45（1912）	8月　学習院中等学科・高等学科の校舎が目白に移転 3月　学習院中等学科の修業年限が五年から四年に変更 7月　静岡県に遊泳場寄宿舎が完成 天皇崩御 9月　乃木院長殉死
大正6（1917）	11月　大迫尚敏が学習院院長に就任（第一一代目）
大正7（1918）	6月　北条時敬が学習院院長に就任（第一二代目）
大正8（1919）	9月　学習院女学部が学習院と分離し、女子学習院となる。
大正9（1920）	9月　学習院学制・学習院規則改正
大正10（1921）	5月　一戸兵衛が学習院院長に就任（第一三代目） 6月　大正11年以降の学習院高等科卒業生から、 高等学校高等科卒業生と同様の大学入学資格を持つ
大正11（1922）	3月　学習院学制・学習院規則改定
大正12（1923）	11月　福原鐐二郎が学習院院長に就任（第一四代目） 9月　目白の学習院の校舎を一部焼失
大正15（1926）	10月　皇族就学令公布

表6・2　学習院の学校制度の変遷(男子のみ)

<table>
<tr><th>満年齢</th><th>6</th><th>7</th><th>8</th><th>9</th><th>10</th><th>11</th><th>12</th><th>13</th><th>14</th><th>15</th><th>16</th><th>17</th><th>18</th><th>19</th><th>20</th><th>21</th><th>22</th><th>23</th><th>24</th><th>25</th><th>26</th><th>27</th><th>28</th><th>29</th><th>30</th></tr>
<tr><td>明治10年</td><td colspan="8">小学科</td><td colspan="8">中学科</td><td colspan="9"></td></tr>
<tr><td rowspan="2">明治12年</td><td colspan="3" rowspan="2">普通学科前期</td><td colspan="3" rowspan="2">普通学科後期</td><td colspan="3">実学科前期</td><td colspan="3">実学科後期</td><td colspan="13" rowspan="2"></td></tr>
<tr><td colspan="3">文学前期</td><td colspan="3">文学後期</td></tr>
<tr><td>明治14年</td><td colspan="3">普通学科前期</td><td colspan="3">普通学科後期</td><td colspan="3">実学科前期</td><td colspan="3">実学後期</td><td colspan="2">高等科</td><td colspan="11"></td></tr>
<tr><td>明治15年</td><td colspan="4">下等小学科</td><td colspan="4">上等小学科</td><td colspan="3">下等中学科</td><td colspan="3">上等中学科</td><td colspan="2">研修科</td><td colspan="9"></td></tr>
<tr><td>明治17年</td><td colspan="3">初等小学科</td><td colspan="3">上等小学科</td><td colspan="3">初等中学科</td><td colspan="3">中等中学科</td><td colspan="3">高等中学科</td><td colspan="10">別科(3～10年)</td></tr>
<tr><td>明治19年</td><td colspan="6">予備科</td><td colspan="5">尋常中学科</td><td colspan="2">高等中学科</td><td colspan="3">本科</td><td colspan="9"></td></tr>
<tr><td>明治23年</td><td colspan="6">初等学科</td><td colspan="6">中等学科</td><td colspan="3">高等学科</td><td colspan="3">別科(大学科)</td><td colspan="7"></td></tr>
<tr><td>明治45年</td><td colspan="6">初等学科</td><td colspan="5">中等学科</td><td colspan="3">高等学科</td><td colspan="11"></td></tr>
<tr><td>大正8年</td><td colspan="6">初等科</td><td colspan="5">中等科</td><td colspan="3">高等科</td><td colspan="11"></td></tr>
<tr><th>満年齢</th><th>6</th><th>7</th><th>8</th><th>9</th><th>10</th><th>11</th><th>12</th><th>13</th><th>14</th><th>15</th><th>16</th><th>17</th><th>18</th><th>19</th><th>20</th><th>21</th><th>22</th><th>23</th><th>24</th><th>25</th><th>26</th><th>27</th><th>28</th><th>29</th><th>30</th></tr>
<tr><td rowspan="2">文部省下の学校
(1930年代)</td><td colspan="6" rowspan="2">小学校</td><td colspan="4" rowspan="2">中学校</td><td colspan="3">高等学校</td><td colspan="3" rowspan="2">大学</td><td colspan="9" rowspan="2"></td></tr>
<tr><td colspan="3">(7年制中学)</td></tr>
</table>

学習院には開校された翌年の明治一一（一八七八）年に、男子のために寄宿舎が作られた。寄宿舎は若い男性には非常に食糧事情が悪く、例えばある日の献立は、朝はアサリの汁物と生卵一個、昼は煮魚と蓮根、夜は煎り豆腐と椎茸というものであった。近所の定食屋の二五銭定食を「トゥエンティーファイヴ」と呼び、食べることが流行していた*3。明治二〇年代に学習院の学生だった塩谷温にとって、当時はナイフとフォークのマナーもままならなかったようだし、また明治末期にいたっても寄宿舎の食堂で西洋料理が出されてもナイフと箸で食事をしていたようだ。食事に関しては西洋の文化を取り入れて、紳士たるマナーを教育することはまともに行われていなかったことがわかる。

明治一二年には男子の服制も作られた。服制がなかった時期の学習院には和服を着用した学生が多かった。しかし、家の貧富の格差が服装の美醜にかかわり、それが生徒の心に傲慢さや卑屈さを生じさせると問題視されていた。また統一した制服があれば、服装の乱れから心の乱れを察知して、学制を矯正することも可能だと考えられた。そして作られた制服は海軍士官の制服と同様の形のものである。制帽も作られた。

さて学習院の教育の主旨であるが、明治一一年に作られた学則にはただ「同族子女を教養する所とす」とだけあり、具体的な教育の主旨はなかった。明治一三年実施の学習院学則において、具体的な教育主旨が現れだす。男子の普通学前期・後期（学齢満六～一二歳）は「（誰もが学ばなければならない―引用者注）普通の学科を教へ、身体を強健にし、心志を正確にし、知識を拡むべき学科を授け、実学の予備をなす所」であるという。ただ単に学問だけでなく、心身の成長についても正しく導いていこうとしている。また、男子実学科前期・後期（満一二～一八歳）は「普通学科の稍高尚なるものを教へ、併せて兵学の予備及び政治経済の要旨を学知せしむるの所」であるという。また文学前期・後期（一二～一八歳）「学事を拡張する目的を以て和漢英の三科に分ち、普通学の教育を経て学力才望の相適する者をして、その一を学ばしむる」所であるという。授業の内容は実学科では、軍人や公務員などを目指す者向けの教育を行い、文学では和学科と漢学科の専攻おいてはほぼ古典文学に関連する授業であり、英文科については数学や科学の授業も行われており実学科の内容と近いようである。ただし、実学科も文学も普通科からの体操の授業に加えて、馬術と剣槍術の授業も行われた。

明治一三（一八八〇）年に「各自奮励文武を研究すべきは勿論に候へ共、少壮の者は一層精神を発揮し可成陸海軍に従事候様可心掛旨」と宮内省からの通達があった。華族子弟をできるだけ軍人として養成するようにとの政府からの要請である。

こうして、明治一四（一八八二）年より、男子の文学科が廃止されて、普通学を終えた進学先は実学科のみとなる。しかし、実学科の上に高等科を設置し、軍人志望者ではない者や、病弱のため軍人になれない者を、政治家などの軍事以外で国家に貢献する人物に養成しようとした。

明治一五（一八八二）年には再び学校に変更を加えることとなる。文部卿の指揮のもとにその学科教則や校則などを整理することになったからである。普通学科・実学科が廃止され、八年制の小学科と六年制の中学科に再編された。また中学科の上には研修科が作られている。

明治一七年には学習院は宮内省の所管に入ることとなる。明治一六年に徴兵令が改正されると官立学校以外の学生は徴兵猶予を失うことになった。徴兵猶予がなければ、華族の学生が小学科卒業後に官立中学などに流出してしまうこととなり、学習院は宮内省官立の学校となる請願を提出し認められた。また同年に華族令が公布され、華族内には公侯伯子男の五爵の階級が作られることとなり、また従来の公家や大名など以外にも明治国家に功績のある者も華族に列せられることとなった。そして、第十条には「華族は其子弟をして相当の教育を受けしむるの義務を負うへし」とあり、華族は子弟に高いレベルの教育を行わなければならなかった。そこで、華族就学規則が成立する。華族就学規則の内容は基本的に華族またはその子弟は学習院に入学しなければならないというものであり、学習院以外で教育を受けるには宮内省の許可を得なければならないというものであった。また華族男子は中等学科からは全員が寄宿制となるよう求められた。華族は仕事の関係などで地方在住であっても学習院で子どもを学ばせることが基本的な就学のあり方となった。学習院就学規則の翌年から華族子弟の学習院の入学者数が急増している。しかし、官立となった学習院の運営は当初は宮内省からの予算の投入はなく、皇室からの下賜金や華族の醵出金や華族会館の資金によって賄われていた。

また学習院院長が陸軍中将であった谷干城に変更される。

明治一八（一八八五）年には学習院女子部が廃止され、華族女学校として独立した。学習院は谷干城が校長になったことで、中学科に武科という軍事演習を学ぶ授業が開始され、その内容は体操、歩操（歩行操練）、水泳、射的、乗馬、剣道などであった。谷は『学習院第八年報』において「貴族積年の流弊なる柔軟繊弱の態を破り、強壮健康の体躯と活発有為の精神とを養成する」といっており、公家・大名家出身の華族たちを軟弱であり、武科という軍隊式の体育での心身の発達を目指している。

明治一九年には大鳥圭介が学習院院長となる。前校長の谷は第一次伊藤博文内閣の農商務省に任命されて辞職している。

明治二一（一八八八）年学習院は一時麹町に移転する。四谷に新校舎を建設するまでの仮住まいであった。院長は三浦梧楼となっている。三浦によれば、前任の大鳥は生徒に人望がなく華族仲間からも評判が悪かったので、士官学校の校長であった三浦が院長に適任であるとされたという*4。三浦は学習院が頻繁に学制などを変更することを好ましく思っておらず、学習院学則を制定した。また三浦は学習院と一般の学校とは全く異なるものであり、華族には華族のための高尚な普通教育があると考えていた。そこで、一般の学校と同様の修身教科書を用いることの不適切を唱え、学習院で独自に修身教科書を制作することとなった。そして、寄宿舎への入舎を推奨し、自らも学校内の官舎で生活した。この当時学習院の教師として、柔道家の嘉納治五郎がいた。嘉納は生徒の華族と非華族との身分を表出させようとしたり、海外留学の選抜を華族子弟のみに絞ろうとしたりと、華族子弟のみを優遇しようとする三浦を嫌っていた。皇族の制服には金モールがつけられ、一般の学生との違いがはっきりと区別ができる服制が作られている。学習院での学生の養成も、嘉納は法文理学などの学問を修める者を養成したかったが、三浦は軍人のみを育成しようとしているとして、嘉納は不満を抱えていた*5。塩谷温も三浦院長下の中学時代を振り返って「正しく軍国主義であった*6」といっている。明治二二(一八八九)年に公布された大日本帝国憲法では議会の開設がうたわれているにもかかわらず、とくに政治家の養成については言及される資料はない。一方で、七月には相変わらず宮内省から軍人養成についての沙汰書が送られており、学習院は学生の士官学校への進学率を向上させるように求められている。

明治二三年四谷に新校舎が建設されて、学習院は四谷に移転した。また上野公園には小学科のみの学習院上野分校が開校した。これは、年少の子どもには負担となる遠距離の通学を改善するための試みであった。しかし、入学者が少なく明治三二(一八九九)年で廃止され、学習院本体の初等科に合流した。また明治二五(一八九二)年に学習院院長になった田中光顕は、学習院別科を大学科にしている。しかし、帝国大学が講座制となり、帝国大学の教員は各自の講座に集中すべきだという風潮ができあがっていた。そのため学習院は帝国大学の教員を非常勤講師として招聘することが困難となり、大学科を中止することになった。この頃、帝国大学の総長との相談で、大学科在学生や高等学科卒業生の帝国大学進学の道筋が開いてきたという*7。また明治三二年には、京都帝国大学からの通達で、学習院高等学科卒業の学生は京都帝国大学の法科・文科の定員に空きがあるときは無試験で入学が可能となり*8、明治三六（一九〇三）年には文部省に学習院高等科と高等学校は同等のものだと認められることになった。

明治二七（一八九四）年には四谷の学習院の校舎本館が地震により損壊し、寄宿舎を教室に転用して授業を始めた。このことから、学習院の寄宿舎は一時中断する。

明治二八（一八九五）年には近衛篤麿が学習院院長に就任する。近衛はそれまで華族の就くべき職業として軍人のみが推奨されてきたが、「外交は平時の国防*9」であるとして外交官も華族に推奨されるべき職業だと考えた。そこで、学習院別科を大学科として外交官養成を行おうとした。しかし、高等学科卒業生で外交官志望の学生も帝国大学の方が外交官試験に有利だと帝国大学に進学した*10。近衛が院長を退任した翌年の明治三八年に大学科は廃止されることとなった。

明治三七（一九〇四）年菊池大麓が学院長に就任した。菊池は貴族院議員であったが、勅選議員であり、学習院としては初めての華族以外の院長であった。数学者である菊池はイギリスのケンブリッジ大学に留学しており、大のイギリスびいきであった。学生が校庭で遊ぶのを見ながらイートン校と学習院を比較していたという*11。菊池は高等学科が大学の予備校と化しているといい、教養を深めるようなカリキュラムに改編したいと考えていた。また教員の選択や待遇についても改善をし、華族学生に重要な品性を育てるために、よい影響を与える品格のある教員を雇いたいと考えていた。また学生だけでなく、教員も制服を身に着けることで規律が保たれるとして制服を作った。そして寄宿寮の再開、少人数授業の実現、約四割にのぼる士平民の学生の削減を考えていた。しかし、菊池は高等学科を充実させ高尚なる普通教育の完成を考えていたにも変わらず、宮内省は学習院の高等学科を廃止することを検討していた。

明治三九（一九〇六）年にはそれまで菊池院長のもと次長を務めた山口鋭之助が院長となった。この山口院長のときに宮内省により学習院学制が公布されて、そこには学習院高等学科の廃止が決定されていた。しかし華族の反対もあり、翌年に高等学科の廃止は撤回された。この学習院高等学科廃止については、後で詳しく述べる。また、学習院と華族女学校が合併し、学習院女学部ができた。

明治四〇（一九〇七）年陸軍大将の乃木希典が院長に就任する。明治四一年八月には中等科と高等科は目白の新校舎へ移転した。この目白に新築された学習院には学生を収容できる寄宿舎が設けられた。乃木院長も寮の一室で起臥して、学生と生活を共にした。乃木は学生の礼儀作法などに留意して直接指導に当たっていた。乃木は知育偏重の教育よりも、高尚な人格を持つ人物を育てようとしていた。

そして、大正天皇の時代に入る。明治天皇崩御のさいに殉死した乃木にかわり、大正元（一九一二）年には大迫尚敏が就任した。大正六（一九一七）年には北条時敬、大正九年には一戸兵衛が院長に就任した。北条は数学者であったが、大迫も一戸も軍人であった。大正七年には学習院に評議会が設置された。学習院の重要な事柄について、宮内省および学習院内部だけでなく、外部の知識人や華族からの意見を取り入れようとしている。また同年には学習院女学部が学習院と分離し女子学習院が成立した。大正一〇年には高等学校令の改正により、大正一一年より学習院高等学科卒業生は高等学校高等科生と同様の大学入学資格を得ることができた。それまで学習院高等科卒業生は、大学の学科が定員割れしている場合のみ無試験で入学することができただけで、学科が定員に満ちているときは入学受験をする資格は与えられていなかった。これ以降は、学習院の学生も大人気のある学科を受験する資格が得られた。

学習院内部には文部省下の高等学校と同レベルであると認められても、「気のきいた友人は一中とか四中とか付属中とかへ行った。目白にいったわれわれには、なんとなく気がきかないような思いがあった*12」

と入江相政はいう。「気のきいた」つまり優秀な生徒はナンバースクールとよばれる文部省の官立中学へ行ってしまうという、憧れや取り残されたさみしさというものがうかがえる。宮内省の許可があれば華族の学生は学習院以外の学校に通えたので、優秀で家庭の教育意識が高い生徒は官立学校に移動していったのだろう。

第二節　学習院とイギリスの貴族学校の比較

学習院は華族の団体の施設である華族会館において明治九（一八七六）年に議論がなされた華族学校設立案からはじまる。なかでも、立花鑑寛・立花種恭・加納久宜＊13は具体的に建議書を作成しており、「華族学校設立大意」を表して華族会館に提出している。華族学校設立大意には以下のように書かれている。華族学校は普通の学校と異なるものではなく、教育に関するさまざまな書籍などを網羅し、入学するものに完全な教育を授けるところとする。華族たるものは必ず一つの専門的な学問をおさめて、国家に貢献する人材となるべきである。特に華族は時間も財力もあるのだから、学問を行えば、国家に貢献する人物になることは難しいことではないだろう。これは英国の貴族の知識が常人よりも卓越していることからもわかるとある。

以上のように、彼らは西洋の貴族学校の調査をして、華族のための学校の設立を促したが、英国貴族の知識を特に褒める部分から、英国紳士を育てるイギリスの上流階級子弟の学校であるパブリックスクールを目標としていたことが推測できる。

当時日本の華族の状況は、ヨーロッパの貴族制を持つ国家の中でも、イギリスと重なる部分が最も大きい。

山田勝『イギリス貴族―ダンディたちの美学と生活』*14によれば、イギリスの貴族のみが社交界での権力も、政治的な権力も、経済的な力も有していたからである。ドイツにおいては一八八〇年代には二〇、〇〇〇家が何らかの称号を有し、ロシアでも一八五八年までに六〇万人の貴族が排出され、イタリアには一九〇六年の時点で一二、〇〇〇人の貴族がいたという*15。そしてフランスではフランス革命で貴族制は廃止され、その後ナポレオンにより貴族制は復活するが、その権力は社交界以外では通用しないものとなり、貴族的な生活ができれば貴族として通用したという*16。一方でイギリス貴族は一八八〇年の時点で五八〇人、このうち世襲上院議員は四三一人であった。イギリスの貴族の少なさには、大きな革命や動乱がなかったこと、国王が容易に貴族の称号を与えなかったことが関係しているという。そして、イギリスの貴族は大土地所有者が多く、富と権力を両立していたという*17。

日本の華族は、明治一六(一八八三)年の華族家の創設時において、公家や大名などの家のみで五〇一家であった。太平洋戦争終結後、昭和二二(一九四七)年に華族制度が廃止されるときには、公家や大名などに加わって勲功華族が増え八八九家になっていた*18。イギリスの貴族と同じように、華族の数はそれほど多くならず、その称号による名誉は特別なものであった。また華族は貴族院議員の大半を占め、政治的権力を有していた。

イギリスのエリート教育の歴史的研究には安川哲夫の『ジェントルマンと近代教育―〈学校教育〉の誕生―』*19があり、これは一七世紀から一八世紀までのジェントルマンの教育論についての言説と上流階級を中心とした学校教育の発展のかかわりについてのイギリス教育史の研究である。安川の研究によれば、かつてイギリスの上流階級は騎士のもとに見習いに入るなどの徒弟制の教育を受けたが、バラ戦争やスチュアート朝などの国内の混乱以降、貴族が「領主」ではなく「地主」と化していくなかで、徒弟制での教育は行われなくなっていったという。そのかわりに家庭での教育あるいは学校教育が行われるようになった。当初は家庭教育を行う上流階級が多かったが、一八世紀後半になると多くの上流階級の子どもが学校に送られた。送られた学校はパブリックスクールといわれるところで、もともと貴族のために設立されたものではなかった。しかし多額の学費が必要な学校には、とくに貴族などの上流階級の子どもが集まる傾向にあった。上流階級の子どもたちがともに寄宿生活や学習のなかで社会集団の規範を学び、それが公共生活の準備において有用だとされた。またこのころ上流階級では政治家として活動することが権力維持に重要なことだと認識されていた。そのため、親たちは子どもを政治家にするため、政治的な指導者を多数輩出した著名なパブリックスクールであるイートン校などに子どもを入学させたがったという。

そして、そのように特定のパブリックスクールに上流階級の子どもが集まるようになると、そこへ子どもを入学させることが慣例化していく。パブリックスクールも上流階級の親の要求に対応して、名簿上の筆頭に貴族の子どもの名を挙げるなど、貴族の子どもとそのほかの子どもの違いを明確に差別化していった＊20。

また、イギリスの貴族が子どもに学校教育を受けさせた理由に、しかるべき大学に行き、弁護士や医者などの名誉ある職業につかせて、紳士としての生活を送らせようとする狙いがあった。イギリスの貴族は他の西洋の国々と比べても、貴族が少ない。爵位が与えられることが少なかったことがわかる。しかし、貴族はその家柄を守るために、多産であり、子どもの数が多かった。長男以外はあまり親からの財産分与を望めなかったので、ヤンガー・サンとよばれる次男以下は何らかの職業に就く必要があった。なかでも、社会に紳士として認められるために、紳士的な職業とされる弁護士や医者などの職業に就く必要があった。それらの職業には学校教育が不可欠だったのである。それに加えて、学校教育での成績があまりにも芳しくない者については、親は子どもを職人や商人の徒弟にして、子どもが独立する際に大きな支援をして、実業家に仕立て上げることもあった＊21。

まず、イギリスの貴族学校ともいえるパブリックスクールの成り立ちは、そもそも貴族のためではなかった。聖職者の養成のため、あるいは裕福な商家子弟の教育のための学校から始まっている。ただし、入学には校長による両親の社会的地位の調査において学生の厳選がおこなわれたという*22。一方で、学習院はもともと日本の貴族である華族の学校として設立された。一部、華族以外にも入学を認められた。入学者は全員書類において家柄の調査がされている。また学習院は私立学校のままでは徴兵令で学生が徴兵されることもあり、私立学校から徴兵猶予のある官立学校へ変化した。その所管は宮内省であった。しかし、イギリスのパブリックスクールはあくまで私立学校であり、条件に当てはまる学校はすべてパブリックスクールと呼ばれる。各パブリックスクール間には競争意識があった。

またパブリックスクールは一〇歳程度から入学する学校であり、日本でいう小学校にあたるときにはプレパラトリースクールという学校に入学する。一八五〇年代からパブリックスクールに入学試験が課されるようになり、パブリックスクールの予備校としてのプレパラトリースクールの人気が高まったという*23。学習院は幼稚園から大学入学まで一貫して同じ学校で学べた。学習院には留年はあったものの、華族は華族就学規則により学習院以外での就学は難しかったため入学を断られることはなかった。

パブリックスクールとして非常に有名な学校にイートン校がある。明治四三（一九一〇）年に教育学者の本田増次郎が『イートン学校及び其校風』*24というイートン校の参観体験記を出版している。これはイートン校の成り立ちや学校の制度を実際に見学して紹介したものである。

イートン校の生徒は寄宿生活を送る。一、〇〇〇人あまりの学生が四〇軒の寄宿舎で生活し、たいていは一人に一部屋が与えられ、各寄宿舎には教師である舎監と生活一般を担う寮母がいたという*25。学習院には明治一一（一八七八）年に寄宿舎ができているが、寄宿舎は和風建築の一棟のみで、収容人数は三〇人ほど、和室一室に四人の生徒が生活をしていた。イートン校に比べれば学習院の寄宿生活は、プライベートな空間が持てないという面では苦労があったと考える。またもともとイギリスの貴族や上流階級は、首都のロンドンではなく、それぞれが所有する田舎の領地で生活するものである。つまり、あるパブリックスクールを選択すると、貴族の子どもたちは家からの通学は物理的に困難であり、学校での寄宿生活は絶対に必要なものだった。一方で学習院は、華族は基本的に東京での生活を求められており、自宅は学習院と同じ東京にあるものが多かった。イートン校では各学期に二度の帰宅しか許されていないところ*26を、学習院では外出時間は決められていたが許可を取れば頻繁に帰宅して外泊することもできた*27。

またイートン校にはファッグ（学僕）という制度があった。本田は上級生が自らのファッグである下級生を使用人のように使役しているという。たとえば、ファッグは自分のマスターである上級生を朝になると起こして顔を洗う水を用意したり、買い物をしたり、お茶を用意したりというような簡単な用事をこなすのである。そのかわりにマスターもファッグが他の上級生にいじめられないように保護し面倒を見る。本田はこのファッグの制度が、上級生と下級生の親密な連絡をとり、友情をはぐくむ良い制度であるととらえている。学習院にはおいて、ファッグの存在はなかったと思われる。随筆などでそのような思い出が語られているのを見たことがないからである。

またパブリックスクールでは体罰が伝統的に行われていた。イギリスでは中世において、他人に仕えることを学ばなければ、よい指導者になれないとして、子どもを里子に出したり、騎士などの徒弟にさせたりという教育上の習慣があったという。これはファッグの制度にもつながっていると考えられる。また、全くの他人のほうが、厳しいしつけができると考えるのがイギリスにおける教育観の特徴の一つであるという。そのため厳しいしつけ、つまり鞭打ちなどの体罰がなされることにたいして、親たちは子どもを心配することはなく「甘やかさない良い方法」*28ととらえていたようだ。実際にイートン校でも体罰は行われており、特別な台の上に跪いて臀部を鞭打たれた。ただその痛みよりも、鞭打ちがイートン校で最も重い刑罰であるという伝統から、そこに威厳が生まれ、鞭打ちに刑罰としての意味が持たされていると、本田増次郎は感じたようである。しかし、重罰である鞭打ちの処罰を受けた子どもは同輩の賛美を受けて、ラグビーの試合でトライを決めたような高揚した気持ちになるということであり、鞭打ちはある意味では名誉な出来事であったようだ*[29]。

また学習院もイートンも制服を採用していた。制服といってもイートンはシルクハットに紳士の昼の装いである燕尾服の着用で、学習院は海軍士官の制服をモデルに作ったものであった。その制服の採用からイートンは職業にとらわれず紳士を養成するという意思が表出しているが、学習院では生徒にも教員にも軍服を制服とさせていることから、紳士を養成するのではなく軍人を養成したいという意思が表出しているように感じられる。

学習院とイギリスのパブリックスクールの違いは、その設立の過程が最も大きい違いだろう。パブリックスクールはもともと聖職者の養成のための学校から始まっている。そこへ権力者である貴族の子どもたちが入学するようになり、貴族の親たちの要求に対応するようにシステムを変化させていった部分がある。しかし、学習院はもともと華族が設立した華族のための学校であった。しかし、官立学校に変化した学習院には、国家からの学校の変化の要請がおこなわれるようになっていった。

しかし、子育てについての文化についても類似点もある。日本でも最も古くからの上流階級であった公家の社会には里子の制度があり、「母親の乳不足や親許に置くと柔弱になるなどの理由から始まったが、京都の公家衆はその子女を岩倉はじめ洛北の村々の農家に養わせる慣行があった。はじめは縁故に頼ったが、のちに費用をつけた。(引用者略)京都の富裕な町家でも里子に出す風が広まった」*[30]という。恵まれた上流階級の家での養育ではなく、他人に子どもを預けることで子どもを強く育てようという考え方が日本にもイギリスと同様にあったようだ。そのような制度の名残か、華族の家では学習院に寄宿舎ができる以前から、子どもを教師の家や屋敷の外に構えた家などで下宿生活をさせている。また上流階級であれば子どもの養育は実の両親がおこなわず使用人にゆだねる部分も多かった。

第三節　明治末期の学習院論

まず学習院について、華族のあいだで大きな問題として取り扱われたのが、元学習院院長で宮内省大臣の田中光顕による学習院高等科の廃止である。

明治三八（一九〇五）年六月に学習院高等科廃止の動きがあった際に、華族たちは廃止に反対し、高等科の存続のために調査委員会と交渉委員会を立ち上げた。華族側の交渉に対して、宮内省からの返答は「熟考中」との返事のみだったというが、明治三九年四月に「華族子弟就学規則」改正が公布され、そこには学習院の学制において高等科の廃止が盛り込まれていた。

学習院の学制改革について、宮内省側からの高等科廃止の理由としては、ひとつには中等科を卒業後、華族は陸海軍の士官学校に入るべきであるから高等学科は必要ないということである。また、もうひとつは卒業生が少ないため高等学科を置いておくのは経費の無駄遣いであるということであった。学習院高等学科の卒業生が少ない理由は、明治三一年以前は学習院から帝国大学には進学が困難であったために、多くの学生が途中で第一高等中学校などに移動していったためである。つまり文部省の規則のもとに運営されていない学習院高等学科には、文部省管轄下の学校に継続して進学するには規則に大きな不備があったということである。

この高等学科の廃止という一方的な宮内省の決定に、華族側の学習院高等科存続の理由が述べられた、「学習院学制改革に関する意見書」が作られた。もともと私立学校であった学習院の設立資金や運営資金には華族からの拠出があったので、宮内省だけの勝手な決定には華族側にも大きな不満があったと考えられる。

「学習院学制改革に関する意見書」に述べられた高等科存続理由として三点のことがあげられる。

第一は学習院と帝国大学の連絡が断絶し、華族子弟の大学進学が著しく減少するということである。

第二は学習院中等科の生徒が、他の高等学校の入学試験に不合格になると華族社会が不幸になるという。なぜなら一〇代は多感な時期で誘惑も多く、何度も高校浪人をさせると堕落する可能性があり、学習院高等科に入れて精神修養をさせるべきだということである。

第三に、普通教育は小中高がそろって完成するのであり、学習院に初等・中等学科のみで、高等科がないと学習院における高尚なる紳士養成のための普通教育が完成しないということである。

華族はこのとき、大学との連携が必要な理由として、高等学科を卒業することで高尚な普通教育は完成するが、それは気品と常識のある人格を養ったにすぎないという。そして大学において「高等の学術を究め専門の智識を修め各自の長とする所に従ひ大いに国家に盡さざるべからず」とある。これは国家に有用な人物になるということは、各自の才能を伸ばすことのできる大学行き、専門的な技術などを身に着け、それを役立てることが重要ということである。

しかし、この意見書では、学習院は大学を設置すべきではないと述べられている。実はそれ以前には、学習院に大学を作る計画もあった。明治二八（一八九五）年に学習院院長に就任した近衛篤麿が華族子弟の外交官への進路について提案していた。そして、欧州の貴族学校のように外交官を養成するために、学習院には初等学科から大学まで完備して、一貫した教育の中で外交官を養成することを考えていた。この意見書でも近衛院長の外交官養成の案にも触れられていたが、必ずしも自前の大学は必要ないとしている。その理由としては、学習院にて大学を完備するには莫大な費用がかかり、優秀な教員を確保することも困難であること、大学は普通教育ではなく専門教育（職業教育）なので、華族と一般国民とを区別して教育する必要性がないこととしている。ここから、華族たちが華族と一般国民とはまったく異なる社会で生活していると認識していることがわかる。そのために華族には華族の為だけの教育が必要だと考えているのである。実際に華族には華族のために作られている法律などがあり、一般の中等教育まで教えられる教育だけでは不足する知識もあったと思われる。しかし、学習院から名門校である帝国大学へ容易に進学できるという特権を手放すことは華族にはできなかったということも大きい理由となるはずである。学習院内に大学を置いても、帝国大学への進学が人気で入学者が見込めない可能性もある。また学習院の大学に入った者はエリート校である帝国大学に入れた者と入れなかった者、つまり華族内での学歴の成功者と落伍者との区別をされることになる可能性がある。国家的なエリートである華族には耐え難いことだったのかもしれない。

華族が高等科の廃止を大きく問題視していたのは、高等中学浪人という理由が大きいのだろうと考える。社会的な上層階級としての華族は、高等学校や大学に進学しないわけにはいかないので、一般の高等学校などに受験で失敗したときの受け皿がなければ、永遠に受験を繰り返すことになるからである。

学習院の高等科廃止については、翌年にふたたび「華族子弟就学規則」の改正が行われて、高等科は存続することになった。

この学習院高等科廃止の一連の動きについては、報知新聞に非常に詳しく報道されており、その論調は学習院高等科の廃止に反対する論調をはっている。当時における一般的な新聞において、朝日新聞においては、規則が改正されたことのみの報道で、詳しくは報道されていない。読売新聞には何度かこの件は登場するが、論調は高等科の廃止に賛成をする方向である。なぜ報知新聞のみがこれほどまでに、興味をもってこの事柄を報道したかは不明である。しかし、郵便報知新聞が報知新聞に改題された際に打ち出した大要には、「報知新聞は尊王尚武の主義を持す。今日以後我国が世界に雄飛せんと欲せば、帝室を尊び軍隊を敬し、上下相和して尚武の主義を発揮するの道を講ぜざるべからず、報知新聞は、実に世人と共に此の道を講ぜんとす」とある。尊王の方向性から、皇室の藩屏である華族の養成をする学習院を擁護したのだと推測する。

学習院での華族の子弟の教育は、華族階級の保護である。一定の文化レベルを持つ子弟が集まっており、華族の子弟が一般社会の悪習などに触れることを阻止し保護することができた。そして、もう一つは学歴の保障である。華族子弟には相当の教育をしなければならないという華族令の法律があったため、華族は厳しい受験を行わずに高等教育である高等学校レベルの学歴が必要だったのである。

また学習院においてのみ華族の高尚なる普通教育が行われるということは重要な事柄である。一般の文部省下の学校ではおそらく教育されない事柄があるからである。華族には華族令という華族のみが束縛される法律があり、華族として正しく生活をするにはそれらの知識も必要となってくるからである。

第四節　有馬頼寧の学習院論

第一項　有馬頼寧の経歴

有馬の経歴は前にも述べているが、ふたたび確認しておきたい。有馬頼寧は明治一七（一八八四）年一二月一七日に旧久留米藩主家の有馬家に生まれた。

父は伯爵有馬頼萬、母は岩倉具視五女恆子であった。母の恆子は頼寧誕生後に別離される。四歳の頃日本橋区蛎殻町の本宅が火事により焼失し、浅草区橋場の別邸に転居することとなる。明治二三（一八九〇）年秋学習院初等科に入学する。明治二九年学習院中等科に進級後は、教師の家に下宿して教育を受けた。明治三六（一九〇三）年二月六日、有馬は中等科在学中に北白川宮能久親王二女貞子と結婚をし、それを機に橋場の本邸に戻る。同年学習院中等科を卒業、三九年には学習院高等科を卒業し、東京帝国大学農科大学に入学する。この頃、渋谷町に家を購入し、夫人と子どもを連れて移り住む。明治四三（一九一〇）年に大学を卒業すると、一年二か月間の欧米外遊を行う。

帰国後、明治四四年から農商務省農務局農政課で、主に地方の産業組合の視察・調査に携わった。大正六（一九一七）年に辞職後は東京帝国大学農科大学付属農業教員養成所で講師となる。

さて大正八年ごろ、有馬は社会事業に熱心に取り組んだ。このきっかけは大正元年頃に、このころ偶然浅草の同情園を知りあい支援を始めたことにはじまる。またそこのつながりから、東京市の特殊小学校玉姫小学校との交流を始める。この出会いから、労働者のために高等教育を行う信愛中等夜学校を始めるきっかけの一つなっている。大正六年に友人とともに社会問題を勉強する信愛会をつくる。その会員から資金を募り信愛中学は大正八年にはじまるが、昭和六（一九三一）年に信愛学院が左翼的であるという非難を受けて、有馬は学校を廃校した。

信愛中学のみでなく、同愛会という組織で被差別部落を特殊視する心の改善を訴える部落解放運動や、日本農民組合を組織し小作人の生活向上を図った。地元の浅草周辺の貧民を助けるだけでなく、全国的に注目される活動を開始した。この活動にはトルストイや河上肇の著作や、親交のあった賀川豊彦に大いに影響を受けている。有馬が熱心に社会事業に取り組んだのは、有馬は大学卒業後の明治三九（一九〇六）年の欧米遊学の際に、イギリスにてポルトガル国王亡命の写真を見て、日本において天皇制が労働者階級による革命で崩された際に自身が属する華族界の人々が血祭りにあげられることを恐れていたためである。天皇制護持のためには何をすべきかと考えた有馬は社会事業に活路を見出した。下層階級者の不満を和らげるために社会事業を行い、そして親交を深めることで華族の存在を認めてもらおうという考えもあった。しかし、彼が期待していたような結果は簡単に出ないので、次第に熱意を失っていった。

大正七（一九一八）年一二月二四日に有馬家を継ぐことになった末子の頼義が誕生する。

大正一三年五月には最後の制限選挙となる第一五回衆議院議員選挙にかつての久留米藩の領地であった福岡県第一二区から出馬し当選する。当選後は政友会と行動を共にすることとなる。昭和二（一九二七）年三月二一日に父・有馬頼萬が逝去する。華族廃止や貴族院改革を訴えていたため迷いがあったが、襲爵をすることにし衆議院議員を辞任している。

政界を退いた後は、産業組合中央金庫の監事となり産業組合運動をしていた。昭和四年には貴族院議員として政界復帰した。昭和七年には斎藤実内閣の農林政務次官になっている。斎藤実は長女静の夫である斎藤斉の養父である。昭和一二年第一次近衛文麿内閣農相を勤めている。経歴から見てもわかるとおり農政が専門であった。

昭和一五（一九四〇）年、軍部の行動を抑制することが出来なくなっていた政党に、再び政治的支配力を持たせるために政界の再編成を目指す「新体制運動」に参画し、大政翼賛会の初代事務総長となる。同時に貴族院議員を辞職する。しかし、大政翼賛会が左傾しているとの批難を受け、また当初の理想から離れて行くために、わずか半年で有馬は近衛により事務総長の辞任を迫られる。

昭和二〇（一九四五）年末、A級戦犯容疑者として巣鴨拘置所に入所、八ヶ月後に不起訴となり出所する。政界復帰の誘いも断り、荻窪で花を育てたり執筆活動をしたり静かに生活する。昭和三〇年、日本中央競馬会理事となる。競馬の重賞レース有馬記念は有馬にちなんで命名されている。昭和三二（一九五七）年一月一〇日に逝去している。

第二項　有馬の家庭教育と学習院論

有馬は三男四女の父親であった。明治三六（一九〇三）年一二月一〇日長男頼秋が生まれる。三八年四月には長女静が誕生する。明治四〇年二月四日に次男頼春が誕生する。翌年、次女澄子が生まれる。大正元（一九一二）年には三女愛子が生まれるが、大正二年七月には愛子は亡くなる。大正四年に四女正子が生まれる。大正七（一九一八）年二月二四日に有馬家を継ぐことになった末子の頼義が誕生する。

大正一三（一九二四）年九月には長男頼秋が赤痢のために亡くなっている。昭和二一（一九四六）年六月には喘息のために病弱であった次男頼春も亡くなっている。

有馬は何かに夢中になっているとき、例えば社会事業や政治活動、あるいは女性関係などであるが、そういった時は家族のことを顧みない傾向がある。また、年長の子どもたちが幼いときにはまだ大学生だった有馬はなかなか家族との時間を大切にすることはなかった。しかし、子育てについては、精神的な教育のために、自らが関係をしている社会事業の行事などに子どもを連れていくなどの、華族社会とは異なる一般社会を知るための教育を行おうとした。

また、有馬は学習院論を自ら展開し、少なくとも自身の息子の子育てについては学習院での教育には否定的だった。

有馬は大正一〇（一九二一）年に『太陽』で発表した「学習院論」*31で、宮内省が多額の費用を出して学習院を運営することは経費の無駄であること、華族の特別待遇は一般の人々に反感を買いそれが皇室への反感につながりかねないこと、華族のうちから優秀な人間を育てるために一般の子どもと同じ環境で教育をすることなどの理由から、華族の子どもが学習院で特別に教育を受けることを否定した。しかし、学習院が存続するのであれば、一般に開放して優秀なものを集め、大学を設置して給与や研究費を与え、基礎的な学問である哲学・科学・文芸などの学問を追究する研究機関にするべきだと言っている。

有馬がこの学習院論を書いたころ、長男の頼秋は華族の子どもに求められた軍人としての道へ進むことを断念した。次男頼春は華族子弟も集まったカトリック男子修道会のミッション系の寄宿学校である暁星学園へ進んでいた。この二人の進学については、どれほど有馬の意向がかかわっていたかは資料がなく不明である。しかし、頼春の進学については、学習院とも大きな違いのないような上流階級の子弟が集まる私立中学に入学させていることから、それなりに有馬の意向がかかわっていたと推測できる。

有馬自身は、息子たちは学習院初等科までは通わせたが、学習院中等科への進学はさせなかった。長男は陸軍幼年学校から士官学校に入るが中退し上智大学（専門学校）へ、次男は暁星学園から東京外国語学校伊語部法科でイタリア語とその法律を学んだ。しかしながら、長男は学生のまま死亡し、次男は横浜正金銀行に勤めるも幼少期からの呼吸器疾患で療養生活を送ることになる。長男次男の二人は健康の問題もあり、社会に出て多大な活躍することはなかった。

有馬が期待を寄せたのは三男の頼義である。頼義は有馬の理想から一般の優秀な人物と競争すべく中学から学習院ではなく成蹊学園に進むが、怠学で中退した。次に早稲田第一高等学院に入るが、雑誌に文章を投稿して原稿料をもらったことが校則違反だと問題になり、教師と対立し中退している。

頼義の教育について、有馬の学習院観とともに詳しく見ていきたい。

大正一三（一九二四）年春に三男頼義は学習院初等科に入学した。有馬自身は頼義を学習院以外の学校へ入れたかったが貞子の希望で実現しなかった。中学からは別の学校に入れる心積もりであることを頼義の初等科入学前から日記に書いている*32。昭和七年に頼義は有馬の願いで中高一貫の成蹊学園と進むが、頼義は中退してしまった。そのことについて後に随筆で、中等科の試験を受けさせたとき、教師に頼義は父親の犠牲になるといわれ、実際にその通りになってしまって、もし頼義はそのまま学習院にいれば大学に行き学士になれたかもしれないと語っている*33。

昭和一〇（一九三五）年になると有馬は頼義が学校を休むようになったために悩んでいる。有馬は上層の子が不良になるのは子育てが他人任せであるという人がいるが、子どもが不良になるのは家や親のせいであるという。何故なら学校で教える理想と実際の家に相異があるからである。例えば、親に感謝するようにいわれるが、親の労働により収入を得ているわけではなく、先祖からの財産で生活しているために、子どもは親に感謝する気持ちが乏しい。上層の子が家から出て、他の家で質素な生活をするのはいい社会勉強になるという*34。

しかし、有馬は頼義を学生たちが共同生活をする塾などに入れなかった。その後、頼義は教師と対立し放校処分になり、次に早稲田第一高等学院に入学したがまじめに学校に通わなかった。それについて、有馬は「子供の時からの教育を誤つたと思ふ。他人に頼むべきであった*35」とあり、つまり頼義を私塾などに入れ、教師のもとで下宿生活をさせるべきであったといっているのである。

有馬としては、学習院を反対したのは、プロレタリア革命を警戒してのものである。有馬は学習院だけでなく、華族廃止論などで華族という階級そのものの存在も否定していた。有馬は学生時代にかつてのポルトガルの王族が、民衆に王族という地位から引きずりおろされ、みじめな生活を強いられていると知った。その経験は非常に鮮烈だったようだ。有馬は青年になると華族の存在価値を、ノブレス・オブリージュに求め、社会事業を展開することで民衆と上流階級のつながりを持たせ、心情的な融和を目指そうとしていた。実際に貧民の生活支援の後援をしたり、貧民のための特殊小学校の支援をしたり、夜間学校の信愛学校を作ったりと社会事業を行っている。有馬は上流階級に大きな不満を抱えた労働者たちの手で市民革命が実行されて、急激に華族や皇族の地位を失墜させないようにと、労働者にとっての華族の存在価値を向上させるために社会事業を行った。

また、華族がなくなっても、生き抜いていける力を有す子どもに育てるためには、華族社会につかりきった学習院ではなく、一般のエリート層の子どもも通う学校において、一般社会を感じることのできる環境の学校を選んだのだと推測できる。

有馬が華族を否定し、学習院を否定したかのようにとれる論調を張ったのは、世の中を驚かせ自分の発言に人々を注目させるためのひとつの手段だったのだろう。有馬の発言は実際には、華族や学習院を否定しきるものではなかったし、華族の廃止を訴えながら父の死後は襲爵してしまう。また有馬は娘たちを実業家などの新しいエリート層に嫁がせることも全く考えていなかった。非常に強い信念をもっての華族や学習院の廃止論ということではなかったのだ。有馬の学習院論は、学習院を廃止するべきという発言だけでなく、存続する方法についても述べられている。つまり、有馬は学習院という教育機関も一般社会に貢献する教育機関になるように促しているのである。有馬は華族により設立され国費も投入されていた学習院が、華族以外の国民にも広く門戸を開放し、基礎学問の研究・教育機関として社会に貢献することが必要と考えていた。なぜなら、華族と国民がともに学ぶことで実際に友情などをはぐくみ、また社会貢献する教育機関の創立にかかわった華族として国民に尊敬され、国民と華族の心的な融和がはかれると考えたからだろう。

第五節　水野直の家庭教育と学習院観

第一項　水野直の経歴

水野直は大学を卒業して死ぬまでの二七年間貴族院議員として活躍し、貴族院内の子爵議員を中心に組織された最大政治会派である研究会の重鎮であった。水野は明治一二（一八七九）年に男爵水野忠幹（旧紀州新宮藩主家）の五男として誕生した。明治一七年子爵水野忠愛（旧下総結城藩主家）の死亡により、結城水野家の養子となり家督を継ぐことになる。これは水野家の親戚のなかで、忠幹のみが男子を複数得ていたことから、直が養子として選ばれた。明治一八年学習院初等科に入学した直は、翌年生家の新宮水野家を出て結城水野家に入り、忠愛の未亡人窈子（好子）のもとで養育されることとなった。明治一九（一八八六）年に窈子とともに窈子の実家である伯爵大給恒（旧信濃田野口（竜岡）藩主家、窈子の兄）の屋敷に移ることになった。明治二九（一八九六）年に養母である窈子が死去すると、水野は大給家から出て生活することとなり、同年学習院中等科を卒業し高等科に入り、明治三二（一八九九）年には東京帝国大学法科大学に入学した。大学在学中の明治三五年に子爵水野忠敬（旧上総菊間藩主家）の三女貞子と結婚し、翌年に卒業、そして明治三七年には貴族院議員に初当選し、政治家としての道を進むこととなった。

水野の幼少期を明らかにする史料がないので、水野自身がどのような家庭教育を受けていたかは不明な部分が多い。しかし、学齢期の資料は、早逝した水野の思い出を語った追悼文集などに残っており、学習院での学生生活の様子がわかる。

水野は子供時代から太っており、あだ名はお尻が大きいことから「軍鶏」であったという。中学時代の成績は真ん中程度であり、苦手なことは器械体操と乗馬であった。乗馬が苦手な水野はおとなしい馬を選んで乗っていたようである。得意なことは水泳の遠泳だった。家庭では習い事として、関口流柔術を稽古した。

高校時代は一部の同級生が第一高等学校に進んだが、水野は学習院の高等科にそのまま進んだ。当時の院長であった近衛篤麿は、学習院に独自に大学まで設置し、外交官を養成しようと計画していた。水野は高校時代にはぐんぐんと成績が上位に上がり、授業の武課も真面目に取り組んだ模範学生であったという。大学は東京帝国大学法科大学に入学した。

水野の性格としては、神経質で心配性な点が特徴であろう。定期試験の際には「大変だ。今度は駄目です」といって落第を非常に恐れ、学科の異なる友人で後に東大教授となる塩谷温に試験の解答の採点をさせ「及第は間違ひなかろう」と言わせて安心を得ていた*36。また、勉強中に女中などが雨戸の開け閉めで不快な音を立てると非常に機嫌が悪くなり、使用人は気を使って仕事をしていたという*37。

その後、明治三六（一九〇三）年に大学を卒業して、翌年には貴族院議員に初当選するのだが、当時水野には政治に対する深い興味がなく、友人の勧めで選んだ進路だったようだ。水野直の死後におこなわれた水野直の供養追悼の座談会において、学習院の同級であった松平恒雄は以下のように語った。

それは恰度大学を出られる前に私の所へ相談に来られたのです。そうしてどうしたらよいだろうかといふような相談があつたが、あなたは高等文官試験を受けずに、寧ろ貴族院に入つて政治をやられた方がよいだろうといふ忠告をしておいたのですがね。その頃までは、そういふ――後で政治でやられたようなことに対する趣味はなかつたようですが、但し文官試験を受けても通るか、通らんかわからんし、まあそれで引かゝつてしまつても何だから、安全な方法で行つたらよいといふような気持ちもあつて勧めたのです。*38

また、松平恒雄の「初めから政治をいふような気持ちもあまりなかったね」という言葉を受けて、学習院の同級で漢学者の塩谷温も「そうですね」といっているように大学卒業後すぐに政治家になるという考えはなかったようだ*39。しかし、貴族院に当選したのち、院内の主要な政治会派である研究会に所属し、大正期には研究会の中心的人物として活躍した。そして、当初は政治家になるという強い願望もなかったにもかかわらず、家庭生活を営む暇もないほど政治家の仕事に没頭していった。

第二項　水野直の家庭教育

水野は三男三女の父親であった。明治三七（一九〇四）年長男勝邦（幼名、邦）、明治四〇年長女廉子、明治四三年次男博、大正三（一九一四）年次女俶江、大正六年三男顯、大正八年三女彌穂子が生まれた。ただ彌穂子は妻の貞子との間にできた娘ではなく、水野とらゑという女性との間にできた庶子のようである*40。

水野と子供たちの関係は、女中たちの思い出話から水野が子どもたちにとって親しみやすい父親ではなかったことがわかる。

お子様方が殿様をお怖がりになったのは、殿様が餘りに御気六ヶ敷しかったからで御座いませう。それこそ「かたり」と音をさしても御嫌がりになる。*41

水野があまりに神経質な性格の為であった。水野は小さな物音に敏感であり、雨戸の開け閉めについても不機嫌になるほどであった。女中たちによればとくに「キュッキュッと云う音をお嫌ひ*42」であった。そのため、子どもたちは三輪車を持っていたが、父親の在宅中は庭で三輪車に乗って遊ぶことはできなかった。

また子どもが目上の人に会う時には袴を着けさせ、自分も子供と対面する場合はきちんとした格好をするなど、礼儀やマナーにも厳しかったようである。勝邦にはサダというお付きの女中がいたようである。食事のマナーも厳しかったようで、お魚はひっくり返さない、かまぼこには丸い歯型はつけない、「おいしい」や「まずい」ということも言わないなどがあったようだ*43。

しかし、大正七（一九一八）年に次女の俶江を喪うことで水野には変化があらわれた。俶江はもともと病弱だったようだが、亡くなる際は三日三晩付きっ切りで、病人に触ると看護婦に言われるほど俶江の名前を呼んでいたという。それ以降は、子どもたちに対する態度が穏和になり、子どもを叱る回数が減ったという*44。水野は神経質な性格から子どもには恐れられていたようだ。しかし、水野は子どもが嫌いだったわけではなく、つねに子どもたちのことを心配していた。子どもの少しの腹痛や風邪についても子どもが死ぬのではないかと非常に心配した様子で友人に話し、北海道旅行に行く際には熊が出るので危ないのではないかと心配し、子どもが木に登れば落ちるのではないかと心配したという。また、娘廉子の結婚相手である平松牛郎が飛行家なので、飛行機の音がすると飛行機が落ちないかと心配をしていた*45。

子どもたちにとって水野は父親としてどのような存在だったか、長男の勝邦は以下のように述べている。

晩年自分は尚学生生活を終つて居らず、平常朝は早く学校へ出かけ、夜は未だ父の帰らない内に寝につくので殆んど顔を見なかつた。話をしたことも一年を通じて指折り数へる程であった*46。

勝邦は水野が五一歳という若さで亡くなり、あまり親子の時間を持てずにいたために、父の友人などから話を聞いて父の事を知りたくなったという。水野の友人などを招いて座談会を開き、父親の思い出を語ってもらう機会を設けた。その際に勝邦は「私共は父と言ふのは子供の気持ちで、唯怖い、むづかしい、親父という気持ちしか持てなかった*47」という。勝邦が非常に神経質だった水野にたいして、難しい性格の人間であると感じていたことがわかる。また水野が亡くなった際に、末娘の彌穂子はまだ小学二年生だった。父親について「うち覚えていない。通算したら一週間も会っているかどうか。朝はおふとんの所でいって参りますす。夜はお帰りにならないから、通算し一週間位で、覚えていない＊48」という。このように、彌穂子は生まれてから約八年間に父親と直接対峙した時間が通算して七日間程度しかないような気がするといい、彼女には父親との思い出がほとんどないことがわかる。多忙な父親と比較して「松平家のおじさま、おばさま（保男モリオさま、進子ユキコさま）はとても気さくでやさしかった、いつもどこかに連れて行ってくださってうれしかった＊49」と勝邦は話したという。おそらく、子どもたちには、父親を恐れながらも、にこやかに一緒に遊んでほしいという思いはあったのではないかと考える。しかし水野親子は互いを理解できるほどに時間を共有して、親子の関係を深めるようなことがあまりなかったこともうかがえる。

水野はさまざまところに政治会合用の家を構えており、また夜も「一一時過ぎでなければ本当ぢゃない＊50」と言って深夜一二時前には帰宅することはなかったようで、夜間活動が盛んだった。妻の貞子は帰宅時間が遅い事について、「もう私なんか兄妹だと思って居ります。兄妹なら不平が出ませんから＊51」といっており、妻として水野と生活することの大変さが伝わってくる。

このように、実際に子どもたちの起きている時間には家におらず、子どもたちからもほとんど会話がなかったと言われる水野であるが、水野が残した日記には家族についての記述は比較的多い。それは家族の外出先あるいは体調不良の様子などについての簡単な記述がばかりであるが、政治家として忙しい日々を送りながら、子どもや夫人の毎日の様子を気にかけていることは非常によくわかる。ほぼ毎日日記をつけていた大正五（一九一六）年と大正六（一九一七）年では、大正六年には六三日、大正七年には一〇九日にもわたって、家族に関する事柄を日記に書いている。その記述のほとんどは外出の動向である。しかし、長男の誕生祝をおこなったり、子どもの卒業式や入学式に参加したり、学習院初等科の父兄懇話会に行ったりしたことも簡単ではあるが書かれており、子どもに関する行事を大切に考えていたことも読み取れた。

また、子どもの学業にも配慮している。長男勝邦は大正六年に学習院の中等学科に入学している。この当時の学習院は、中等学科以上は原則寄宿寮に入寮しなくてはならなかった。しかし、勝邦は泌尿器系の疾患を抱えていたようで、自宅通学の許可を求めるために水野は三月下旬から四月の中旬にかけて何度も学習院を訪れて相談しているようすがある。このとき、四月八日勝邦同伴で寄宿寮への入寮について、教員と話し合った内容が日記に書かれている。それは普段の日記に見られる簡易的な記述ではなく、比較的詳しく書き留められている。「秋月氏曰く入寮の規則なり、入寮に堪はざる学生か学習院に入学するの理なし体格検査の上入学を許可すればなり」といわれて、寮の副監督者からも病気であっても寄宿寮に入っても医者にかかることはできるといわれたと書かれている。このことから、この対応について水野は何か深く考えるところがあったのだと推測できる。結局、四月二〇日には勝邦には通学での学校生活が許可されている。

また勝邦は学習院中等学科に入ったが、何らかの病気で五月中は鎌倉で療養をしており、夏休み前まではあまり登校をしていないようすである。そのため、学業に支障をきたしたのか、七月一七日に水野は勝邦の成績のことで学習院に呼び出されている。すでに七月一日に勝邦が英語の教師から補習を受けているようすがある。また夏休み中には英語の教師のもとに通わせて勉強をさせている。一〇月七日には旧藩地結城出身の小川かめによる英語の復習をおこなっている。また勝邦は絵が好きで、絵の家庭教師が家に来ていたという*[52]。

水野の家庭教育の相談相手になっていたのが学生時代からの友人であり、学習院で教員を務めたことがある塩谷温であった。

父親としての、水野には子どもについて自らの手でもって養育をするということはなかった。また子どもたちからは、その病気*[53]ともいえる神経質さや心配性な面から、気難しく怖い父親として認識されていた。そして、夢中になって政治家としての仕事をしていたために、家族との時間も大切にはしていなかったようだ。しかし、仕事で多忙な中、つねに子どものことを心にかけていたことは分かる。また水野は家庭内の日常生活においては子どもたちと関わらない生活だったようだが、子どもたちの学校との問題の折衝などにおいては、妻などに任せることはせずに自らの手で行っている。

子どもたちがどのような大人に成長して欲しいか、具体的に述べているものがないが、妻貞子に子どもにお金を残すと悪い事をするからお金は残さないと言っていた＊54。水野自身も結城水野家は大名といえども一万石ほどの規模であり貧乏華族であったし、家の借金を相続しており金銭的に恵まれた方ではなかった。子どもたちには、裕福なことが理由で人生の道を踏み外してほしくないと思っていたのだろう。

成長後の息子たちであるが、長男勝邦は東京大学支那文科を卒業後、衆院議員の長島隆二の二女で桂太郎の孫である加壽子と結婚する。そののち貴族院議員となり、戦後は研究者として貴族院史について研究を行った。二男の博は神戸商業大学を卒業後、松竹株式会社社長の大谷竹次郎の秘書となり、大谷の娘トシ子に婿入りし、松竹において役員を務めている。三男は朝日生命保険相互会社の前身である帝国生命保険株式会社の役員である小田川芳朗の養子となっている。水野の子どもたちは、長男以外は華族界に直接関わる姻戚関係を結んでおらず、二男と三男は金銭的に苦労の心配がないような実業界のエリートの家に養子に入っている。

第三項　水野直の学習院観

学習院の教員であった大森金五郎によれば水野は明治三九（一九〇六）年の高等学科廃止の撤回を求める活動にかかわっていたようだ。

明治三十七年から四十年頃までは学習院にあたっては変遷の多い時期であって、院長は菊池院長、山口院長を経て乃木院長に及んで居る。此の際の学制の改革などがあり、（一時学習院は大学科の廃止と共に高等学科も廃され、中等学科、初等学科のみの学校とならんとした）学習院の将来の為に水野君等が尽くされた努力は一通りではなく、又その効果も掾の下の力持ち的であったにせよ顕著なる者〔ママ〕があったのである。ズット後には大正八年十二月十六日に学習院御用掛（勅任待遇）を仰付けられ翌九年六月五日に之を免ぜられた。*55

上の様に、大森が学習院の将来のため掾の下の力持ちとして尽くしたといっていることから、まだ貴族院議員としては駆け出しだった水野は、諸先輩の高等学科廃止撤回の活動を影ながら支援したのだと推測できる。

また学習院評議会委員や学習院御用掛となったときには、学習院での会議資料の多くを大切に保管している。水野直関係文書内の学習院関係の資料を見ていくと、どうやら会議のメモを手帳にとったあと、原稿用紙に書き起こしている。しかし、水野においては水野独自の学習院論といえるほど、自身の言葉で学習院について語っている原稿などの資料はない。しかし、水野が残した学習院に関する資料から、水野が学習院について何を思っていたか明らかにすることはできる。

水野自身がレポート用紙に書き残したメモに次のような箇条書きを見つけた。

（一）皇室の御施設に華族の感激する事

（二）華族の自己の指定を訓育するは皇室に対する任務と同様

一、院長の代る度□に教員間に動揺を来す事　優良の教員が他の安神の地位に去る事、学習院内に於

て安神の地位を求むるは連合力を作る事
一、父兄保証人は教員に対し弱者なり自己子弟に対する愛情の為め其欠点とする所を正直に述ぶるの勇気なし
一、学校の教育上の理想は高尚なり其高尚なる理想を家庭に於て解し得ず、仮令之を解しても応ずるの力なし
英語発音上の注意　　数学　授業開始其他学校部会宜し□時より　寒稽古の時より　休み中の宿題博物標本
一、教員は殊に寮長等は華族の子弟の自己の子弟と同様なる愛情を要求す　解力弱き子供は父母一層之か心配を為すの理をさとるべし
一、初等学科教員間に於ける競争の害――学生の負担が増加
一、初等は中等科より圧迫を受く
一、初等科に於ては院長更迭の為め免職なし　中等科以上に多し　初等科教員安心と教育の効果
一、華族と士平民のとの割合の制限
一、華族の子弟は他の学校より転学随意ならしむる事　∴華族の地方居住問題
一、開放主義は仮に可なりとするも　華族の力内と光実し居らざる中に却て圧迫を□□危険なり華族□□力
学生として士平民と接触するよりも人格を作り上げて后各種の階級と接し之を感化するが可なり況や士平民中華族に近き者にのみ接□□□
人格教育を学習院より終り場合によりては私立専門学校に入るも可なり
一、大学を作らざる時は動もすれば豫備教育に依り慮あり

一、華族の子弟にして京都其他大学に入学し危険時期に三年より父母の膝下及び□□の□□より遠か□□□如何

京都学費(□□千円)卒業までの年限　品行

一、歴代院長の大学案及び施設の結果を研究

一、高等科学生を□め□さる理由　小学生来の連合力　教員の新任　其方針異なる点(強制、自発)

教員は□の人望を高等科学生によりて□しとす—輔仁会副会長　教員間の居合悪しき点最も明瞭に□るは高等科なり

鈴木定次アキ夫人か未□人と自由□□

一、生徒に余裕を与ふるなり　同級生相談し□の時□

一、徳育に礼式を重ずるなり　修身論の不可　□し□□ある人を招く事　中等科修身書難解

一、一芸に秀たる者先生□べからず—英語

一、小学にて粘土細工の如き其効力なし寧ろ珠算　小学の□□　通学と始業時より

一、読本、書籍にてする改良

一、家庭教師なくては小学教員の出来伝る方□

一、小学と中学の連絡　ある年限より寮監の主任に伝ざるか

一、体育—寒稽古　　一、小学入学者制限(華族教育の本義を定めたる以上)

一、寮監制度の改良　　一、一科目二科目により一ヶ年を□□せしたる理由□□

一、華族団体との連絡　　一、不良学生の□□

一、出身者との連絡——輔仁会

一、諮問会

一、制服
一、経費　授業料
一、試□　欠席者に対する割引制度
一、三浦院長当時の学制改革と同様―上奏御裁可
一、七年制度にて元則となれ□んや
一、東北大学に文法の□□様な大学なり
一、従来大学制失敗す□調査

このメモは字が細かく判読できない部分も多数ある＊56。しかし、簡単にではあるが非常に多くの学習院の改良点が書き連ねてある。メモの中から「華族と士平民の割合の制限」とおそらく士平民についての「小学入学者制限（華族教育の本義を定めたる以上）」と類似する項目が挙げられており、水野が多数の士平民が学習院に入学することは問題であると感じていたことがわかる。また「華族の団体との連絡」や「出身者との連絡―輔仁会」とあるように、学習院を華族社会の支援で盛り立てていこうとすることや、また学習院自体に華族の交流を深める役割を持たせようとしていたことがうかがえる。

また水野の心配性な性格が、子育てにたいしても発揮されていたことがこのメモからも読み取れる。「父兄保証人は教員に対し弱者なり自己子弟に対する愛情の為め其欠点とする所を正直に述ぶるの勇気なし」とあり、親が子どもを愛するがために教員には子どもの短所を正直に言うことができないということである。また、「教員は殊に寮長等は華族の子弟の自己の子弟と同様なる愛情を要求す　解力弱き子供は父母一層之か心配を為すの理をさとるべし」とあり、賢くない子どもがいる親はいつも心配しており、教員は子どもを愛情をもって大切に指導してほしいということである。また、子どもが東京帝国大学以外の

地方の大学に進学して親元を離れるということは、適時に生活態度を監督することが不可能となることであり、品行などに問題が出ないか心配している。これらの記述は学習院御用掛の仕事として制度や規則の改善というよりも、水野の子どもへの愛情のある親としての、学習院への要望であると思われる。

水野が学習院の仕事に力を注いであたっていたことについて蜂須賀正韶が以下のように語っている。

本来の水野さんのお考えでは有爵階級は必ずしも同会派でなくても親密な関係に居りたいといふのが御本旨であったと私は心得て居ります。従って其の以前に学習院のことなどにも色々と御心配になったことを承って承知して居りますが、これはまづ華族の子弟の教育夫より又進んでは政治方面に於ても華族の諸君の一人でも多く成功されんことを祈られたからです。＊57

蜂須賀は水野が学習院にかかわっていたことは、華族が学習院で教育を受け優秀な政治家として活躍することが水野の願いだったからだといっている。これは水野の胸中では学習院の意味づけが、貴族院議員の養成学校という意味が第一義であったということである。それは当然、貴族院議員たちが団結して行動することにもつながるだろう。同一学校出身という親近感は、華族同士のコネクションを形成していく要素となる。そして水野が華族の人々の社会的な成功を願っていたことがわかる。

第六節　有馬頼寧と水野直にとっての学習院

水野も有馬も学習院ができるだけ陸海軍の士官学校に送り込みたいと考えていた時代に学習院の学生だ

った。しかし、士官学校はあまり人気のある進学先とはいえなかったようだ。宮内省は学習院高等学科を廃止することで、士官学校への入学者を増やそうと考えていた。

水野と有馬の学習院についての言動の根本にあるのは、華族階級の人々の幸せである。水野は華族社会の安定のために、貴族院議員として政治的にかかわって国家を良い方向に導き、華族が政治的に社会に貢献することが大切だと考えていた。そのために、よい貴族院議員となる人物を養成したいと考えていた。華族の職業としては、軍人や外交官以外にも貴族院議員という職業もまた重要なもののひとつである。公侯爵であれば、年齢に達すれば自動的に貴族院議員となれるので、議員たる資質を学校で養成しておかなければならないということは実際に重要なことだったはずである。また貴族院を円滑に運営していくにも、華族社会が一致団結できる友情関係をはぐくむことが大切であると考え、その友情を築く場所として学習院を考えていた。華族の将来のための教育をする学校として、華族子弟の一致団結の中に多くの士平民の生徒がいること望ましくないと考え、士平民の入学の制限を考えていた。

一方、有馬は華族の幸せを願い、急激に華族の地位が貶められる危険のあるプロレタリア革命の発生を予防するために華族が社会貢献をするべきだと考えた。華族のための学校を平民にも広く開放して、基礎学問の研究の中心に発展させることが華族社会全体での社会事業となり、平民からの特権階級への不満の抑制になると考えていた。

華族社会の安定のために、華族間の一致団結を求めたのが水野であり、華族と士平民の友情などによる心の融合を求めたのが有馬であった。互いに方向性は真逆であったが、華族社会の安定という最終目的は同一であった。水野も有馬も互いにその目的を果たすための道具の一つとして学習院の利用を考えていた。

次に水野と有馬の父親としての学習院および学校教育とのかかわりである。水野直も有馬頼寧も学歴は学習院と東京帝国大学のみであり、初等学科から高等学科まで学習院に在籍した。

有馬は華族と一般国民の心理面の融和をさせたいという理想のために、息子は一般の学校で学ばせ友情をはぐくみその中で切磋琢磨させてようとして学習院に通わせようとしなかった。初等学科については妻の反対を受けて譲歩しているが、中学校からは息子を他の学校に送り出している。また嗣子である頼義が学校で問題を起こしたことについては、夫人の貞子にはほとんど事実が知らされなかったということもある。このことから有馬家においては、父親である有馬に学校選択の決定権が与えられており、子どもの学校での問題についても妻に相談もせずに有馬のみが取り扱えばよい事柄としていたことがわかる。

水野は学習院以外には子どもを通学させなかった。水野の場合は子どもを学習院に入れるという考えはあまりなかったようで、資料がないために不明である。水野の場合は子どもを学習院に入れるという考えはあまりなかったようで、学習院以外の学校選択をしなかった理由というのは病気を抱えた長男勝邦を全寮制だった学習院中等学科に通学許可での入学をさせようと努力している。学校と学習院にかかわる仕事をしていたという理由もある可能性もあるが、子どものかかえる問題と学校との折り合いをつけるために、学校に赴いて交渉を行うなどしている。また親しい友人であり教育者でもある塩谷温には子どもの教育についての相談をしている様子もある。

また有馬の友人である岡部長景も息子長衡を中学校からは学習院には通わせず、学習院初等科卒業後は東京高等学校に入れている。岡部がどのような理由から子どもを東京高等学校に入れたかは不明であるが、有馬の場合とは少し異なるはずである。なぜなら有馬は私立の学校に入れているが、岡部は東京高等学校という優秀な公立学校に入学させている。もともと長衡が優秀だった可能性もあるが、それなりに受験のための努力もさせているはずである。そして、息子が進路を工学士から軍人へ変えようと悩んだ際には相談にのり、元からの目標であった工学士の方向へ戻すように説得していた。

また勲功華族であった阪谷希一においては息子の学校選択については、一時の中国赴任の影響からか、中学は希一の出身校である東京師範学校附属ではなく東京府立第六中学となっている。しかし、希一自ら

のリベンジのため か長男芳直には第一高等学校から東京帝国大学に進学しなければならないと言い聞かせており、大いに進路の舵取りの役割を果たしていた。

これらの事例から見えてくるのは、進路の決定権を持っていたのは父親であったということである。また子どもの学校での問題においては、学校と話し合いなどをして、始末するのは父親の役割であったことも読み取ることができる。

註

＊1 西尾林太郎『貴族院議員水野直とその時代』芙蓉書房出版、二〇二一年。水野の貴族院議員としての活動は本書に詳しい。

＊2 学習院編『学習院史：開校五十年記念』学習院、一九二八年、三三頁。

＊3 同上『学習院史：開校五十年記念』二六五〜二六六頁

＊4 三浦梧楼『観樹将軍回顧録』政教社、一九二五年、二四六〜二四八頁。

＊5 嘉納先生伝記編纂会『嘉納治五郎』講道館、一九六四年、六七頁。

＊6 塩谷温『天馬行空』日本加除出版、一九五六年、八三頁。

＊7 前掲『学習院史：開校五十年記念』一〇六頁。

＊8 同上『学習院史：開校五十年記念』一一〇頁。

＊9 前掲『近衛篤麿公』二六九〜二七〇頁。

＊10 前掲『天馬行空』八三〜八四頁。

＊11 同上『天馬行空』七三頁。

＊12 入江相政「礼賛」学習院編『学習院の百年』学習院、一九七八年、七二頁。

＊13 立花氏は豊後大友氏の支流の一族である。立花種恭と加納久宜は兄弟で、加納は養子に出たため名字が異なる。

＊14　山田勝『イギリス貴族―ダンディたちの美学と生活』創元社、一九九四年。
＊15　前掲『イギリス貴族―ダンディたちの美学と生活』五頁。
＊16　同上『イギリス貴族―ダンディたちの美学と生活』五～六頁。
＊17　同上『イギリス貴族―ダンディたちの美学と生活』一〇頁。
＊18　前掲『華族』二二、二八六頁。
＊19　安川哲夫『ジェントルマンと近代教育―〈学校教育〉の誕生―』勁草書房、一九九五年。
＊20　同上『ジェントルマンと近代教育―〈学校教育〉の誕生―』二二五頁。
＊21　前掲『イギリス貴族―ダンディたちの美学と生活』二五～二七頁。
＊22　ダグラス・サザランド著、小池滋訳『英国紳士』秀文インターナショナル、一九八一年、一四頁。
＊23　マイケル・サンダーソン著、安原義仁・藤井泰・福石賢一監訳『イギリスの経済衰退と教育―1870-1990s』晃洋書房、二〇一〇年、七〇頁。
＊24　本田増次郎『イートン学校及び其校風』内外出版協会、一九一〇年。
＊25　同上『イートン学校及び其校風』一〇頁。兄弟であれば、一人一室ではなく同室もできた。
＊26　同上『イートン学校及び其校風』一七～一八頁。一度は宿泊、もう一度は日帰りという規則だという。
＊27　前掲『学習院史：開校五十年記念』二八六頁。
＊28　前掲『執事とメイドの表裏』二二六頁
＊29　前掲『英国紳士の子供』三八頁。
＊30　吉川弘文館『国史大辞典』全一五巻（一七冊）、一九七九～一九九六年。里子の項目（第六巻）
＊31　前掲、有馬頼寧「学習院論」
＊32　『有馬頼寧日記』大正一三年二月二日条。
＊33　前掲『無頼庵雑記』改造社　一九四九年二二五～二二六頁
＊34　前掲「所感日記」「我子のために　昭和一一年一月六日」

＊35『有馬頼寧日記』昭和一四年五月二七日条
＊36川辺真蔵『大乗之政治家水野直』水野勝邦（私家版）、一九四一年、四一頁。
＊37同上『大乗之政治家水野直』三二一頁。
＊38同上『大乗之政治家水野直』五〇頁。
＊39同上『大乗之政治家水野直』五一頁。
＊40「水野直」人事興信所編『人事興信録 第八版』人事興信所、一九二八年、ミ五八頁。
＊41前掲『大乗乃政治家水野直』三二一頁。
＊42同上『大乗乃政治家水野直』三二一頁。
＊43上田和子「明治以降の水野家3」、『福山市立福山城博物館友の会だより』三九、福山市立福山城博物館、二〇〇九年、一四頁。
＊44前掲『大乗乃政治家水野直』三二二頁。
＊45前掲『水野直を語る』二〇八、二八三頁。
＊46水野勝邦「序」、前掲『大乗乃政治家水野直』一頁。
＊47前掲『水野直を語る』二四一頁。
＊48同上『水野直を語る』三五六頁。
＊49前掲「明治以降の水野家3」一三頁。水野貞子と松平進子は姉妹。
＊50前掲『水野直を語る』一〇〇頁。
＊51同上『水野直を語る』一〇〇頁。
＊52前掲「明治以降の水野家3」一三頁。
＊53前掲『水野直を語る』三五六頁。直は病的な心配性だったと娘婿の平松牛郎はいう。
＊54同上『水野直を語る』三一九頁。
＊55同上『水野直を語る』五二頁。

＊56　判読できない部分は引用の際、□とした。

＊57　前掲『水野直を語る』五八頁

第七章 ✺ 国民の模範としての華族の家庭教育

第一節 『家庭の模範』に登場した華族の家庭教育

明治三八（一九〇五）年に『家庭の模範』*1という書物が刊行された。その序文には、華族をはじめとする上流階級の家庭生活が中流階級の家庭生活モデルとして役立つとある。この本において鍋島侯爵家、岡部子爵家、加納子爵家の大名華族三家の家庭生活が紹介された。なぜ、彼らが模範的な家族として注目されたのか、一般的な華族の生活ぶりとの比較や、新中間層の生活と比較しつつ分析したい。そうすることによって二〇世紀初頭における日本社会が家庭教育に何を期待したのか考える手がかりとしたい。

『家庭の模範』は女性向け総合教養雑誌である『女学世界』*2に中村鈴子*3によって連載された「貴婦人の嗜好《このみ》」をまとめたものである。『女学世界』は明治三四（一九〇一）年から大正一四（一九二五）年に博文館から刊行され、読者層としては中等教育を受けた女性をターゲットにしていた。「貴婦人の嗜好」が掲載されていた当時二万部ほど発行されていたといわれ、商業的に成功した明治期の女性誌のひとつだった*4。

「貴婦人の嗜好」の記者は中村鈴子となっているが、雑誌記事と単行本の内容がほぼ同じであるので、『家庭の模範』と同一筆者であると言える。記事は中村が上流家庭に取材に行き、夫人の日々の生活や育児についてインタビューし、またその家庭の様子などのイラストをつけたものである。また雑誌の巻頭グラビアには取材先の家族写真が載ることもあった。単行本化の際に、雑誌記事にあったイラストや写真は削除されている。当時の雑誌『ガリバー』や『太陽』は売上向上のために、皇室や華族のグラビアを利用していた*5。また明治天皇妃昭憲皇后は、その行動や肖像が国民に報道されることで、国家的に良妻賢母を推進するプロパガンダとなっていたという*6。

「貴婦人の嗜好」の連載は明治三六（一九〇三）年七月の『女学世界』第三巻九号から始まった。第一回の記事は雑誌の約二〇〇頁中一四三頁からと後ろのほうの掲載だったが、第二回には六五頁から、第三回には一一頁からとなり、また表紙にも連載名が載るようになった。「貴婦人の嗜好」は連載が始まってすぐに人気が出たか、あるいは編集部の力の入った連載だったと推測することができる。しかし連載当時『女学世界』には読者欄がなかったので実際に読者がこれらの記事をどう捉えていたかは不明である*7。連載当初は学者や政治家の妻、大名華族、勲功家族の妻、女性教育者の記事であった。しかし、日露戦争勃発後からしばらく軍人の家庭への取材のみとなり、題名も一時「軍人家庭」に変更された。明治三七年（一九〇四）一二月まで連載が続き、明治三八（一九〇五）年三月に三〇人の夫人たちの家庭についてのインタビュー記事をまとめて『家庭の模範』として出版されている。その後もたびたび上流階級の婦人へのインタビューなどが『女学世界』に掲載されているが、単行本化はされなかったようである。

『家庭の模範』には権門の部として大名華族と勲功華族の七人の夫人が紹介されている。勲功華族でも軍人として家族になった者の夫人については軍人の部で紹介されている。今回とりあげる武家華族については、毛利公爵家、鍋島侯爵家、岡部子爵家、加納子爵家が登場するが、毛利家は公爵の母親が取材対象であり、実際に子育て中の婦人ではないためにとりあげない。

『家庭の模範』にとりあげられた三家についての基本的なデータを紹介したい。

鍋島侯爵家の当主は鍋島直大、旧佐賀藩藩主家で石高は三五七、〇〇〇石という外様大名であり、夫人の榮子《ながこ》は広橋安胤の五女で広橋伯爵家出身である。直大はヨーロッパへの留学経験があり、外務省に入省後イタリア公使となり、その後は宮中顧問官や貴族院議員として活躍した。直大には前妻の胤子《たねこ》との間に朗子《さえこ》、直映《なおみつ》がいる。榮子との間には伊都子《いつこ》、茂子《しげこ》、信子《のぶこ》、直縄《なおただ》、尚子《ひさこ》がいた。また側室もおり、側室との間には貞次郎《ていじろう》、信孝《のぶゆき》、俊子《としこ》、哲雄《てつお》がいた。直映はイギリス留学後、外務省に嘱託で勤め、韓国の農事事業調査に携わった。直縄は分家筋である旧肥前鹿島藩主家の鍋島直彬子爵の養子となり、東京外国語学校独逸語学科を卒業後は、ドイツへ留学し林学を学び、帰国後は佐賀百六銀行頭取や貴族院議員を務めた＊8。次女伊都子は梨本宮守正妃となった。

岡部子爵家の当主は岡部長職、旧岸和田藩藩主家で石高は五三、〇〇〇石であり、夫人の坻子《おかこ》は前田齊泰の四女で前田侯爵家出身である。長職は欧米への留学経験があり、外務省に入ると条約改正交渉の担当として活躍、貴族院議員としても活躍し、司法相までになった。長職は前妻錫子《ようこ》との間にすでに、清子《すがこ》、鍾子《まさこ》、長景がいた。坻子との間には長剛《ながたけ》、長挙《ながたか》、榮子《さきこ》、豊子《とよこ》、長世《ながよ》、盈子《みつこ》、長量《ながかず》、久子《ひさこ》、長建《ながたつ》、長伸《ながのぶ》、長章《ながあきら》をもうけた。長男長景は大正期から昭和戦前期に外務官僚、貴族院議員として活躍し、文部大臣とまでなった。三男長挙は朝日新聞社社長の村山龍平の養子となり、のちに朝日新聞社社長となった。末っ子の長章は戦前戦中と昭和天皇の侍従を務めている。娘たちは三井家などの裕福な実業家と結婚している。

加納子爵家の当主は加納久宜、旧一宮藩藩主家で石高は一、三〇〇〇石、夫人の鎰子《いつこ》は原三蔭の次女である。加納は留学準備をしていたが、留学を断念し内務省に出仕し、鹿児島県知事を務めた、鹿児島では殖産事業や教育事業に力を入れ庶民の生活改善に努めた。鹿児島県知事を退任後は、おもに貴族院議員として活躍し、農業や産業の発展に関わっていった。また旧藩の領地である一宮町の町長を務めた。久宜は嘉子《よしこ》、久元、理子《みちこ》、次子《なみこ》、冲子《なかこ》、久朗《ひさあきら》、久憲《ひさのり》、國子《くにこ》、八重子《やえこ》、治子《はるこ》、夏子《なつこ》という子どもをもうけた。嫡男であった次男久朗は昭和戦前期に横浜正金銀行頭取として活躍し、戦後は日本住宅公団総裁や千葉県知事を務めた。三男の久憲はアメリカ移民となっており、コロラド州で農園を経営しながら日系移民たちの世話役としても活躍していた*9。また娘の夏子は元内閣総理大臣麻生太郎の祖母である。

鍋島家、岡部家、加納家の持つ財力には大きな差がある。鍋島家は国持大名であり、岡部家は中規模の譜代大名、加納家は譜代大名であるがかろうじて大名と呼ばれる石高である。加納家と同じような小さな大名家には華族としての体面を保つ財産がなく爵位を返上する家もあった。

この三人の夫人の夫たちは明治政府に出仕している。一方で彼らのような大名の第一世代には資産運用などで生活が出来たために定職につかない人物も多かった。鍋島と岡部は留学経験があり、外交官として欧米にも赴任している。また加納は洋行できなかったが、青年時代は留学を目指して外国語を学び、外国人家庭教師と暮らすなどして外国語と外国文化を身に付けた*10。かれらは西洋文化に親しみを持つ大名華族であった。

『家庭の模範』で紹介された彼らの家庭教育を具体的に見ていくことにする。

鍋島家の教育であるが、生活面では女中の手を借りずに身支度をすることや、週に一度は洋食を食べてマナーをしつけるなどがあげられる。服装については基本的には綿を用いており、娘たちにいたっては自分で仕立てさせる。それはどのような家に嫁入りしても困らないようにするためだという。勉強面では学校の予習復習を母親が毎晩みており、計算の訓練として勧工場で買い物をするなどの工夫をしている。また植物園や動物園や展覧会などに子どもを連れて行き、様々なものを実際に見せる心がけをしている。直大は先妻がなくなった後すぐに榮子夫人と結婚したがそれは公使としてイタリア赴任が決まっていたためであった。そのため夫妻はしばらくイタリアで暮らしていた。夫人は日本赤十字社内の篤志看護婦人会という皇族・華族女性の奉仕活動グループの中心的人物であった*11。

岡部家の教育であるが、生活面では、ときどき洋食を食べさせるが、普段は粗食にしており、子どもの軍隊入りや嫁入り先のことを考えて贅沢に慣れさせないようにしている。服装については靴を推奨しており、服装についても改良服にさらなる改良を加えて着せようとしていた。また学校には男の子は徒歩で通わせ、女の子は人力車で送迎はさせるが付添いの女中はなかった。勉強面では、学校の予習復習は家庭教師や長男長景が面倒を見ている。女の子はピアノを学ばせるつもりで、男の子は小学校を出たら書道を学ばせるつもりであるとしている。また、長職は家庭のことは夫人坻子を信頼して一任し、子どもの教育には夫人は自らが積極的に働いたようである。また一家団欒を大切にしていた。子どもの教育には一家団欒を大切にしまた楽しむよい父親であったという*12。

加納家の教育であるが、生活面ではもともと小規模の大名であり裕福ではないことと子沢山なせいもあって節約を大切にしている。食事については間食をさせないことや、日曜日だけは洋食を食べるなどの決まりがある。また自然と兄弟の中で年長のものが年下の子たちのしつけや面倒をみている。子どもたちは学校へは徒歩と汽車で通い、雨がひどい時などしか人力車は使わない。また一年を通して木綿の改良服を着せ、履物は靴である。子どもには新聞は読ませない代わりに雑誌をとっている。また鹿児島県知事時代には子どもたちは宣教師の夫人から英語を学んでおり、キリスト教や西洋文化についても親しみを持っていたようである。また久宜が大日本体育会会長だったこともあり、知能だけでなく身体の発達や健康にも心がけており、家族でダンベルを使った運動をし、男児には柔道をさせた*13。また『家庭の模範』には記述はないが、娘たちは社会を学ぶためと自立心を養わせるために、久宜は娘たちだけで旅行をさせている*14。久宜は子どもたちに対して女中にあまり用事を頼まないようにして自分のことは自分でするようにと、自立心が養われるようなしつけを考えていた*15。また久宜は家政使用人のために仕事の心得から貯蓄や味噌汁の具にいたるまでの細かい家庭生活の規則を「家庭雑録」*16として残している。忙しく不在がちであった久宜にかわり、実際に「家庭雑録」の内容にそって家庭を監督したのは鉊子夫人であると考えられる。夫人には家政だけでなく、加納の興した農民生活改善のための入新井信用組合の事務をしており、これは地域のためにと無給での仕事ではあったが、職業婦人としての側面も持ち合わせていた。また娘たちの学用品の準備などの教育に関する日常の世話は両親に代わり長男の久朗が行っていた*17。娘たちに日常生活の手伝いや注意などのしつけをするのは夫人であり、久宜は直接のしつけはおこなわなかった。また久宜に家族での行楽などをねだられるとしばしば喜んで承知して、家族サービスを怠らなかったようである*18。

この三家の共通点と言えば、子どもたちの日常は華やかな生活ではなく、質素倹約な生活ぶりである。この三家とも食生活は普段は粗食にし、ときどきマナーを学ぶために西洋料理を食べる。そして衣類については普段は綿布で華美なものは着せず、足には西洋の靴をはかせる。鍋島家と岡部家には子どもにお付きの女中がいるようだが、加納家ではそれを廃止しており女中が三人しかいない。また夫人たちは子どもが小さいときには学校の予習復習を自らが見たり、算数が苦手であれば買い物をさせることで計算を身近なものにしたりなどの教育にたいしての工夫がみられる。そして、娘の教育についてはとくに身の回りのことを自分で行えるようにするということを心がけているようであり、それは結婚後の生活を考慮してのものである。また偶然であるが、この三家の夫人たちは後添いであり、自分の子どもではない大きな子どもを抱えていた。以上が紹介された三家の教育についての共通点である。

また華族家当主である父親たちの家庭への関わり方であるが、鍋島家については資料を欠いて不明である。しかし、岡部も加納も政治家としての活動などで忙しかったはずだが、一家団欒など家族での心的交流の深まりの機会を大変大切にしている。そして家庭の大きな方針などは夫人と決め、日常生活の監督は夫人に任せていたと考えられる。

第二節　華族と新中間層の生活

鍋島家、岡部家、加納家以外の伝統的な大名華族の生活についてもふれておきたい。まずは家庭教育についてであるが、多くの大名華族の子どもには子守として家政使用人がつけられて、しつけについては家政使用人から指導された。そこには親の意向だけでなく、家の意向の両方が存在している。

『家庭の模範』登場した三家には質素な生活ぶりという点で共通するとしたが、他の大名家においても普段は質素倹約をしているところが多い。旧久留米藩主家の伯爵有馬頼寧においては幼少期はいつも旧藩の特産品だったかすりの着物を、夏用の生地なのにもかかわらず一年中着ていたという。また食べ物も質素だったという。一方で、家の中には多くの使用人がいた。家族のひとりひとりにお付きの女中がおり、女中の世話を受けていたことを記憶している。有馬頼寧は生まれてすぐに母が離縁されたため祖母と老女とよばれる女中頭に育てられ、再婚した父とその継母ともあまり関わることなく育っており、両親の記憶がほとんど語られない。そして有馬頼寧の息子頼義も母親には育てられず使用人に育てられ、母は自分の子どもを育てたことはないと述べている*19。また早くに母を亡くして、死んだ母への思慕が強い徳川元子と蜂須賀年子すら、母親が自らの成長を愛しんでくれたという思いはあっても、具体的に教育を施してくれたというような記述はなかった*20。大名華族たちが自身の過去を語った多数の本には自ら教育をする母親像は登場しなかった。せいぜい観劇などの芸術鑑賞か旅行や散歩などの社会見学の趣がある余暇活動くらいのものであった。

『家庭の模範』の読者層は、中等教育程度の女性であると述べたが、それは同時に明治の後半に登場した新中間層の主婦や娘たちである。新中間層はいわゆる都市の俸給生活者階層であり、地方から都市部に出てきた上層農の次男以下の中卒者以上が多かった＊21。家族構成については夫婦とその子どもである。当時はまだ国勢調査がなかったので、子どもの人数はわからない。大正中期までに新中間層といえる所得水準は五〇〇円から五、〇〇〇円であり、人口の一割に満たない階層だったという＊22。

表７・１に表した通り、法律で決められた公務員の給与は、小学校教員や警官などの下級役人は月俸一六円～四〇円＊23、軍人の少尉で年俸四四四円、少佐で年俸一、二七七円、官僚は四〇〇円から二、五〇〇円、帝国大学教授で年俸八〇〇～一、六〇〇円であった。公務員といえども官僚や士官クラスではないと新中間層とはいえなかった。

表7・1　明治36（1903）年の公務員の年俸

職　種	年　俸
小学校教員、警官など	16～40円(月給額)
軍人-少尉	444円
軍人-少佐	1277円
官　僚	400～2500円
帝国大学教授	800～1600円

※小学校教員(訓導)や警官などの下級公務員は月給制であった。
参照：内閣府法制局『法規提要　明治三六年版上巻』法制局、1903年、国会図書館近代デジタルライブラリー所収。

当時の新中間層の例として、ある高等官吏の家では、家族が夫婦と子供二人、ほかに女中二人と書生一人がおり、月収八三円（年俸一、〇〇〇円）のところ、月の生活費には八〇円（内、家賃二〇円、食費二六円、使用人給金四円五〇銭など）ほどかかるという＊24。またある海軍中佐の家では、夫婦と子供三人と姑、ほかに女中三人がおり、月収は一五八円（年俸一、八九八円）のところ、月の生活費は約一三〇円（内、家賃二〇円、食費二九円、使用人給金四円、主人交際費三八円など）かかるという＊25。当時の米価は一石が一〇円から一三円であった。ちなみに一石は一、〇〇〇合で、石は容積の単位なのでメートル法に換算し約一八〇リットル、米の重さは約一五〇キログラムである。新中間層の人々が一家の生活を維持、あるいは向上させていくことは子どもの立身出世にかかっており、子どもに良い学校教育を与えねばならなかった。

新中間層の父親は職住分離により家には不在であり、また地方出身者も多いことから地縁・血縁から切り離されて舅姑との関係も日常的になかった。都会の新中間層の家族は旧来の親子関係中心の「家」から、夫婦関係中心の「家庭」にその実態が転換しつつあった*26。

そして「家庭」の担い手としての主婦たる母親が育児についてほとんど掌握していた。彼女らは子どもの知的教育に力をいれており、母親が家庭教師のように勉強を見ることがあった。また母親が必死に家事をする姿を見せることで勤勉さを伝えることができると、家事労働に教育的意義を見出す者もいた。また、新中間層では家政使用人いわゆる女中を雇うこともあったが、たいていは雇えても一人だったために、主婦も女中と家事をおこなった。女中は家事の中でも比較的に重労働な洗濯、雑巾がけ、風呂焚きを請け負う役割であった*27。主婦たちは子どもの教育については女中には任せなかった。当時女学校では子どもの教育は、両親が子どもの模範となる行動を示すことの大切さ*28や、学齢期となれば母親がよく学校と連携して学校の方針に倣い教育をすべきだと教えていた*29。新中間層が新しい生活形態であることから、新中間層の主婦たちは自分たちの生活に適合するよいモデルケースが身近になかったために学校での教育に忠実にならい、また婦人向け雑誌記事を家庭の実践に役に立てていた*30。新中間層の主婦たちが『家庭の模範』あるいは「貴婦人の嗜好」の記事を読めば家庭生活の参考にしただろう。

『家庭の模範』に登場した華族三家と新中間層の家庭を比較すると、まず華族は当然多くの庶民とは比較にならない先祖伝来の資産を持っていた。また当時三家の当主は貴族院議員であり、被選の貴族院議員である岡部と加納には貴族院議員として年俸二、〇〇〇円の収入があった*31。またそのほかにも会社の経営などにかかわっており、そして所有する株券の配当金などもあったので収入はそれ以上あった。明治三四（一九〇一）年の鍋島家の所得高は九五、〇〇〇円という*32。明治四二（一九〇九）年の所得税だが鍋島家は一〇、九五七円、岡部家は五二六円、加納家は一九七円を納税しているので*33、当時の所得税の課税からみて約二〇万円、岡部家は約一五、〇〇〇円、加納家は約七、八〇〇円の課税対象の収入があったようだ。彼らの収入は官僚の初年度の年俸四〇〇円の一〇倍以上もあった。ちなみに当時子ども一人がすべて官立学校に通ったとして中学校から大学卒業までに必要な授業料は約三一〇円であり、概ね一年間で二五円ほどであった。女学校の授業料も概ね一か月二円から三円であり、年間二五円ほどかかった*34。中等教育以上の学齢期の子どもが四人いれば年間一〇〇円もの授業料がかかった。しかし、華族は学習院に通っていれば学費はほとんどかからなかった*35。

新中間層の例として先ほど取り上げた高等官吏の家と海軍中佐の家は家族と使用人で七名ほどの家であったが、華族三家は子どもだけで一〇人ほどおり、当時すでに家を離れていた子どももいるが、家族に使用人の女中や下男を合わせて最も少ない加納家でも一二名である。ある伯爵家では、家令以下三五名の使用人を雇っていた*36。おそらく岡部家や鍋島家は家族と使用人を含めて二〇名以上の家であり、新中間層の家の二倍以上の規模である。

ここでとりあげた華族三家の夫人は、子どものための食事の準備や裁縫の手間を惜しまない。子どもの教育のために、子どもに見せるべきものと、見せるべきではないものを見極め、新聞や芝居は見せずに、子ども向け雑誌を買いあたえたり、動植物園に連れて行ったりなどの教育的配慮をしている。しかし、新中間層の多くの家のように、華族の家には女中が一人というわけではなく、また下男などの存在もあったので、華族の夫人の仕事は家政の采配が主であった。華族の母親が子どもの面倒を自らの手で行うといっても、子どもひとりひとりにお付きの女中がいたり、書生がいたりと、使用人が手厚く補助を行っていたといえる。また華族の子どもは男子であれば、いったん外に出されて親の手から離れて、世間について学ぶことが多かった。鍋島直大の次男直縄は中学校教師の家へ下宿し、書生のような生活に入ったと新聞にて報道されている*37。もちろん学習院の寄宿舎を利用することもできた*38。また女子であれば華族女学校*39に通いながら、家の中でも教育され、家ごとに決まった流派のある華道や茶道あるいは音楽や外国語などを師範や家庭教師などを雇って教養を広く身に着けさせた。しかし、新中間層の家ではよほどの高給取りでなければ、このようなことは不可能であり、養育だけでなく学習面でも子どもを教育していく母親が登場していたのだろう。

ここで登場した華族三家の夫人はおそらく岡部坻子以外は学校教育を受けていない。鍋島・加納の両夫人は学制ができるころには一五歳以上の年齢に達していたからである。おそらく『女大学』や『女鑑』の儒教的な教養を身に着けており、その女性像は夫や舅姑に従い、家内を円滑に暮らせるように整えることが大切と教育されていた。近代以前の女性教育においては家内の生活を切り盛りするためには、女性も読み書き、そろばんができるのは当然で、さらに家政ができることが重要であるということであった。

明治以降に登場した良妻賢母教育もその伝統的な儒教思想から大きくはずれるものではない。明治以降はとくに女性教育において良妻像とともに育児の担い手としての賢母像が大きく打ち出されるようになった。富国強兵のための人材を育てるためには子どもによい教育を施す賢い母が必要であると考えられたからである。賢母とはいままでの家政の知識だけでなくさまざまな知識がある母親であり、これを育てるために女子教育の必要が訴えられた*40。『家庭の模範』も日露戦争開戦前後に雑誌に掲載された記事がもとであり、とくに富国強兵や良妻賢母としての女性の役割が期待された機運があったころのものである。『女学世界』でも日露戦争開戦時には特集号が組まれた。

新中間層と比べて、華族には特権が与えられており経済的にも待遇的にも恵まれていた。その特権のなかで教育に関係するものといえば、華族の子弟は学習院であれば小学校から大学まで自動的に進学し高学歴を得ることができたことである。また就職もコネクションなどから他家の子弟の就職斡旋を頼まれるほどであり、自身の子弟の就職は比較的に容易だったであろう。そのうえで、華族が子どもの教育に力を入れるのは、華族令でいわれる華族の品位を保持するために学歴だけでなくさまざまな教養を習得し、徳を磨かなければならなかったという理由があげられる。また華族の品位を対外的に保つためには交際費などの支出も多いことから経済的にも失敗は許されなかったことも理由にあるだろう。そして公家華族や大名華族は、各家の伝統的な文化の継承や、長きにわたり特権階級として存在したことから社会的階級の継承という理由があった。また、華族として子どもの職業に対してのプライドがあったという理由も考えられる。華族の子弟には軍人や外交官という職業に就くことが国家から望まれていた。とくに鍋島家や岡部家のように父親が外交官であれば、嫡男にはそれを望んだであろう。実際に両家ともに嫡男は外務省で勤務した。華族は新中間層のように上昇志向は大きくないものの、彼らは華族としての品位を保ち、家名を穢さないために家庭教育を行っていたといえる。

明治政府は皇室の藩屏として華族をとらえたときに、華族が経済的にも『家庭の模範』に登場した大名華族三家は、一般的な華族とは少々異なる生活をしていたようである。インタビューで語られた子育てに関する話は、華族といえども華美すぎず、裕福さをあらわすのは音楽や芸術などの文化的な教育にとどまっている。そして日々の生活では倹約的な部分が多く、女中などの家政使用人を複数雇っていながらも夫人たちが自ら工夫をしつつ子育てをしているようにみえる。そこには新中間層の主婦たちにも手が届き、真似のできる家庭像や賢母像を見出すことができる。三家の夫人たちが『女学世界』に登場したのは、雑誌が讃えている日々家政に工夫を凝らして、一家を富ませ、また余暇には国家のため奉仕活動を行うという良妻賢母像に適合していたことがひとつあげられる。そしてそれだけでなく、『女学世界』は華族を登場させることで雑誌の権威づけや売り上げ向上をはかろうとする複数の思惑があったことが推測できる。『女学世界』側は女性に関する冊子を作成すると上流階級の夫人たちにインタビューの約束を取り付け、

『家庭の模範』のまえがきにはそのインタビューによって得られた上流家庭の生活を中流家庭の参考にすると述べられている。また夫人たちがインタビューを受けているのは、当然夫である華族家当主が家庭生活の公開を承知したからである。インタビューを受けた三家の夫人や夫たちに、良妻賢母主義を促進させるという思惑が働いたかどうかは不明であるが、彼らは自分たちの生活ぶりが庶民の生活改善のヒントになればと、請われるままに子育てや衣食住と幅広い生活の細かな部分までのインタビューに応えたのだろう。『家庭の模範』に登場した華族が自らの家政や家庭教育を公開することは、読者である女性たちに「良妻賢母」の理念を広めるについて有効であると考えられたからであろう。

華族は文化的にも強固な地位を持つ存在である必要があった。そのため華族令により華族を特権階級として保護をした。しかし他方で、華族に対し自己破産や犯罪、品位がないなどの理由により爵位剥奪や礼遇停止処分をするとして努力を求めた。華族の家庭教育については、その内容は各家の文化や伝統に基づき自由に行うことができた。しかし、華族たちには高いレベルの教育や品位を国家から求められており、子女への教育の失敗が特権階級からの排除につながる可能性があった。そのために華族たちは教育を学校任せにはできず、家庭教育にも手を抜くこともできなかった。華族の家庭教育は、家ごとの文化や社会階級の継承という家単位の個人活動の理念と、国家や社会のためになる子女の育成という、国家への奉仕としての理念も存在していた。

註

＊1　前掲『家庭の模範　名家百流』

＊2　原本でなく、小山静子監修『女学世界　復刻版』一～八〇巻、柏書房、二〇〇五～二〇一〇年を利用した。

＊3　雑誌掲載時のペンネームは中村鈴子となっている。

＊4　嵯峨景子『『女学世界』における投書の研究』『東京大学大学院情報学環紀要 情報博研究』七七、東京大学、二〇〇九年、九七-九八頁。
＊5　右田裕規「「皇室グラビア」と「御真影」―戦前期新聞雑誌における皇室写真の通時的分析―」『京都社会学年報』第九号、二〇〇一年。
＊6　若桑みどり『皇后の肖像　昭憲皇后の表象と女性の国民化』筑摩書房、二〇〇一年、二六一頁。
＊7　読者の投稿ページとしては詩や短歌などの文芸コーナーのみであった。
＊8　星野英夫編『鍋島直彬公伝』鍋島直彬公四十年祭記念会、一九五四年。
＊9　加納久憲『在米同胞の一人として　加納久憲自叙伝』不明、一九七六年。
＊10　加納久宜、稲垣乙丙『農村之改良』大正書院、一九一三年。
＊11　小田部次雄『華族の女性たち』小学館、二〇〇七年、一五〇頁。
＊12　前掲『評伝岡部長職』二五七頁。
＊13　前掲『在米同胞の一人として　加納久憲自叙伝』二頁。
＊14　「加納子爵令嬢の日光行　上流家庭の好模範」『読売新聞』、一九〇六年三月二三日朝刊、三面。
＊15　中島益吉編『名媛の学生時代』読売新聞社、一九〇七年、四〇五頁。（国会図書館近代デジタルライブラリー）
＊16　加納久宜述、小松健堂編『加納久宜全集』子爵加納久宜遺稿刊行会、一九二五年、五九六～六一三頁
＊17　前掲『名媛の学生時代』四〇三頁。
＊18　同上『名媛の学生時代』四〇三頁。
＊19　前掲『母その悲しみの生涯』一九二頁。
＊20　徳川元子『遠いうた―七十五年覚え書』講談社、一九八三年。前掲、蜂須賀年子『大名華族』。
＊21　寺出浩司「新中間層」川添登、一番ヶ瀬康子監修『生活学辞典』ティービーエスブリタニカ、一九九九年。
＊22　佐藤裕紀子『大正期における新中間層主婦の時間意識の形成』風間書房、二〇一一年、四〇、四四頁。
＊23　教員や警官などの下級役人が新中間層に加わるのは大正期中頃になってからである。

＊24「高等官吏の生活」『女学世界定期増刊　社会百生活』博文館、一九〇四年、六四頁
＊25「海軍士官の生活」前掲『女学世界定期増刊　社会百生活』九一頁
＊26 前掲『近代家族と子育て』三八頁
＊27 清水美知子『〈女中〉イメージの家庭文化史』世界思想社、二〇〇四年、三三～三五頁。
＊28 塚本はま子『家事教本』金港堂、一九〇〇年、二四三頁。本書は高等女学校用教科書である。
＊29 後閑菊野、佐方鎮子『家事提要』目黒書房、一九〇二年、一〇九～一一一頁。本書は高等女学校用教科書である。
＊30 前掲『大正期における新中間層主婦の時間意識の形成』五六、一九六頁。
＊31 公爵と侯爵は三〇歳以上から誰もが貴族院議員になることができたが、歳費を受け取ることはできなかった。
＊32「旧大名華族の家政」前掲『女学世界定期増刊　社会百生活』五一頁。
＊33 後藤靖「日本資本主義形成期の華族の財産所有状況」『立命館大学経済』三四巻六号、立命館大学経済会、一九八六年、七二九～七三二頁。
＊34 山徳丑之輔編『最近東京遊学案内』明進堂、一九〇三年（国会図書館近代デジタルライブラリー）。
＊35 学習院の設立や運営資金として、華族は資金を出し合っていたために学費は免除されていた。
＊36 前掲「旧大名華族の家政」前掲『女学世界定期増刊　社会百生活』三五〇頁。
＊37「鍋島侯爵夫人ご家庭の教育」『読売新聞』一九〇五年八月三日朝刊、三面。
＊38 明治二七年の明治東京地震から寄宿舎制度は停止していたが、明治四一年から中等学科以上は全寮制となった。
＊39 女子学習院、学習院女子部とも。何度か名称を変更している。
＊40 芳賀登『良妻賢母』雄山閣、一九九〇年、一四～一八頁。

終　章 ✺ 華族の家庭教育と男性

第一節　有馬頼寧家、岡部長景家、阪谷芳郎家の比較

第二章から第四章において、伯爵有馬頼寧、子爵岡部長景、子爵阪谷芳郎という日記の残っている華族から、華族が父親としてどのように子供たちの教育にかかわっていたかを明らかにしてきた。そこで、三家の家庭教育についての比較をしたい。

まず、三家の華族の家族での私的な活動である団欒および余暇活動を中心に比較する。

少なくとも各当主の日記に見るかぎり、岡部長景の妻と二人での私的な外出数は、有馬頼寧と阪谷芳郎と比較して非常に多いものであった。岡部家では昭和四（一九二九）年から昭和五年の二年では各年約四〇回、有馬家では大正八（一九一九）年と大正九年の二年間で平均二・五回、阪谷家では大正七年から九年の三年間のうちに一回である。有馬家の夫婦仲はかならずしも良好とはいえず、有馬は頻繁に花柳界に出入りしたり、愛人を作ったりしている。阪谷家の夫婦仲は資料がなく不明であるが、結婚式仲人や葬儀などの公式行事は二人で出かけることも多かった。しかし、岡部家については外出回数からして非常に仲の良い夫婦であったことがわかる。

また岡部家では家族揃っての私的な外出も非常に多い。岡部家では昭和四年から五年の二年では各年約

五〇回、有馬家では大正八年では一三回そして九年では三回、阪谷家では大正七年から九年の三年間では各年約三〇回である。ただし有馬には六人、阪谷には七人というたくさんの子どもがおり、家族での外出といっても子どもが全員揃うというわけではないので、有馬頼寧と阪谷芳郎についてはそれぞれの子どもとの外出回数はさらに少ない。

大正八年、阪谷は五五歳、有馬は三五歳であり、二人の年の差は二〇歳ほどである。しかし、阪谷の末娘と有馬の長男長女は同世代であり、同じ年頃の子どもを持つ親という共通点があった。阪谷と有馬の家族との行動について、同時期を抽出することが出来た。しかし、有馬は阪谷と比べても、家族での外出が非常に少ない。有馬はこのころ愛人との恋愛に忙しく、また仕事も東京大学農学校の講師として大学に勤めたり、信愛夜間中学の設立に奔走していたりと忙しく、家族と行楽などに出かけることはあまりなかった。阪谷は末娘が一五歳になっており観劇などの社交にともなうことができ、これが家族揃っての行動が多いことの理由となっている。

一方で、少し時代がずれるが、昭和初期の岡部家では親子間の関係が密接であり、夫妻が一人息子の長衛に多くの愛情を注いでいたことがわかる。

また子どもを伴っての外出については、有馬、岡部、阪谷とみな同様に動物園や社寺などの見学や芸術鑑賞という教育を意識しての外出であることがわかった。

また有馬、岡部、阪谷の息子のキャリアコースから見えてくるものがある。

伯爵有馬頼寧の父親頼萬は有馬家当主という立場のみでとくに仕事には就かない人物であったが、有馬は役人および教師から政治家というキャリアを積んだ。そして息子の頼義は成蹊学園と早稲田第一高等学院を中退して作家になるというであり、父親とはまったく異なるキャリアコースであった。しかし、そこには頼義の親への反抗という側面も見られる。実は有馬頼寧も無職状態の頼萬には不満があり、頼寧と頼義のあいだには親や華族社会への反骨心の継承があったかもしれない。

長景は学習院の同窓会桜友会の活動に対して力を入れていたにもかかわらず、長衡を東京高等学校に通わせるなど一般的な華族子弟とは違うコースに進ませている。そして長景は長衡を自分のキャリアとは全く異なったコースである理系へと進ませ、軍人となり戦後は企業経営者となった。また、学生時代から馬術を極めて、東京オリンピックにも出場した。

子爵阪谷芳郎家は希一そして芳直と三代続けて東京帝国大学で経済学を修めて、大蔵官僚や日銀職員という財政や金融にかかわる仕事に就いており、阪谷家ではキャリアコースを継承しているといえる。また阪谷家は勲功華族であり、その家の価値は国家への奉仕から得たものであった。彼らは優秀な人物を育てて国家に奉仕させることが、家の価値を維持していくことにおいて重要なことであった。

有馬、岡部、阪谷の三人の華族の父親が、子どもに願っていたことは社会に貢献する能力持つ人物になってもらいたいということであった。とくに息子であれば、職業として社会に貢献できる仕事をするようになって欲しいというものであった。また岡部には娘がいないが、有馬と阪谷は娘の教育に共通する点は、社会事業に接する機会を作っていることである。阪谷は渋沢家との関係から慈善病院への支援活動をしていた。有馬は自らが立ち上げた社会事業のイベントなどに娘をよく同伴していた。娘には上流に位置する女性として、社会事業に参加し、弱者をいたわり、社会に貢献することのできる人物になって欲しいと考えたということだろう。

また、父親として、自分自身の人間関係を子育てに役立てていたこともわかる。有馬も岡部も阪谷も、子どもの教育において、自分自身の地位などから、教育に関する情報の収集や、周囲からの配慮を獲得している。

第二節　華族の家庭教育と公教育のかかわり

華族の家庭教育と公教育がどのようにかかわりを持っていたか、第五章と第六章で触れた。華族の教育についても、西洋的な近代化の波が押し寄せており、幼児教育や学校教育の導入を華族自らが欲して行ったことがわかった。

幼児教育において、家庭教育や家庭生活との密接な関係から、当初は華族家の女中との対立が見られた。しかし、次第にその重要性が認知されるようになると多くの華族が利用し、学習院の初等科に進学するための、主に友人関係の構築の準備として重要になっていったことがわかった。

学校教育において、華族は華族就学規則で学習院での就学を求められた。華族には華族令なる華族のみが束縛される法律もあり、華族の子弟が正しく華族であるように教育できる特別な学校が必要であったという事情があるだろう。また学習院であれば、厳しい受験をしなくとも高等学校のレベルまでの進学は保障されていた。そして、華族の働きかけにより、学習院が宮内省所管の官立学校の立場を得て徴兵令を逃れたり、高等学校令の改正の際には学習院を文部省下の高等学校と同等の権利を得たりなど、華族が公教育に従う形を見せながらも、子どもの教育の有利に働くようにうまく利用していく様子もみられる。華族たちが学習院や文部省による教育にただ従属するのではなく、華族階級が一致した子弟教育への要求を持ち、公教育に対して能動的に行動しようとしていたことがうかがえる。

また華族令において求められた華族の品位の確保という問題もある。華族令が作られた当初第十条「華族は其子弟をして相当の教育を受けしむるの義務を負うへし」という条項があり、家族に対しては国家の上流として、学歴においても上流を求められていたと考える。華族という特権階級でいるには、子どもに対して品格や教養だけでなく、学歴も授けることが必要であった。

また華族の公教育の舞台である学習院は、ただ学習の場というだけでなく、華族という同一階級の社交を形成する場である。幼稚園などの幼少期から高等学科まで、人生の成長過程を同世代の華族が共有するのである。同一の学校出身であることは、強い帰属意識を持ち、華族間での団結を深めるのに有益だったはずである。こうした家庭教育のみでは構築できない華族の関係性の拡張を学習院が担い、またそういったコネクションを親たちも望んでいたと考えられる。

第三節　総　括

本研究において、華族の父親たちの家庭教育の行動や心性の一端を再現することができたと確信する。いままでの研究では、伝記やインタビューにおいてかつて華族であった人々の幼少期の思い出を分析して、華族の家族の関係性を明らかにしたものが多かった。しかし、本研究においては華族の父親たちの日記や書簡などを利用し、子どもの教育に関わる記述を分析することで、実際に父親たちが家庭において父親役割をどのように担っていたかを、詳細に明らかにすることができた。

大名華族の家では、明治時代の初期には両親ともに子どもとはあまり接触しない生活をして、母親である華族の夫人も子どもの教育にかかわらず、女中などに任せきりの者も少なくなかった。しかし、昭和戦前期に有馬頼寧が息子の教育に手を焼きながら寝坊で学校に遅刻させないように朝起こしたり、岡部長景が息子の良き遊び相手であったりするようになっている。そのことから、華族の父親が実際に子どもの教育に手をかけていたことがわかる。ただ、家庭の中には、まだ女中や書生という家政使用人がおり、両親だけで子育てをしていたわけではなかった。明治初期にはどのような子育てをするか、育児をするかの裁量権は上級家政使用人にも影響された様子もある。しかし、大正期には子どもの両親の意向が反映されていたことが分かる。

近代になると西洋から家庭という、かつて日本になかった家族像が伝わってきた。それはとくに新中間層を中心に広がりを見せた。当然、華族にも新しい家庭の思想は伝わっていたはずである。とくに大名華族は生活と政治の場であった巨大な「家」から、廃藩置県などにより「家」の政治の機能の規模が縮小されていき、しだいに家族の生活の場である「家」という意味が次第に大きくなっていた。そこに西洋の家族の在り方の影響を受け、明治末期ごろから岡部長職家や加納久宜家において一家団欒を持つ華族の「家庭」が成立していることから、華族たちの持つ家族像が変化していったのだと考える。そこで「家庭」の父親の役割として、子どもを慈しむ姿勢が求められることから、父親たちも家庭教育にかかわっていこうとする姿勢が表れたのではないかと考える。

また子どもの教育に非常に重要である学校選択という場面においては、父親たちの影響力が大きかったことも分かった。伯爵有馬家では学校選択は、華族嗣子であった有馬頼寧が自分の子どもたちの学校選択について強い権限を持ち、中学以降は学習院以外の学校を選択している。子爵阪谷家では希一は息子芳直に対し、かならず第一高等学校から東京帝国大学に入るように何度も手紙で伝えている。また子爵水野家では直が病気を持つ息子の学校生活について、学校との交渉を何度も行っている。蜂須賀家では父親正韶が学習院の教育方針に不満を持ったことから、娘年子をミッション系女学校である聖心女学院に転校させている。これらのことから、子どもの学校教育のはじまりである学校選択については、父親たちが大きく関わっていることが見えてきた。

とくに伝統的な華族家では「表」＝「公」は男性の領域、「奥」＝「私」は女性の領域という考え方があった。有馬家ではもともと皇族であった妻の貞子は、ほとんど外に出ない生活を送っており、また息子の学校での問題などは夫から情報も与えられていなかった。つまり学校などの公的な社会との交渉は、父親である男性が行わねばならない事柄だったのだろう。

このように、父親が家庭教育において果たした役割を明らかにすることができた。

さて、華族の家庭教育は、華族に教養や品格を持ち合わせることを望んだ華族令に影響されていた。明治政府は華族を皇室の藩屛としてとらえ、皇室の藩屛に強固な地位とする必要があった。そのため華族令により華族を特権階級として文化的にも経済的にも保護をした。そして、華族に対しては自己破産や犯罪、品位がないなどの理由により爵位剥奪や礼遇停止処分をするとして、華族にもその地位を穢さないように努力を求めた。当然、華族は子どもの教育に力を入れなければならなかった。これは華族が華族として、家格を落とすことなく存在し続けるためには必要不可欠だった。とくに伝統的に最上位の支配階級であった旧公家や旧大名では、各長きにわたり特権階級として存在したことから社会的階級の継承をしていかなくてはならないという思いがあったはずである。

教養や品格というものは非常にあいまいではあるが、親たちは一定の学歴を与えることができれば、ある程度の教養や品位について担保できると考えたであろう。また、皇族や華族が集まる学習院であれば、世間の悪習に触れずに、華族子弟の品格を保つことができると考えたであろう。それだけではなく、華族の品位を対外的に保つための支出も多いことから、家政の経済的失敗も許されなかったため、経済や社会に対する知識も必要であった。

また、華族として子どもの職業に対してのプライドがあった。華族の子弟には軍人や外交官あるいは貴族院議員という職業に就くことが国家から望まれていた。軍人は一兵卒ではなく、当然士官や将校となるべく、軍の学校への入学が求められた。そのため心身共に健康な子どもを育てなければならなかった。

しかし、華族は新中間層のような上昇志向はない。華族としての品位を保ち、家名を穢さないために教育を行っていたといえる。そこで、父親たちが見せた行動は、学校選択と息子にたいしての教育的な助言であった。そのために、姻戚関係や友人関係、職業的な人間関係などから父親自身が情報を得るように行動したり、コネクションのある専門家に相談したりと、自身の社会関係資本という人間関係を活用していた。現代と異なりＩＴ技術による情報の収集などが容易ではない明治・大正・昭和戦前期であれば、人間関係を活用した情報収集が頼りであっただろう。華族は、自分自身が恵まれたエリート階層でもあり、エリートとの人間関係を築くことは、一般市民よりも容易であったことが簡単に想像できる。

また、学校選択に関して、有馬頼寧や水野直は単に自分の子どもの教育だけではなく華族全体にかかわる行動も見せている。

有馬頼寧は華族社会の安定のために、華族が一般社会へ溶け込まなければならないと変革を求めていた。それは有馬が息子を学習院以外で学校教育を受けさせた学校選択にあらわれている。華族社会以外の一般社会でも通用する子どもを育てようとし、また華族の特別待遇の象徴である学習院の放棄の行動である。有馬は一時期学習院の廃止論も唱えている。

一方で水野直は華族が一致団結をすることで華族社会を守ろうとしていた。水野は学習院御用掛として学習院の仕事にかかわった。水野は華族社会の一致団結の装置として重要なものが学習院だととらえていた。学習院を通じて、子どもたちが同じ時間を共有した親密さをはぐくむだけでなく、子どもたちを通しての親たちの交流、あるいは同窓会組織において世代を超えた交流もできるのである。

学校教育は親の学校選択の上にも成り立っており、家庭教育の外部委託先の学校として、学校教育は家庭教育の延長上にある。学習院において子弟を教育することも、学習院以外において子弟を教育していくことも、どちらも華族社会のために、各個人の家の再生産のために父親たちがとった戦略なのである。

あとがき

家庭教育の研究の出発点は、私が愛知の片田舎の生まれで、まだ家父長制度的な思想を維持している祖父のいる家庭で育ったことにある。父が末子だったため、父方の祖父母は私が幼いときからかなり老齢であった。私は家の女手として母を手伝い、いわゆるヤングケアラーの役割も果たさねばならなかった。女だから家で家事や介護をして当然だと強制される発言をされることは、現代的な男女平等思想の学校教育を受けたために多くの反発心もあった。それでも、家庭教育のなかで男尊女卑の教育もなされていたため、葛藤の中、弟には特に課されない祖父母の介護を行った。それは当然のこととして、誰からも感謝をされるものではなかった。

大学で学ぶことで、祖父の強制する家庭や家族制度の伝統やしきたりが、近代以降に作られた制度であることを知ることになる。もともと、日本史でも政治史的な分野よりも、人々の生活文化的な分野について興味があった。しかし、市井の人々の生活よりも、上流階級の人々の生活分野についての研究の方が進んでいないことがわかった。

近代以前からの長い伝統のある上流家庭では、どのような生活文化を有して、どのように子どもを育てていたのか深く知りたいと思った。祖父が二一世紀に、私に強制しようとするいわゆる伝統的な思想は、本当に伝統的であるのか、そうでないのか、上流階級の家庭教育を学ぶことで明らかにしたいと考えるようになった。

さらに、大学で学ぶうちに、日記の面白さに気づく。偶然出会った有馬頼寧の日記は、家族への葛藤など日々の本音が語られており非常に面白かった。このような、日記をもとに、上流階級の日々の生活文化を、家庭教育を主軸として明らかにしたいと考えるようになった。

現在、イクメンという言葉まで作られ、男性も実際に子どもの日々の生活に直接触れて、子育てに深く関与すべきとされている。しかし、高度経済成長期には長時間労働の父親は、家庭では不在の存在であった。一方で、母親神話として、三歳までは母親が子育てをしなければ、子どもが健全な成長をしないという話まであった。二〇〇〇年前後から、貧困が原因ではなく、子育てに疲れて追い詰められ、虐待する母親が報道されるなど、家族病理による虐待が注目されるようになってきた。そこまで、人々を苦しめる子育てとは何なのか、歴史的にどのような子育てがあったのか明かにしたいと考えた。

案外、昔の上流階級の男性は、忙しくとも子育てを妻任せにしていない。子どもの教育に、直接手を出さずとも、自身の人間関係を活用して子どもの成長を支援している。また妻自体も、一人きりで子育てをするのではなく、親族ではない家内の人間である女中や書生の手を借りて子育てをしている。現代の一般的な人間の方が、核家族となり、外部のサービスも経済状況においては受けられないため、多くの困難や苦悩を抱えて家庭教育を行っているような印象がある。

本書では、日記を用いた華族の生き生きとした家庭生活そのもの、そして家庭教育を再現できたと考える。しかし、現代の家庭が抱える教育や子育てに関する諸問題の直接の解決になる研究になったとはいえない。この研究を糧にして、私自体がよい家庭を築き、子どもによい家庭教育が行えるかもわからない。いまだに、過去の家父長的家族制度や三歳児神話の思想に固執する人たちのささやき声も聞こえてくる。さらに、やはり、どれだけ家庭教育を一般化しようとも、個々に抱える問題は千差万別であると考えさせられる。

いま、まさに私は結婚し、出産をして育児のただなかにある。

一〇〇年前の男性よりも、現代の男性は、子育てに対して能動的に育児も関与できるようになっているのか。一〇〇年前の上流階級の女性と、現代一般女性の生活を比較して、女性の生活は改善されているといえるのか。

現在、保育園の待機児童問題など育児サービスや福祉も充分に整えられていない。しかし、現在の一般家庭は、家内に女中や書生を雇用し、ともに生活する余裕はない。女性は、過去の上流階級よりも、大変な家庭生活を営まねばならないのではないかということに愕然とする日々である。しかし、生まれてきた子どもが、少しでも社会に適応し、幸福になれるような支援ができる母親になりたい。そして、そのような父親に配偶者になってもらいたいと願っている。

本書を完成させるにあたり、妊娠、さらにコロナ禍という事態になり、体調不良で執筆が滞ったり、資料調査に外出できなくなったり、満足のいく改稿ができず、予定よりも原稿の完成が遅れた。芙蓉書房出版の平澤公裕様には、なかなか完成稿が送付できず、多大なるご迷惑をおかけした。ここでお詫び申し上げる。

本書は博士論文をもとにしている。博士論文を上梓するにあたり、様々な方からご支援を賜った。まず、感謝すべきなのは、大学から大学院博士課程までゼミの担当教員として指導いただいた西尾林太郎先生である。学生として学問研究のことからプライベートな問題までも、長年の支援をいただいている。また、愛知淑徳大学の石田好江先生、渡辺かよ子先生にも論文の指導をいただき、博士論文が完成した。深くお礼申し上げる。

愛知淑徳大学院現代社会学研究科でともに支え合って学んだ仲間たちにも感謝する。

そして、長い学生生活を支えてくれた両親、正樹と美智代、弟の諭にも深く感謝する。

本書は博士号取得の直前に六〇歳で亡くなった父、伊藤正樹へ捧げる。

主要参考文献一覧

（一）未刊行史料

①有馬頼寧

有馬頼寧「所感日記」『有馬頼寧関係文書』国会図書館憲政資料室所蔵　昭和一一～一二年

有馬頼寧「有馬頼寧日記」『有馬頼寧関係文書』国会図書館憲政資料室所蔵　昭和二二～昭和三二年

「有馬家家範」『有馬頼寧関係文書』国会図書館憲政資料室所蔵　明治三五年

「有馬家給料付証（青山）」『有馬頼寧関係文書』国会図書館憲政資料室所蔵　明治四五年一〇月～大正五年一二月

「伯爵有馬家予算書　イ．昭和二年度総決算書」『有馬頼寧関係文書』国会図書館憲政資料室所蔵　昭和二年

「頼ちか千代子結婚条件覚え」『有馬頼寧関係文書』国会図書館憲政資料室所蔵　昭和一八年

②阪谷芳郎

「家庭日記」『阪谷芳郎関係文書』国会図書館憲政資料室所蔵

「阪谷家重要記事并雑記」『阪谷芳郎関係文書』国立国会図書館憲政資料室所蔵

「亦足軒論策集」第一・二巻、三巻上下、四巻、一八九六～一九一一年（非刊行物）『阪谷芳郎関係文書』国会図書館憲政資料室所収

③阪谷希一

「阪谷希一日記」『阪谷芳郎関係文書』国立国会図書館憲政資料室所蔵

「阪谷希一書簡　阪谷芳直宛」『阪谷芳郎関係文書』国立国会図書館憲政資料室所蔵

1．昭和八年三月一八日付　2．昭和九年一月五日付

3．康徳元年九月二五日付（昭和九年）　4．康徳元年一〇月二一日付

5．昭和一〇年一月二八日付　6．康徳二年一月二三日付（昭和一〇年）

7．康徳二年二月一日付
8．康徳二年三月一日付
9．康徳二年四月三日付
10．昭和一〇年七月二四日付
11．昭和一〇年八月六日付

阪谷芳直「辿りつき振り返り見れば」自筆の自伝原稿（未完）、一九六二年から執筆開始

④水野直

「学習院評議会関係資料」『水野直関係文書』国会図書館憲政資料室所蔵
「学習院学制改革に関する意見書」『水野直関係文書』国会図書館憲政資料室所蔵
「日記　大正五年」『水野直関係文書』国会図書館憲政資料室所蔵
「日記　大正六年」『水野直関係文書』国会図書館憲政資料室所蔵

（二）史料

あんそろじい旧制高校編纂委員会編『あんそろじい旧制高校』国書刊行会、一九九一年
学習院『学習院一覧　昭和五年一二月纂』学習院、一九三一年
霞会館華族家系大成編輯委員会編『平成新修旧華族家系大成』上巻一九九六年
霞会館華族家系大成編輯委員会編『平成新修旧華族家系大成』下巻一九九六年
学習院『開校五十年記念　学習院史』学習院、一九二八年
旧制高等学校資料保存会編『旧制高等学校全書：資料集成』第一-八巻、別巻、一九八〇～一九八五年
宮内省編纂『帝室統計書』一～九、柏書房、一九九三年
倉富勇三郎日記研究会編『倉富勇三郎日記』一巻、国書刊行会、二〇一二年
尚友倶楽部・伊藤隆編『有馬頼寧日記』全五巻、尚友倶楽部、一九九七～二〇〇二年
尚友倶楽部編『岡部長景日記』尚友倶楽部、一九九三年
女子学習院編『女子学習院五十年史』女子学習院、

女子学習院『女子学習院一覧 大正九年乙』女子学習院、一九二五年
学習院女子部『学習院女学部一覧』学習院女学部、一九一二年
小池民次、高橋秀太『家庭教育』金港堂、一八八七年
小林二郎『学事示論』小林二郎、一八八四年
後閑菊野、佐方鎮子『家事提要』目黒書房、一九〇二年
清水文之輔『家政学』金港堂、一八九〇年
東京高等師範学校附属中学校『東京高等師範学校附属中学校一覧 自大正九年四月到大正一〇年三月』東京高等師範学校附属中学校、一九二〇年
塚本はま子『実践家政学講義』参文舎、一九〇六年
山崎彦八『新編家政学 下巻』長島文昌堂、一八九四年
穂積重行編『穂積歌子日記』みすず書房、一八九八年

(三)書籍

新井潤美『執事とメイドの表裏 イギリス文化における使用人のイメージ』白水社、二〇一一年
有馬頼義『母その生涯の悲しみ』文藝春秋、一九六七年
有馬頼義『山の手暮色』講談社、一九七一年
有馬頼寧『追想』私家版、一九〇三年
有馬頼寧『蛙の声』日本教育者協会、一九二二年
有馬頼寧『無頼庵雑記』改造社、一九四九年
有馬頼寧『七十年の回想』創元社、一九五三年
有馬頼寧『ひとりごと』私家版、一九五七年
大久保利謙『大久保利謙歴史著作集3 華族制の創出』吉川弘文館、一九九三年
小川原正道『評伝 岡部長職―明治を生きた最後の藩主』慶應義塾大学出版会、二〇〇六年

岡部長章『ある侍従の回想記―激動時代の昭和天皇』朝日ソノラマ、一九九〇年
小田部雄次『華族』 中公新書、二〇〇六年
小田部雄次『梨本宮伊都子妃の日記』小学館、一九九一年
小田部雄次『華族の女性たち』小学館、二〇〇七年
海妻径子『近代日本の父性論とジェンダー・ポリティクス』作品社、二〇〇四年
筧田知義『旧制高等学校教育の展開』ミネルヴァ書房、二〇一一年
筧田知義『旧制高等学校教育の成立』ミネルヴァ書房、二〇〇九年
嘉納先生伝記編纂会『嘉納治五郎』講道館、一九六四年
加納久憲『在米同胞の一人として 加納久憲自叙伝』不明、一九七六年
加納久宜、稲垣乙丙『農村之改良』大正書院、一九一三年
金沢誠・川北洋太郎・湯浅泰雄『華族――明治百年の側面史』講談社 一九六八年
金子幸子『近代女性論の系譜』不二出版、一九九九年
川島武宜『川島武宜著作集 第十巻 家族および家族法1』岩波書店、一九八三年
故阪谷子爵記念事業会編『阪谷芳郎伝』私家版、一九五一年
小山静子『良妻賢母という規範』勁草書房、一九九一年
倉本一宏編『日記で読む日本1 日本人にとって日記とは何か』、臨川書店、二〇一六年
酒井美意子『ある華族の昭和史』主婦と生活社、一九八二年
阪谷綾子編『倜儻不羈の人 追悼・阪谷芳直』私家版、二〇〇三年
阪谷希一編『しのぶのつゆ』私家版、一九四〇年
阪谷芳直『21世紀の担い手たち』勁草書房、一九九五年
阪谷芳直『阪谷家三代の系譜』みすず書房、一九七九年
阪谷芳直『黎明期の女性たち』私家版、一九八四年。(阪谷芳直著・阪谷綾子編『黎明期を生きた女性たち』吉川弘文館、二〇一二年)

阪谷芳郎『実用家庭の経済』大学館、一九一五年
阪谷芳郎『欧米視察談』深川区教育会、一九一七年
ダグラス・サザランド著 小池滋訳『英国紳士の子供』秀文インターナショナル、一九八一年
佐藤裕紀子『大正期における新中間層主婦の時間意識の形成』風間書房、二〇一一年
佐野眞一『枢密院議長の日記』講談社現代新書、二〇〇七年
沢山美果子『近代家族と子育て』吉川弘文館、二〇一三年
マイケル・サンダーソン著、安原義仁・藤井泰・福石賢一監訳『イギリスの経済衰退と教育― 1870-1990s』晃洋書房、二〇一〇年
塩谷温『天馬行空』日本加除出版、一九五六年
清水美知子『〈女中〉イメージの家庭文化史』世界思想社、二〇〇四年
シュンペーター、都留重人訳『帝国主義と社会階級』岩波書店、一九五六年
女子学習院編『女子学習院五十年史』、女子学習院、一九三五年
千田稔『明治大正昭和華族事件録』人物往来社、二〇〇二年
高橋佐門『旧制高等学校全史』時潮社、一九八六年
竹内洋『学歴貴族の栄光と挫折』講談社学術文庫、二〇一一年
徳川元子『遠いうた―七十五年覚え書』講談社、一九八三年
徳川義親『最後の殿様』講談社、一九七三年
中島益吉編『名媛の学生時代』読売新聞社、一九〇七年
中村鈴子『家庭の模範 名流百家』博文館、一九〇五年（国会図書館近代デジタルライブラリー）
西尾林太郎『貴族院議員水野直とその時代』芙蓉書房出版、二〇二一年
西尾林太郎『阪谷芳郎』山川出版社、二〇一九年
芳賀登『良妻賢母論』雄山閣出版、一九九〇年
畑尚子『江戸奥女中物語』講談社現代新書、二〇〇一年

蜂須賀年子『大名華族』三笠書房　一九五七年
広田照幸『日本人のしつけは衰退したか―「教育する家族」のゆくえ』講談社、一九九九年
広田照幸監修『リーディングス　日本の教育と社会　第3巻　子育て・しつけ』日本図書センター、二〇〇六年
星野英夫編『鍋島直彬公伝』鍋島直彬公四十年祭記念会、一九五四年
穂積歌子『はゝその落葉』竜門社、一九〇〇年
本田増次郎『イートン学校及び其校風』内外出版協会、一九一〇年
三浦梧楼『観樹将軍回顧録』政教社、一九二五年
三上敦史『近代日本の夜間中学』北海道大学図書刊行会、二〇〇五年
御厨貴監修『歴代総理大臣伝記叢書25　近衛文麿』ゆまに書房、二〇〇六年（近衛文麿伝記編纂刊行会『近衛文麿』上下刊　一九五一―一九五二年を一冊にまとめたもの）
牟田和恵『戦略としての家族　近代日本の国民国家形成と女性』新曜社、一九九六年
森岡清美『華族社会の「家」戦略』吉川弘文館、二〇〇二年
森山茂樹・中江和恵『日本子ども史』平凡社、二〇〇二年
八木正『社会学的階級論の構造』恒星社厚生閣、一九七八年
安川哲夫『ジェントルマンと近代教育―〈学校教育〉の誕生―』勁草書房、一九九五年
山口輝臣編『日記に見る近代日本3　大正』、吉川弘文館、二〇一二年
山田勝『イギリス貴族』創元社、一九九四年
山徳丑之輔編『最近東京遊学案内』明進堂、一九〇三年
山本一生『恋と伯爵と大正デモクラシー　有馬頼寧日記1919』日本経済新聞社、二〇〇七年
湯川嘉津美『日本幼稚園成立史の研究』風間書房、二〇〇一年
タキエ・スギヤマ・リブラ　竹内洋・海部優子・井上和義訳『近代日本の上流社会――華族のエスノグラフィ』世界思想社、二〇〇〇年
若桑みどり『皇后の肖像　昭憲皇后の表象と女性の国民化』筑摩書房、二〇〇一年

『弥栄とともに：故三島通陽先生五年祭追憶集』臼井茂安、一九六六年

（四）論文

有馬頼寧「学習院論」『太陽』二七巻一号、博文館、一九二一年
有馬頼寧「総ての人の握手」『同愛』同愛会、一九二三年
有馬頼寧「子宝禍―兄弟姉妹五十一人」『改造』第三三巻一〇号、一九五一年
井伊正弘×宇野茂樹「対談：大名華族の生活」『大阪商業大学商業史博物館紀要』一、二〇〇一年
太田素子「〈子育ての歴史〉研究の課題と展望」『日本教育史研究』一九、日本教育史研究会、二〇〇〇年
落合恵美子「近代家族をめぐる言説」『岩波講座　現代社会　第19巻〈家族〉の社会学』岩波書店、一九九六年
加藤千香子「近代日本の国家と家族に関する一考察――大正期・内務官僚の思想に見る――」『横浜国立大学人文紀要　第一類　哲学・社会学科』第四二輯、横浜国立大、一九九六年
久保正明「明治十四年政変後の華族の立憲制への対応――華族制度形成に関する一考察」『九州史学』第一五七号、二〇一〇年
小林嘉宏「『家庭文庫』にみる大正期新中間層の家庭と家庭教育―教育中心家庭というミクロコスモスの構成と内実―」『福井県立大学論集』第二九号、福井県立大学、二〇〇七年
小山静子「家族の近代――明治初期における華族の変容――」『日本家族史論集4　家族と社会』吉川弘文館、二〇〇二年
小山彰子「[研究ノート]華族家の教育史―ある大名華族家四代の聞き取り調査から」『哲学』一二〇、慶應義塾大学、二〇〇八年。
後藤至人「大正期華族の危機意識と会合――有馬頼寧の社会事業と政治活動」『歴史』八八号東北史学会、一九九七年
後藤至人「大正デモクラシーと華族社会の再編」『歴史学研究会』六九四号、青木書店、一九九七年
後藤至人「明治における華族社会と士族社会――明治の「お家騒動」をめぐって――」『東北大学・文化』第六〇巻

第三、四号、東北大学文学会、一九九七年
後藤至人「「宮中グループ」における皇族集団の位置」『歴史学研究』七三九号、青木書店、二〇〇〇年
後藤靖「日本資本主義形成期の華族の財産所有状況」『立命館経済学』第三四巻六号、立命館大学経済学会、一九八七年
後藤靖「華族世襲財産の設定状況について」『立命館経済学』第三五巻四、五号、立命館大学経済学会、一九八八年
斎藤正二「「子育て」をめぐる記号学的諸考察：ジョージ・オーウェル『一九八四年』'Newspeak'と『生類憐みの令』（1685）との間」『日本教育学会大會研究発表要項』四三巻、日本教育学会、一九八四年
沢山美果子「教育家族の成立」編集員会編纂『叢書 産む・育てる・教える―匿名の教育史1〈教育〉誕生と終焉』、藤原書店、一九九〇年。
白井正明「有馬頼寧と諸岡豊治」『佐賀部落解放研究所紀要』二〇、佐賀部落解放研究所、二〇〇三年
白井正明「有馬頼寧と日本教育者協会」『研究論文集佐賀大学文化教育学部』Vol.10 no.1、佐賀大学文化教育学部、二〇〇五年
千田稔「華族資本としての侯爵細川家の成立・展開」『土地制度史学』第二九巻四号、政治経済学・経済史学会、一九八七年
高木靖文「尾張徳川家における城中教育の展開」『名古屋大学医療技術短期大学部紀要』一〇、名古屋大学、一九九八年
多賀太「「父親の家庭教育」言説と階層・ジェンダー構造の変化」『教育科学セミナリー』四一、関西大学教育学科、二〇一〇年
多賀太「「教育する父」の意識と行動―中学事件性の父親の事例分析から―」『教育科学セミナリー』四三、関西大学教育学科、二〇一二年
永谷健「近代日本における上流階級イメージの変容――明治後期から大正期における雑誌メディアの分析」『思想』八一二号、岩波書店、一九九二年
奈良岡聰智「岡部長景の戦前・戦中・戦後」『創文』創文社、二〇〇九年

藤野豊「有馬頼寧と水平運動（水平者をめぐる人々―2―）」『部落問題研究』一〇九、部落問題研究所、一九九一年
松田誠「東京慈恵会と澁澤栄一」『高木兼寛の医学東京慈恵会医科大学の源流』東京慈恵会医科大学、二〇〇七年
森岡清美「明治初期の華族社会における妾」『淑徳大学社会学部研究紀要』三三号、淑徳大学社会学部、一九九九年
安田武「創立期の翼賛運動――有馬頼寧」『改訂増補　共同研究　転向　中』平凡社、一九七八年（初版一九六〇年）
山崎信子「近代日本における〈家庭教育〉―明治期に見られる「主婦」の位置づけの変遷―」『創価大学大学院紀要』二八、創価大学大学院、二〇〇六年
湯川嘉津美「幼稚園の誕生とフレーベル主義教育」、浜田栄夫編『ペスタロッチー・フレーベルと日本の近代教育』、玉川大学出版部、二〇〇九年

別表1　有馬家家系図

- 頼徳
  - 頼永 ＝ 晴子（島津（鹿児島）斉興養女）
  - 頼咸 ＝ 韶子（徳川（宗家）家慶養女／有栖川宮韶仁親王第四王女）
    - 頼匡
    - 頼萬 ＝ 恒子（岩倉具視五女　離縁後　森有礼妻（寛子））
      - 禎子（奥平昌恭伯爵夫人）
      - 頼寧 ＝ 貞子（北白川宮能久親王第二王女）
        - 頼義 ＝ 千代子
          - 美智子
          - 頼英
          - 頼央
        - 頼秋
        - 静子 ＝ 斎藤斉（斎藤実養子）
        - 頼春
        - 澄子 ＝ 足利惇氏
        - 愛子
        - 正子 ＝ 亀井茲建
    - 頼萬 ＝ 豊子（戸田（宇都宮）忠友長女）
      - 信昭（安藤信篤子爵養子）
      - 正之（松田正久男爵嗣）
      - 久米（稲田昌植男爵夫人）
      - 敏四郎（分家）
    - 頼子（小松宮彰仁親王妃）
    - 千代（久我通久侯爵夫人）
    - 民（加藤（水口）明實子爵夫人）
    - 納子（伊達（宇和島）宗陳伯爵夫人）
    - 頼之（有馬（吹上）瑶光院養子）
    - 頼多（分家、男爵）

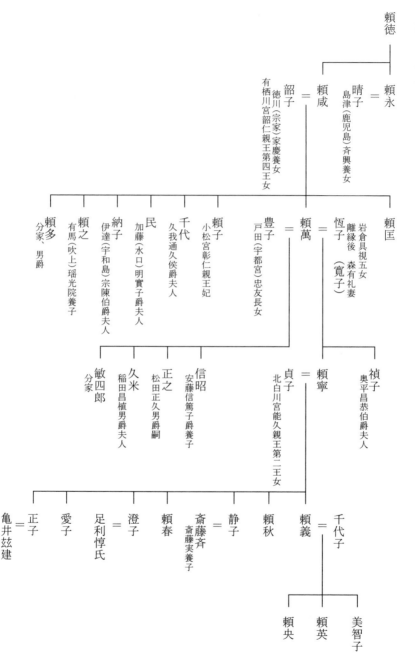

別表2　岡部長景家系図

- 岡部長発
  - 武子　六郷政鑑子爵夫人
  - 長職　子爵 ＝ 錫子（青山幸哉女）
    - 清子　大前専弥夫人
    - 鍾子　井上辰九郎夫人
    - 長景 ＝ 悦子（加藤高明・春路女）
      - 長衡 ＝ 綾子　毛利(長府)元雄子爵二女
        - 長忠
        - 長義
  - 長職 ＝ 坻子（前田齊泰女）
    - 長剛
    - 長擧　村山龍平養子
    - 榮子　三井弁蔵夫人
    - 豊子　尾高豊作夫人
    - 盈子　新井米男夫人
    - 長世　小林多賀子入婿
    - 長量
    - 久子　川崎芳熊男爵夫人
    - 長建
    - 長伸
    - 長章　妻・岩崎輝彌女妙子

- 青山幸哉
  - 鉤子　岩城隆邦子爵夫人
  - 幸宜　子爵
    - 隆徳　岩城隆邦子爵養子
    - 幸直
  - 錫子 ＝ 長職

- 前田齊泰
  - 坻子 ＝ 長職

- 岩崎彌太郎　男爵
  - 春路 ＝ 加藤高明
    - 悦子 ＝ 長景
    - 厚太郎
  - 久彌
    - 彦彌太
    - 隆彌
    - 恆彌
    - 美喜　沢田廉三夫人
    - 澄子
    - 綾子
  - 雅子 ＝ 幣原喜重郎　男爵
- 彌之助　男爵（岩崎彌太郎弟）
  - 輝彌　三男
    - 妙子

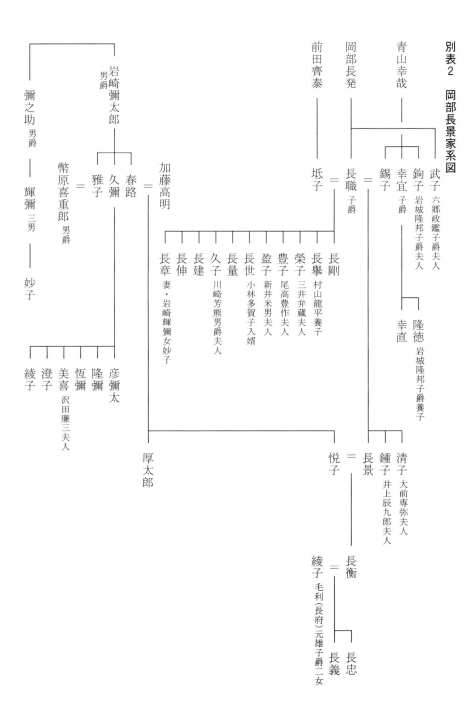

別表3　阪谷芳郎家系図

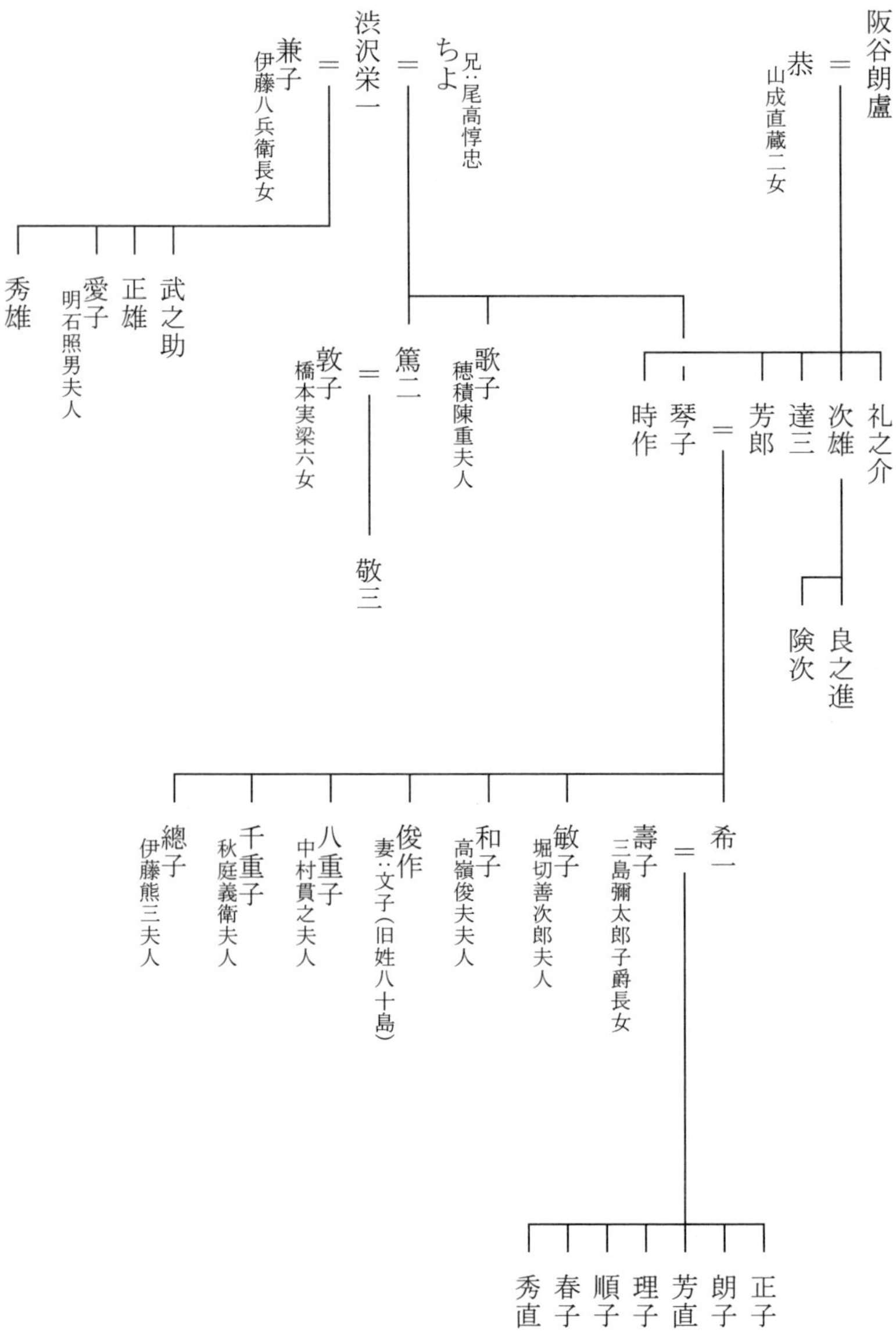
阪谷朗盧
恭　山成直蔵二女
礼之介
次雄
達三
芳郎
琴子
時作
良之進
険次
渋沢栄一
ちよ　兄：尾高惇忠
兼子　伊藤八兵衛長女
歌子　穂積陳重夫人
篤二
敦子　橋本実梁六女
敬三
武之助
正雄
愛子　明石照男夫人
秀雄
希一
壽子　三島彌太郎子爵長女
敏子　堀切善次郎夫人
和子　高嶺俊夫夫人
俊作　妻：文子（旧姓八十島）
八重子　中村貫之夫人
千重子　秋庭義衛夫人
總子　伊藤熊三夫人
正子
朗子
芳直
理子
順子
春子
秀直

や　行

は　行

ま　行

か　行

さ　行

人名索引

著　者
伊藤真希（いとう　まき）
1982年　愛知県に生まれる
2011年　愛知淑徳大学大学院現代社会研究科博士後期課程単位取得退学
現在　愛知淑徳大学非常勤講師　学術博士（愛知淑徳大学）
【主な論文】「華族の家庭教育：華族男性の子育てのかかわりから」（博士論文、愛知淑徳大学）、「国民の模範としての華族の家庭教育」（『法政論叢』48（2）、2012年）、「華族の成人学習：華族会館における活動に着目して」（『日本生涯教育学会論集』36、2015年）

華族《かぞく》の家庭教育《かていきょういく》に見《み》る日本《にほん》の近代《きんだい》

2021年10月25日　第１刷発行

著　者
伊藤《いとう》 真希《まき》

発行所
㈱芙蓉書房出版
（代表 平澤公裕）
〒113-0033東京都文京区本郷3-3-13
TEL 03-3813-4466　FAX 03-3813-4615
http://www.fuyoshobo.co.jp

印刷・製本／モリモト印刷

ISBN978-4-8295-0818-3